JN124022

令和
5年版

図解
会計基準

やまなみ監査法人
横山良和 編著

一般財団法人 **大蔵財務協会**

は　し　が　き

　会計基準は「ピースミール方式」により規定されており、一般的には複雑な規定であるといわれております。

　このようなことから、本書は、多くの方々に、会計基準をわかりやすく体系的に理解していただけるように、図表を用いて解説したもので、「図解による会計基準のガイドブック」として、令和3年に「図解会計基準」を刊行いたしました。

　今般の改訂に際して執筆者を充実させ、法人の著書として「令和5年版　図解会計基準」を刊行いたしました。

　今後とも、より充実した「ガイドブック」となるよう努めてまいりたいと考えております。

　なお、文中意見にわたる部分は著者の個人的見解であることを念のため申し添えます。

　終わりに、本書刊行の機会を与えてくださいました一般財団法人大蔵財務協会の木村理事長をはじめ、刊行に当たって終始ご協力をいただきました編集局の諸氏に心から謝意を表します。

　令和5年7月

やまなみ監査法人

横山　良和

〔凡　例〕

本書の文中、文末引用条文の略称は、次の通りです。

外貨基準 ………………… 外貨建取引等会計処理基準（企業会計審議会）

会計変更基準 …………… 会計上の変更及び誤謬の訂正に関する会計基準（企業会計基準第24号）

関連当事者基準 ………… 関連当事者の開示に関する会計基準（企業会計基準第11号）

企業結合基準 …………… 企業結合に関する会計基準（企業会計基準第21号）

企原 ……………………… 企業会計原則（企業会計審議会）

企原・B／S原則 ……… 企業会計原則　第三　貸借対照表原則

企原・P／L原則 ……… 企業会計原則　第二　損益計算書原則

企原・一般原則 ………… 企業会計原則　第一　一般原則

企原・注 ………………… 企業会計原則　注解

キャッシュ・フロー基準 … 連結キャッシュ・フロー計算書等の作成基準（企業会計審議会）

金融基準 ………………… 金融商品に関する会計基準（企業会計基準第10号）

繰延資産の当面の取扱い … 繰延資産の会計処理に関する当面の取扱い（実務対応報告第19号）

研究開発基準 …………… 研究開発費等に係る会計基準（企業会計審議会）

減損基準 ………………… 固定資産の減損に係る会計基準（企業会計審議会）

時価基準 ………………… 時価の算定に関する会計基準（企業会計基準第30号）

事業分離基準 …………… 事業分離等に関する会計基準（企業会計基準第7号）

自己株基準 ……………… 自己株式及び準備金の額の減少等に関する会計基準（企業会計基準第1号）

四半期基準 ……………… 四半期財務諸表に関する会計基準（企業会計基準第12号）

収益認識基準 …………… 収益認識に関する会計基準（企業会計基準第29号）

純資産表示基準 ………… 貸借対照表の純資産の部の表示に関する会計基準（企業会計基準第5号）

除去債務基準 …………… 資産除去債務に関する会計基準（企業会計基準第18号）

ストック・オプション基準 … ストック・オプション等に関する会計基準（企業会計基準第8号）

税効果基準 ……………… 税効果会計に係る会計基準（企業会計審議会）

税金資産適用指針 …………	繰延税金資産の回収可能性に関する適用指針（企業会計基準適用指針第26号）
セグメント基準 ……………	セグメント情報等の開示に関する会計基準（企業会計基準第17号）
退職給付基準 ………………	退職給付に関する会計基準（企業会計基準第26号）
棚卸資産基準 ………………	棚卸資産の評価に関する会計基準（企業会計基準第9号）
賃貸不動産開示基準 ………	賃貸等不動産の時価等の開示に関する会計基準（企業会計基準第20号）
1株当たり利益基準 ………	1株当たり当期純利益に関する会計基準（企業会計基準第2号）
フレームワーク ……………	討議資料　財務会計の概念フレームワーク（企業会計基準委員会）
変動計算書基準 ……………	株主資本等変動計算書に関する会計基準（企業会計基準第6号）
包括利益基準 ………………	包括利益の表示に関する会計基準（企業会計基準第25号）
法人税法等基準 ……………	法人税、住民税及び事業税等に関する会計基準（企業会計基準第27号）
見積開示基準 ………………	会計上の見積りの開示に関する会計基準（企業会計基準第31号）
持分法基準 …………………	持分法に関する会計基準（企業会計基準第16号）
役員賞与基準 ………………	役員賞与に関する会計基準（企業会計基準第4号）
リース基準 …………………	リース取引に関する会計基準（企業会計基準第13号）
連結基準 ……………………	連結財務諸表に関する会計基準（企業会計基準第22号）
連続意見書第三 ……………	企業会計原則と関係諸法令との調整に関する連続意見書　連続意見書第三　有形固定資産の減価償却について（企業会計審議会）
連続意見書第四 ……………	企業会計原則と関係諸法令との調整に関する連続意見書　連続意見書第四　棚卸資産の評価について（企業会計審議会）
連続意見書第五 ……………	企業会計原則と関係諸法令との調整に関する連続意見書　連続意見書第五　繰延資産について（企業会計審議会）

（注）　本書は、令和5年8月1日現在の会計基準等によっています。

第2章　貸借対照表

第3章　資産会計

第4章　負債会計

第5章　純資産会計

第6章　損益計算書

第7章　キャッシュ・フロー計算書

第8章　連結財務諸表

第9章　四半期財務諸表

目　　　次

第10章　外貨建取引

第1章 総　　論

第1　財務会計

1　会計の意義

　「会計」とは、特定の経済主体が行う経済行為を貨幣価値で認識・測定し、それを一定の方法で記録して、特定の者に報告することをいいます。

　「会計」は、「企業会計」と「非営利会計」に分類されます。

分　類	内　　容
企業会計	営利を目的とする組織体が計算主体となる会計
非営利会計	営利を目的としない組織体が計算主体となる会計

　「企業会計」は、さらに「財務会計」と「管理会計」に分類されます。

分　類	内　　容
財務会計	企業外部の利害関係者への情報提供を目的とした会計
管理会計	企業内部の経営者などへの情報提供を目的とした会計

　本書における考察対象は、「財務会計」です。

　財務会計の機能には、情報提供機能と利害調整機能があります。

機　能	内　　容
情報提供機能	企業外部の利害関係者が合理的な意思決定を行うための情報を提供する機能
利害調整機能	企業と利害関係者又は利害関係者相互間の利害を調整する機能

「財務会計」は、さらに「制度会計」と「非制度会計」に分類されます。

分　類	内　　　容
制度会計	財務会計のうち、法的規制を受ける会計
非制度会計	財務会計のうち、法的規制を受けない会計

　我が国の制度会計で代表的なものは、「会社法会計」と「金融商品取引法会計」です。

分　類	内　　　容
会社法会計	制度会計のうち、会社法の規制を受ける会計
金融商品取引法会計	財務会計のうち、金融商品取引法の規制を受ける会計

　以上の関係を図示すると、次の通りです。

2　静態論と動態論

　会計の目的を債権者保護のための財産計算とする会計思考を「静態論」といい、会計の目的を投資者保護のための損益計算とする会計思考を「動態論」といいます。

　「動態論」と「静態論」の対比は、次の通りです。

	静　態　論	動　態　論
会計の目的	債権者保護	投資者保護
損益の計算	財産法	損益法
資産の範囲	財産	財産 計算擬制的資産
負債の範囲	確定債務	確定債務 計算擬制的負債

　「財産法」と「損益法」は損益の計算の方法であり、内容は次の通りです。

方　法	内　　容
財産法	期首時点の貸借対照表と期末時点の貸借対照表の純財産額を比較して、純財産額の増減額を期間損益として計算する方法
損益法	収益から費用を差し引いて期間損益を計算する方法

　「計算擬制的資産」と「計算擬制的負債」の具体例は、次の通りです。

項　目	具　体　例
計算擬制的資産	繰延資産、経過勘定項目（前払費用など）
計算擬制的負債	引当金、経過勘定項目（未払費用など）

3　財務諸表

　財務諸表とは、株主や債権者などの企業外部の利害関係者に対して、企業の財政状態及び経営成績等を報告するために作成される報告書のことをいいます。

　会計理論上の財務諸表は、貸借対照表（B/S）、損益計算書（P/L）、キャッシュ・フロー計算書（C/F）、株主資本等変動計算書（S/S）により構成されています。

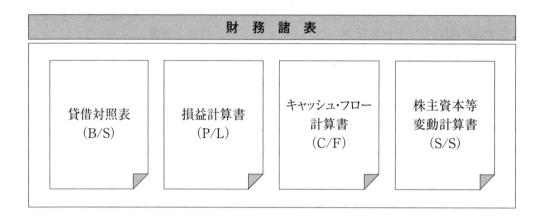

4　制度会計

　我が国の制度会計で代表的なものは、「会社法会計」と「金融商品取引法会計」です。

　「会社法会計」はすべての会社、「金融商品取引法会計」は、上場会社などに適用される会計です。

　「会社法会計」と「金融商品取引法会計」の関係を図示すると、次の通りです。

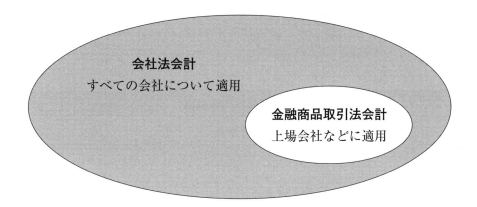

　上場会社等は「会社法会計」と「金融商品取引法会計」がいずれも適用され、上場会社等以外の会社は「会社法会計」のみが適用されます。

　「会社法会計」と「金融商品取引法会計」の財務諸表の体系を図示すると、次の通りです。なお、「会社法会計」では、財務諸表を「計算書類」と呼びます。

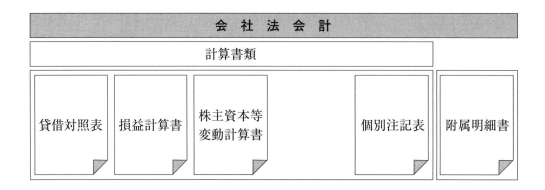

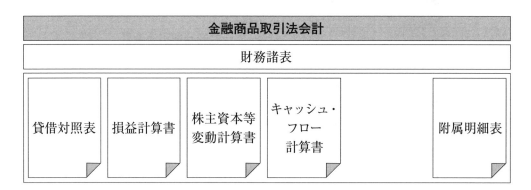

　「会社法会計」では、「キャッシュ・フロー計算書」は財務諸表（計算書類）に含めない一方で、「注記」を独立した表として含めています。

　なお、「会社法会計」では「附属明細書」、「金融商品取引法会計」では「附属明細表」と、それぞれ附属明細の表題が異なっており、記載内容も独自に規定されています。

第2　会計公準

　企業会計が行われるための基本的前提のことを「会計公準」といいます。

　「会計公準」を基礎として「会計基準」が制定され、「会計基準」に基づいて「会計手続」が実施されます。

　この関係を図示すると、次の通りです。

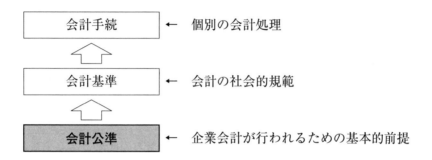

　「会計公準」には、「企業実体の公準」「継続企業の公準」「貨幣測定の公準」の3つの公準があります。

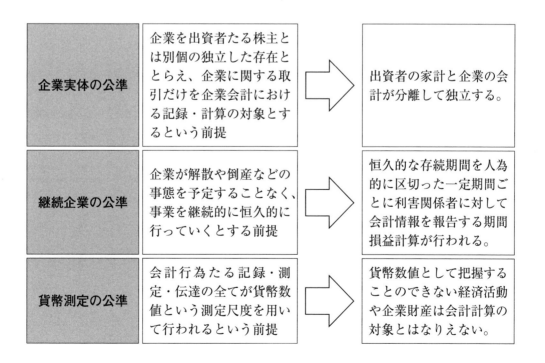

会計公準を要約して図示すると、次の通りです。

種　類	要　旨	内　　　容		
会計公準（基本的前提）	企業実体の公準	会計単位	原則	企業会計は、法律的に独立した企業を計算単位とする。
			例外	本支店会計 ｜ 企業を本店・支店などに区分し、それぞれを単一の計算単位とする。
				連結財務諸表 ｜ 支配従属関係にある複数の企業を単一の計算単位とする。
	継続企業の公準	会計期間	企業会計は、企業の利益追求活動が永久的に継続して行われるものと予定したうえで、そのうちの一定期間を人為的に区切って計算する。	
	貨幣測定の公準	会計尺度	企業会計は、企業努力の成果である利益及びその追求過程を共通の計算尺度である貨幣単位で測定できるものだけを対象とする。	

第3　会計基準

1　会計基準の意義

　財務会計には、法令だけではなく社会的な規範が必要です。この社会的な規範が、一般に公正妥当と認められる会計基準です。

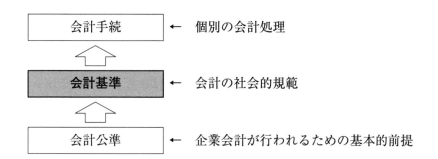

　一般に公正妥当と認められる会計基準には、「企業会計原則」及び各種の「企業会計基準」があります。

2　会計基準の制定主体

　「企業会計原則」は企業会計審議会によって、各種の「企業会計基準」は企業会計審議会及び企業会計基準委員会によって制定されています。

(1)　企業会計審議会

　金融庁長官の諮問に応じ、企業会計基準や監査基準の制定に関して答申を行う審議会です。審議会は学者や実務家の委員で構成されており、事務局は金融庁総務企画局にあります。

(2)　企業会計基準委員会

　企業会計基準の設定主体である常設の民間組織として「公益財団法人財務会計基準機構」が設立されました。財務会計基準機構の内部組織である「企業会計基準委員会」が各種の「企業会計基準」を制定しています。

3　企業会計原則

(1)　企業会計原則の特徴

　企業会計原則は、企業会計審議会によって昭和24年7月9日に制定され、昭和57年4月20日に最終改正されています。

　企業会計原則の特徴は、次の通りです。

特　　徴
企業会計の実務の中に慣習として発達したもののなかから、一般に公正妥当と認められたところを要約したものである。
公認会計士による財務諸表監査において従わなければならない基準である。
企業会計諸法令が制定改廃される場合に尊重されなければならないものである。

(2)　企業会計原則の体系

　企業会計原則の体系は、次の通りです。

区　分	規　定　内　容
一般原則	財務諸表作成に共通して適用されるべき基本思想
損益計算書原則	損益計算書を作成するための処理及び表示
貸借対照表原則	貸借対照表を作成するための処理及び表示

(3)　「企業会計原則」と各種の「企業会計基準」との関係

　近年では、「企業会計原則」のほかに各種の「企業会計基準」が制定されています。各種の「企業会計基準」は、「企業会計原則」の修正規定として位置づけられています。そのため、各種の「企業会計基準」は、「企業会計原則」よりも優先して適用されることになります。

4　一般原則

⑴　一般原則の意義と目的

「一般原則」の意義と目的は、次の通りです。

項　目	内　　容
意　義	企業が開示する財務諸表に共通して必要とされる基本的な思想をいう。
目　的	企業が作成する財務諸表の共通的な基本思想を定めることによって、財務諸表の社会的な信頼性を高めようとするものである。

⑵　一般原則の種類と分類

「一般原則」の種類と分類は、次の通りです。

分　類	内　　容	原　則　名
根本的な原則	企業が行う会計行為の根本を支える最上位の共通原則	真実性の原則
基本的な原則	根本的な原則を保証するために企業が行う会計行為の基本を支える最上位の共通原則	継続性の原則
		正規の簿記の原則
		明瞭性の原則
実践的な原則	企業が行う会計行為の実務面を支える実践的な共通原則	資本・利益区別の原則
		保守主義の原則
		単一性の原則
		重要性の原則

⑶　**一般原則の適用**

「一般原則」は、企業が行う会計行為に対して適用されます。適用関係は次の通りです。

名　　称	適用会計行為			原則の必要性
	処理	記録	報告	
真実性の原則	○	○	○	企業の社会責任
継続性の原則	○		○	期間比較性の確保と利益操作の防止
正規の簿記の原則		○		正確な会計帳簿
明瞭性の原則			○	会計情報の伝達可能性の確保
資本利益区別の原則	○			期間損益計算の正確性の確保
保守主義の原則	○			企業経営上の配慮
単一性の原則			○	二重帳簿作成の禁止
重要性の原則	○		○	実務上の簡便性の確保

「正規の簿記の原則」については、後述のように、狭義説、広義説、最広義説の諸説があります。上記の表では、狭義説に基づく見解を示しています。

(4) 真実性の原則

① 意義

「企業会計原則」では、次のように規定しています（企原・一般原則一）。

> 企業会計は、企業の財政状態及び経営成績に関して、真実な報告を提供するものでなければならない。

② 要請内容

真実性の原則は、他の一般原則の上位に位置する最高規範です。真実な報告を提供するために、他のすべての原則を遵守するよう要請しています。

③ 絶対的真実と相対的真実

「真実」には、「絶対的真実」と「相対的真実」の2通りの意味があります。

種　類	内　　容
絶対的真実	一つの会計事実には一つの結果しかなく、その結果が絶対的なものとしての真実
相対的真実	一つの会計事実であっても二つ以上の結果が得られることもあり、その結果が相対的なものとしての真実

現代の財務諸表は、「記録された事実と会計上の慣習と個人的判断の総合的表現」であるため、真実性の原則における「真実」は、「相対的真実」を意味しています。

(5)　正規の簿記の原則

①　意義

「企業会計原則」では、次のように規定しています（企原・一般原則二）。

> 企業会計は、すべての取引につき、正規の簿記の原則に従って、正確な会計帳簿を作成しなければならない。

②　正確な会計帳簿

正確な会計帳簿の要件は、下記の通りです。

要　件	内　　容
検証性	記録の対象となる取引は証憑に基づいていなければならない。
網羅性	記録内容はすべての取引を網羅していなければならない。
秩序性	記録方法は秩序正しく行われるものでなければならない。

③　適用範囲

適用範囲については、次の3つの見解があります。

見　解	適用範囲 処理	記録	表示	「正規の簿記の原則」の解釈
狭義説		○		正確な会計帳簿のために必要な基本思想
広義説	○	○		正確な会計帳簿及び会計処理に必要な基本思想
最広義説	○	○	○	会計行為のすべてに適用される基本思想

「企業会計原則」は、注解注1において、「……本来の厳密な会計処理によらないで他の簡便な方法によることも、正規の簿記の原則に従った処理として認められる」と規定し、さらに「重要性の原則は、財務諸表の表示に関しても適用される」と規定していることから、最広義説の考え方を採用していると考えられています。

⑹　資本・利益区別の原則

①　意義

「企業会計原則」では、次のように規定しています（企原・一般原則三）。

> 　資本取引と損益取引とを明瞭に区別し、特に資本剰余金と利益剰余金とを混同してはならない。

②　資本剰余金と利益剰余金

企業会計原則における規定は、次の通りです（企原・注２）。

種　　類	内　　　容
資本剰余金	資本取引から生じた剰余金
利益剰余金	損益取引から生じた剰余金（利益の留保額）

　資本剰余金と利益剰余金が混同されると、企業の財政状態及び経営成績が適正に示されないことになります。

③　広義の資本と狭義の資本

資本には、広義と狭義の２通りの概念があります。

広義の資本			利　　益
拠出資本		留保利益	
資本金	資本剰余金	利益剰余金	
拠出資本のうち資本金とされた金額	拠出資本のうち資本金とされなかった金額	獲得した利益を内部に留保した金額	期間利益
狭義の資本		利　　益	

　広義の資本に基づく区別の原則を「資本取引・損益取引区別の原則」、狭義の資本に基づく区別の原則を「資本剰余金・利益剰余金区別の原則」といいます。

(7)　明瞭性の原則

①　意義

「企業会計原則」では、次のように規定しています（企原・一般原則四）。

> 企業会計は、財務諸表によって、利害関係者に対し必要な会計事実を明瞭に表示し、企業の状況に関する判断を誤らせないようにしなければならない。

②　具体例

明瞭性の原則の具体例は、次の通りです。。

項　目	内　　容	
区分表示	資産・負債・純資産は、適当な区分基準に従って表示する。	
	収益・費用は、発生源泉ごとに区別して対照表示する。	
総額主義	資産と負債・純資産を相殺しないで総額で表示する。	
	収益と費用を相殺しないで総額で表示する。	
概観性	企業の経営内容を容易に把握できるように、概観性を考慮して項目を設定する。	
注　記	財務諸表本文に対する補足的な説明を行う。	重要な会計方針
		重要な後発事象
		重要な科目の内容等
附属明細表（書）	重要な項目について附属明細表（書）を作成し、詳細な情報を提供する。	

〔**重要な会計方針**〕

「会計方針」とは、企業が損益計算書及び貸借対照表の作成にあたって、その財政状態及び経営成績を正しく示すために採用した会計処理の原則及び手続並びに表示の方法をいいます。会計方針の例としては、次のようなものがあります（企原・注1－2）。

* 有価証券の評価基準及び評価方法
* たな卸資産の評価基準及び評価方法
* 固定資産の減価償却方法
* 繰延資産の処理方法
* 外貨建資産・負債の本邦通貨への換算基準
* 引当金の計上基準
* 費用・収益の計上基準

代替的な会計基準が認められていない場合には、会計方針の注記を省略することができます（企原・注1－2）。

〔**重要な後発事象**〕

「後発事象」とは、貸借対照表日後に発生した事象で、次期以降の財政状態及び経営成績に影響を及ぼすものをいいます。重要な後発事象を注記事項として開示することは、その企業の将来の財政状態及び経営成績を理解するための補足情報として有用です。重要な後発事象の例としては、次のようなものがあります（企原・注1－3）。

* 火災、出水等による重大な損害の発生
* 多額の増資又は減資及び多額の社債の発行又は繰上償還
* 企業の合併、重要な営業の譲渡又は譲受
* 重要な係争事件の発生又は解決
* 主要な取引先の倒産

〔**注記事項の記載方法**〕

重要な会計方針に係る注記事項は、損益計算書及び貸借対照表の次にまとめて記載します。なお、その他の注記事項についても、重要な会計方針の注記の次に記載することができます（企原・注1－4）。

(8)　継続性の原則

①　意義

「企業会計原則」では、次のように規定しています（企原・一般原則五）。

> 企業会計は、その処理の原則及び手続を毎期継続して適用し、みだりにこれを変更してはならない。

②　必要性

継続性の原則の必要性は、次の通りです。

項　目	内　　容
比較可能性の確保	同一の会計処理方法及び表示方法を毎期継続して適用することにより、財務諸表の期間比較性が確保される。
利益操作の防止	前期と同一の会計処理方法を当期も適用することにより、利益操作が防止される。
	真実性の原則が実質的に保証される。

③　継続性の変更の要因

継続性の変更の要因としては、次のようなものが考えられます。

区　分	内　　容
企業外部要因	経済状況の激変により、現在の方法が妥当でなくなった場合
	法令等の制改廃により、現在の方法が適法でなくなった場合
企業内部要因	企業内容の変更などにより、現在の方法が妥当でなくなった場合
	現在の方法よりも新たな方法がより適切である場合

④　継続性の変更が問題となる場合

会計処理の原則又は手続の変更は、次のように区分されます。

内　　　容		変更対象の有無
不当な方法から不当な方法への変更	企業会計原則違反	変更の対象ではない
妥当な方法から不当な方法への変更		
不当な方法から妥当な方法への変更	当然の変更	
妥当な方法から妥当な方法への変更		変更の対象である

企業会計上継続性が問題とされるのは、1つの会計事実について2つ以上の会計処理の原則又は手続の選択適用が認められている場合です。このような場合に、企業が選択した会計処理の原則及び手続を毎期継続して適用しないときは、同一の会計事実について異なる利益額が算出されることになり、財務諸表の期間比較が困難となる結果、企業の財務内容に関する利害関係者の判断を誤らせることになります。したがって、いったん採用した会計処理の原則又は手続は、正当な理由により変更を行う場合を除き、財務諸表を作成する各時期を通じて継続して適用しなければなりません。

なお、正当な理由によって、会計処理の原則又は手続に重要な変更を加えたときは、これを財務諸表に注記しなければなりません（企原・注3）。

⑼　保守主義の原則

①　意義

企業会計原則では、次のように規定しています（企原・一般原則六）。

> 企業の財政に不利な影響を及ぼす可能性がある場合には、これに備えて適当に健全な会計処理をしなければならない。

②　妥当性

保守主義の原則の妥当性は、次の通りに論じられています。

立　　場	妥当性	理　　　　　由
会計理論	妥当でない	保守主義の原則は、期間利益をより少なく計上することを認めるものであるから、費用収益対応の原則の立場からは妥当でないと解される。
会計実務	妥当である	利益をより少なく計上することによって将来の損失に備えたいという実務的な企業経営政策上の要請を考慮して、この原則が妥当であると解される。

保守主義の原則は、実務上の要請により必要とされているものと解されています。

③　真実性の原則との関係

企業会計は、予測される将来の危機に備えて、慎重な判断に基づく会計処理を行わなければならないが、過度の保守的な会計処理を行うことにより、企業の財政状態及び経営成績の真実な報告をゆがめてはなりません（企原・注４）。

過度の保守的な会計処理は、真実性の原則に反するものです。

⑽　単一性の原則

①　意義

企業会計原則では、次のように規定しています（企原・一般原則七）。

> 　株主総会提出のため、信用目的のため、租税目的のため等種々の目的のために異なる形式の財務諸表を作成する必要がある場合、それらの内容は、信頼しうる会計記録に基づいて作成されたものであって、政策の考慮のために事実の真実な表示をゆがめてはならない。

　単一性の原則は、実質一元・形式多元という意味での「単一性」を要請しています。

　目的別に財務諸表の形式が異なっても構いませんが、財務諸表の作成の基礎となる会計記録は単一でなければなりません。

⑾　**重要性の原則**

①　意義

　企業会計原則では、次のように規定しています（企原・注1）。

　　企業会計は、定められた会計処理の方法に従って正確な計算を行うべきものであるが、企業会計が目的とするところは、企業の財務内容を明らかにし、企業の状況に関する利害関係者の判断を誤らせないようにすることにあるから、重要性の乏しいものについては、本来の厳密な会計処理によらないで他の簡便な方法によることも正規の簿記の原則に従った処理として認められる。

　　重要性の原則は、財務諸表の表示に関しても適用される。

---

②　内容

　重要性の原則の内容は、次の通りです。

項　目	内　　容
金額の重要性	特定項目の金額が期間損益金額ないし財務諸表の表示金額に重要な影響を与えているかどうかによって判断する。
科目の重要性	財務諸表へ表示する科目そのものが利害関係者に対する会計情報として重要なものであるかどうかによって判断する。

③　正規の簿記の原則との関係

　企業会計原則は、注解1において、「……本来の厳密な会計処理によらないで他の簡便な方法によることも、正規の簿記の原則に従った処理として認められる」と規定していることから、重要性の原則を正規の簿記の原則に包含される原則であると位置づけています。

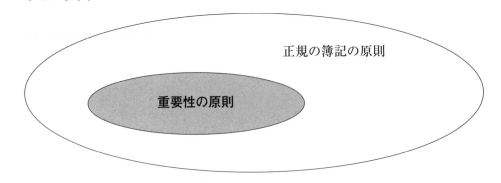

④　適用範囲

　重要性の原則の適用範囲は、次の通りです。

適用範囲	内　　容
会計処理	費用収益対応の原則を厳密に適用しなくても期間損益計算に重要な影響を与えないものについては、簡便な会計処理をすることが認められる。
会計表示	重要性の低いものにまで区分表示・一年基準などを適用すると、財務諸表の明瞭性がそこなわれるので、重要性の低いものについては簡便な表示をすることが認められる。

⑤　適用例

　企業会計原則では、重要性の原則の適用について、次の通りに例示しています（企原・注1(1)～(5)、12、13）。

区分	項　目	重要性がある場合	重要性がない場合
会計処理	貯蔵品	消耗時に費用処理	買入又は払出時に費用処理
	経過勘定項目	発生時に損益を計上	現金収支時に損益を計上
	引当金	発生時に費用を見積計上	現金支出時に費用計上
	付随費用	資産の取得価額に加算	発生時に費用として処理
表示	分割返済の長期債権債務	流動資産又は流動負債表示	固定資産又は固定負債表示
	特別損益	特別利益又は特別損失表示	経常損益計算に含める
	法人税等の追徴税額等	当期の負担税額とは区別	当期の負担税額に含める

5　各種の「企業会計基準」

　企業会計原則のほかに制定されている各種の「企業会計基準」は、次の通りです。

名　　称	制定主体		公表日 （最終改正日）	修正日
	企業会計 審議会	企業会計 基準委員会		
原価計算基準	○		昭和37年11月8日	
連結財務諸表原則	○		平成9年6月6日	
外貨建取引等会計処理基準	○		平成11年10月22日	
中間連結財務諸表等の作成基準	○		平成10年3月13日	
連結キャッシュ・フロー計算書等の作成基準	○		平成10年3月13日	
固定資産の減損に係る会計基準	○		平成14年8月9日	
自己株式及び準備金の額の減少等に関する会計基準		第1号	平成27年3月26日	
1株当たり当期純利益に関する会計基準		第2号	平成25年9月13日	令和2年3月31日
役員賞与に関する会計基準		第4号	平成17年11月29日	
貸借対照表の純資産の部の表示に関する会計基準		第5号	令和3年1月28日	令和4年10月28日
株主資本等変動計算書に関する会計基準		第6号	平成25年9月13日	令和4年10月28日
事業分離等に関する会計基準		第7号	平成25年9月13日	平成31年1月16日
ストック・オプション等に関する会計基準		第8号	平成17年12月27日	令和4年7月1日
棚卸資産の評価に関する会計基準		第9号	令和元年7月4日	令和2年3月31日
金融商品に関する会計基準	○	第10号	令和元年7月4日	令和4年10月28日
関連当事者の開示に関する会計基準		第11号	平成18年10月17日	平成28年12月26日
四半期財務諸表に関する会計基準		第12号	令和2年3月31日	
リース取引に関する会計基準	○	第13号	平成19年3月30日	

持分法に関する会計基準		第16号	平成20年12月26日	平成27年 3 月26日
セグメント情報等の開示に関する会計基準	○	第17号	平成22年 6 月30日	令和 2 年 3 月31日
資産除去債務に関する会計基準		第18号	平成20年 3 月31日	平成24年 5 月17日
賃貸等不動産の時価等の開示に関する会計基準		第20号	平成23年 3 月25日	令和元年 7 月 4 日
企業結合に係る会計基準	○	第21号	平成31年 1 月16日	令和 2 年 3 月31日
連結財務諸表に関する会計基準		第22号	平成25年 9 月13日	令和 2 年 3 月31日
研究開発費等に係る会計基準	○		平成10年 3 月13日	
		第23号	平成20年12月26日	
会計上の変更及び誤謬の訂正に関する会計基準		第24号	令和 2 年 3 月31日	
包括利益の表示に関する会計基準		第25号	令和 4 年10月28日	
退職給付に関する会計基準	○	第26号	平成28年12月16日	令和 4 年10月28日
法人税、住民税及び事業税等に関する会計基準		第27号	令和 4 年10月28日	
税効果会計に係る会計基準	○		平成10年10月30日	
		第28号	平成30年 2 月16日	令和 3 年 8 月12日
収益認識に関する会計基準		第29号	令和 2 年 3 月31日	令和 4 年 8 月26日
時価の算定に関する会計基準		第30号	令和元年 7 月 4 日	令和 2 年 7 月 1 日
会計上の見積りの算定に関する会計基準		第31号	令和 2 年 3 月31日	

　　各種の「企業会計基準」は、①企業会計審議会が単独で制定したもの、②企業会計基準委員会が単独で制定したもの、③企業会計審議会が制定し、その後の改正は企業会計基準委員会に引き継がれているもの、④企業会計審議会が制定し、その後の改正は企業会計基準委員会が制定した会計基準により補われているもの、の 4 種類の制定方法があります。

6　各種の「企業会計基準適用指針」

　企業会計基準委員会では、「企業会計基準」について、各種の「企業会計基準適用指針」を制定しています。

　各種の「企業会計基準適用指針」を「企業会計基準」と関連させて示すと、次の通りです。

企業会計基準		企業会計基準適用指針	
第26号	退職給付に関する会計基準	第1号	退職給付制度間の移行等に関する会計処理
		第25号	退職給付に関する会計基準の適用指針
	固定資産の減損に係る会計基準	第6号	固定資産の減損に係る会計基準の適用指針
第1号	自己株式及び準備金の額の減少等に関する会計基準	第2号	自己株式及び準備金の額の減少等に関する会計基準の適用指針
		第3号	その他資本剰余金の処分による配当を受けた株主の会計処理
第2号	1株当たり当期純利益に関する会計基準	第4号	1株当たり当期純利益に関する会計基準の適用指針
第4号	役員賞与に関する会計基準		
第5号	貸借対照表の純資産の部の表示に関する会計基準	第8号	貸借対照表の純資産の部の表示に関する会計基準等の適用指針
第6号	株主資本等変動計算書に関する会計基準	第9号	株主資本等変動計算書に関する会計基準の適用指針
第7号	事業分離等に関する会計基準	第10号	企業結合会計基準及び事業分離等会計基準に関する適用指針
第21号	企業結合に係る会計基準		
第8号	ストック・オプション等に関する会計基準	第11号	ストック・オプション等に関する会計基準の適用指針
第9号	棚卸資産の評価に関する会計基準		
第10号	金融商品に関する会計基準	第12号	その他の複合金融商品（払込資本を増加させる可能性のある部分を含まない複合金融商品）に関する会計処理
		第17号	払込資本を増加させる可能性のある部分を含む複合金融商品に関する会計処理
		第19号	金融商品の時価等の開示に関する適用指針

第11号	関連当事者の開示に関する会計基準	→	第13号	関連当事者の開示に関する会計基準の適用指針
第12号	四半期財務諸表に関する会計基準	→	第14号	四半期財務諸表に関する会計基準の適用指針
第13号	リース取引に関する会計基準	→	第16号	リース取引に関する会計基準の適用指針
第16号	持分法に関する会計基準	→	第22号	連結財務諸表における子会社及び関連会社の範囲の決定に関する適用指針
第22号	連結財務諸表に関する会計基準	→	第15号	一定の特別目的会社に係る開示に関する適用指針
第17号	セグメント情報等の開示に関する会計基準	→	第20号	セグメント情報等の開示に関する会計基準の適用指針
第18号	資産除去債務に関する会計基準	→	第21号	資産除去債務に関する会計基準の適用指針
第20号	賃貸等不動産の時価等の開示に関する会計基準	→	第23号	賃貸等不動産の時価等の開示に関する会計基準の適用指針
第23号	研究開発費等に係る会計基準　一部改正			
第24号	会計上の変更及び誤謬の訂正に関する会計基準	→	第24号	会計上の変更及び誤謬の訂正に関する会計基準の適用指針
第25号	包括利益の表示に関する会計基準			
第27号	法人税、住民税及び事業税等に関する会計基準			
第28号	税効果会計に係る会計基準　一部改正	→	第26号	繰延税金資産の回収可能性に関する適用指針
		→	第28号	税効果会計に係る会計基準の適用指針
		→	第29号	中間財務諸表等における税効果会計に関する適用指針
第29号	収益認識に関する会計基準	→	第30号	収益認識に関する会計基準の適用指針
第30号	時価の算定に関する会計基準	→	第31号	時価の算定に関する会計基準の適用指針
第31号	会計上の見積りの算定に関する会計基準			

7　各種の「実務対応報告」

　企業会計基準委員会では、「企業会計基準」について、各種の「実務対応報告」を制定しています。

　各種の「実務対応報告」は、次の通りです。

実　務　対　応　報　告	
第 1 号	旧商法による新株予約権及び新株予約権付社債の会計処理に関する実務上の取扱い
第 2 号	退職給付制度間の移行等の会計処理に関する実務上の取扱い
第 6 号	デット・エクイティ・スワップの実行時における債権者側の会計処理に関する実務上の取扱い
第 8 号	コマーシャル・ペーパーの無券面化に伴う発行者の会計処理及び表示についての実務上の取扱い
第 9 号	1株当たり当期純利益に関する実務上の取扱い
第10号	種類株式の貸借対照表価額に関する実務上の取扱い
第11号	外貨建転換社債型新株予約権付社債の発行者側の会計処理に関する実務上の取扱い
第15号	排出量取引の会計処理に関する当面の取扱い
第18号	連結財務諸表作成における在外子会社の会計処理に関する当面の取扱い
第19号	繰延資産の会計処理に関する当面の取扱い
第20号	投資事業組合に対する支配力基準及び影響力基準の適用に関する実務上の取扱い
第21号	有限責任事業組合及び合同会社に対する出資者の会計処理に関する実務上の取扱い
第22号	厚生年金基金に係る交付金の会計処理に関する当面の取扱い
第23号	信託の会計処理に関する実務上の取扱い
第24号	持分法適用関連会社の会計処理に関する当面の取扱い
第27号	電子記録債権に係る会計処理及び表示についての実務上の取扱い
第30号	従業員等に信託を通じて自社の株式を交付する取引に関する実務上の取扱い
第31号	リース手法を活用した先端設備等投資支援スキームにおける借手の会計処理等に関する実務上の取扱い

第33号	リスク分担型企業年金の会計処理等に関する実務上の取扱い
第34号	債券の利回りがマイナスとなる場合の退職給付債務等の計算における割引率に関する当面の取扱い
第35号	公共施設等運営事業における運営権者の会計処理等に関する実務上の取扱い
第36号	従業員等に対して権利確定条件付き有償新株予約権を付与する取引に関する取扱い
第37号	実務対応報告第34号の適用時期に関する当面の取扱い
第38号	資金決済法における仮想通貨の会計処理等に関する当面の取扱い
第40号	LIBOR を参照する金融商品に関するヘッジ会計の取扱い
第41号	取締役の報酬等として株式を無償交付する取引に関する取扱い
第42号	グループ通算制度を適用する場合の会計処理及び開示に関する取扱い
第43号	電子記録移転有価証券表示権利等の発行及び保有の会計処理及び開示に関する取扱い
第44号	グローバル・ミニマム課税に対応する法人税法の改正に係る税効果会計の適用に関する当面の取扱い

　このほか、日本公認会計士協会の答申等も、広い意味での会計基準に含まれるといえるでしょう。

第4 概念フレームワーク

1 財務会計の概念フレームワーク

(1) 概要

　近年の我が国の会計基準は、海外の先例に倣い、いわゆるピースミール方式で会計基準を設定しています。ピースミール方式というのは、テーマごとに会計基準を設定する方法です。テーマごとに会計基準を設定する方法は、機動性に優れている一方で、会計基準の数が増加すると基準間で齟齬（そご）が生じるおそれがあります。そこで、諸外国と同様に、会計基準の基となる考え方を整理した概念フレームワークを明文化し、基準の改廃の際にその考え方を尊重するという方式が採られることになりました。

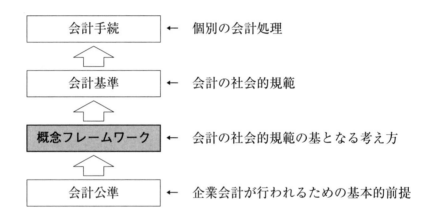

　企業会計基準委員会では、基本概念専門委員会を組成して議論を積み重ね、平成18年12月28日に「討議資料　財務会計の概念フレームワーク」を公表しました。この概念フレームワークは、現時点では討議資料という位置付けです。今後はさらに議論を積み重ね、最終的には討議資料という前置きが外れる予定です。

「討議資料　財務会計の概念フレームワーク」の体系は下記の通りです。

章	項　目
前　文	
第1章	財務報告の目的
第2章	会計情報の質的特性
第3章	財務諸表の構成要素
第4章	財務諸表における認識と測定

(2)　役割

概念フレームワークの役割は下記の通りです（フレームワーク・前文）。

(1)　会計基準の概念的な基礎を提供する役割

(2)　財務諸表の利用者に資する役割

(3)　将来の基準開発に指針を与える役割

2　財務報告の目的

(1)　ディスクロージャー制度と財務報告の目的

①　ディスクロージャー制度

　投資家と経営者の間に存在する情報の非対称性を緩和し、それが生み出す市場の機能障害を解決するため、経営者による私的情報の開示を促進する制度です（フレームワーク・第1章1）。

②　財務報告の目的

　投資家の意思決定に資するディスクロージャー制度の一環として、投資のポジションとその成果を測定して開示することです（フレームワーク・第1章2）。

　投資のポジションは、従来から用いられている財政状態に類似する用語です（フレームワーク・第1章2脚注(1)）。

(2)　会計基準の役割

　ディスクロージャー制度を支える社会規範としての役割です（フレームワーク・第1章4）。

(3)　ディスクロージャー制度における各当事者の役割

　ディスクロージャー制度の主たる当事者としては、投資家、経営者及び監査人の3者が想定されます（フレームワーク・第1章6）。

　3者の役割は、次の通りです（フレームワーク・第1章7～9）。

当事者	役　　　　　割
投資家	開示された情報を利用して、自己の責任で将来の企業成果を予想し、現在の企業価値を評価する役割
経営者	投資家がその役割を果たすのに必要な情報を開示する役割
監査人	投資家の必要とする会計情報を経営者が適正に開示しているか否かを確かめる役割

⑷　会計情報の副次的な利用

　ディスクロージャー制度において開示される会計情報は、企業関係者の間の私的契約等を通じた利害調整にも副次的に利用されています（フレームワーク・第 1 章10）。

3　会計情報の質的特性

(1)　会計情報の基本的な特性（意思決定有用性）

　会計情報に求められる最も基本的な特性は、意思決定有用性です。会計情報には、投資家が企業の不確実な成果を予測するのに有用であることが期待されています（フレームワーク・第2章1）。

　意思決定有用性は、意思決定目的に関連する情報であること（意思決定との関連性）と、一定の水準で信頼できる情報であること（信頼性）の2つの下位の特性により支えられています。さらに、内的整合性と比較可能性が、それら3者の階層を基礎から支えています（フレームワーク・第2章2）。

(2)　意思決定有用性を支える特性①（意思決定との関連性）

　意思決定との関連性とは、会計情報が将来の投資の成果についての予測に関連する内容を含んでおり、企業価値の推定を通じた投資家による意思決定に積極的な影響を与えて貢献することを指しています（フレームワーク・第2章3）。

　投資家の予測や行動が情報の入手によって改善される場合、その情報は情報価値を有しています（情報価値の存在）。また、投資家からの要求に応えるために会計基準の設定・改廃が行われることもあります（情報ニーズの充足）。情報価値の存在と情報ニーズの充足は、意思決定との関連性を支える2つの特性と位置づけられます（フレームワーク・第2章4）。

(3)　意思決定有用性を支える特性②（信頼性）

　会計情報の有用性は、信頼性にも支えられています。信頼性とは、中立性・検証可能性・表現の忠実性などに支えられ、会計情報が信頼に足る情報であることを指しています（フレームワーク・第2章6）。

　財務報告には、一部の関係者の利害だけを偏重することのないことが求められます（中立性）。また、測定者の主観には左右されない事実に基づくことが求められます（検証可能性）。さらに、事実と会計上の分類項目との明確な対応関係が求められます（表現の忠実性）（フレームワーク・第2章7）。

⑷　一般的制約となる特性①（内的整合性）

　個別の会計基準が、会計基準全体を支える基本的な考え方と矛盾しないとき、その個別基準は内的整合性を有しているといいます。そのように個別基準が内的に整合している場合、その個別基準に従って作成される会計情報は有用であると推定されます（フレームワーク・第2章9）。

⑸　一般的制約となる特性②（比較可能性）

　会計情報が利用者の意思決定にとって有用であるためには、会計情報には比較可能性がなければなりません。比較可能性とは、同一企業の会計情報を時系列で比較する場合、あるいは、同一時点の会計情報を企業間で比較する場合に、比較に障害とならないよう会計情報が作成されることを要請するものです（フレームワーク・第2章11）。

　以上の関係を図示すると、次の通りです。

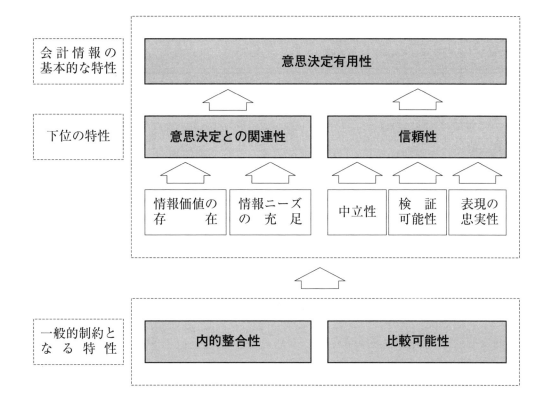

4　財務諸表の構成要素

(1)　財務諸表の役割と構成要素

　財務諸表の役割は、投資のポジションと成果を表すことです。貸借対照表及び損益計算書に関する構成要素は、資産、負債、純資産、株主資本、包括利益、純利益、収益及び費用です（フレームワーク・第3章2）。

(2)　財務報告の目的による制約

　貸借対照表と損益計算書が投資のポジションと成果を開示するという役割を担っているため、それぞれの構成要素は、これらの役割を果たすものに限られます（フレームワーク・第3章3）。

(3)　構成要素の定義

　財務諸表の構成要素の定義は、次の通りです（フレームワーク・第3章4～9、13、15）。

構成要素	定　　　義
資　産	過去の取引又は事象の結果として、報告主体が支配している経済的資源
負　債	過去の取引又は事象の結果として、報告主体が支配している経済的資源を放棄もしくは引き渡す義務、又はその同等物
純資産	資産と負債の差額
株主資本	純資産のうち報告主体の所有者である株主（連結財務諸表の場合には親会社株主）に帰属する部分
包括利益	特定期間における純資産の変動額のうち、報告主体の所有者である株主、子会社の少数株主、及び将来それらになり得るオプションの所有者との直接的な取引によらない部分

純利益	特定期間の期末までに生じた純資産の変動額（報告主体の所有者である株主、子会社の少数株主、及び将来それらになり得るオプションの所有者との直接的な取引による部分を除く）のうち、その期間中にリスクから解放された投資の成果であって、報告主体の所有者に帰属する部分
収　益	純利益又は少数株主損益を増加させる項目であり、特定期間の期末までに生じた資産の増加や負債の減少に見合う額のうち、投資のリスクから解放された部分
費　用	純利益又は少数株主損益を減少させる項目であり、特定期間の期末までに生じた資産の減少や負債の増加に見合う額のうち、投資のリスクから解放された部分

⑷　包括利益と純利益との関係

　包括利益と純利益との関係は、次の通りです（フレームワーク・第3章12）。

包括利益	－	投資のリスクから解放されていない部分	＋	過年度の包括利益のうち期中に投資のリスクから解放された部分	－	少数株主損益	＝	純利益

5　財務諸表における認識と測定

(1)　認識

　認識の意義、契機及び要件は、次の通りです（フレームワーク・第4章1、3、6）。

項　目	内　容
認識の意義	構成要素を財務諸表の本体に計上すること
認識の契機	基礎となる契約の原則として少なくとも一方の履行
	いったん認識した資産・負債に生じた価値の変動
認識の要件	財務諸表の構成要素に関わる将来事象が、一定水準以上の確からしさで生じると見積られる一定程度の発生の可能性（蓋然性）

(2)　測定

　財務諸表における測定とは、財務諸表に計上される諸項目に貨幣額を割り当てることをいいます（フレームワーク・第4章2）。

① 資産の測定値

　資産の測定値の定義は、次の通りです（フレームワーク・第4章8～29）。

資産の測定値	定　　　　　義		
取得原価	資産取得の際に支払われた現金もしくは現金同等物の金額、又は取得のために犠牲にされた財やサービスの公正な金額		
市場価格	購買市場と売却市場とが区別されない場合	流通市場で成立している価格	
	購買市場と売却市場とが区別される場合	再調達原価	購買市場で成立している価格
		正味実現可能価額	売却市場で成立している価格から見積販売経費を控除した額
割引価値	将来キャッシュ・フローを継続的に見積り直すとともに、割引率も改訂する場合	利用価値	資産の利用から得られる将来キャッシュ・フローを測定時点で見積り、その時点の割引率で割り引いた額
		市場価格を推定するための割引価値	市場で平均的に予想されているキャッシュ・フローと市場の平均的な割引率を測定時点で見積り、前者を後者で割り引いた額
	将来キャッシュ・フローのみを継続的に見積り直す場合	資産の利用から得られる将来キャッシュ・フローを測定時点で見積り、その期待キャッシュ・フローを資産の取得時点における割引率で割り引いた額	
入金予定額	資産から期待される将来キャッシュ・フローを単純に（割り引かずに）合計した金額		
被投資企業の純資産額に基づく額	被投資企業の純資産のうち、投資企業の持分に対応する額		

② 負債の測定値

負債の測定値の定義は、次の通りです（フレームワーク・第4章30〜43）。

負債の測定値	定 義		
支払予定額	負債の返済に要する将来キャッシュ・フローを単純に（割り引かずに）合計した金額		
現金受入額	財・サービスを提供する義務の見返りに受け取った現金又は現金同等物の金額		
割引価値	将来キャッシュ・フローを継続的に見積り直すとともに、割引率も改訂する場合	リスクフリー・レートによる割引価値	測定時点で見積った将来のキャッシュ・アウトフローを、その時点におけるリスクフリー・レートで割り引いた額
		リスクを調整した割引率による割引価値	測定時点で見積った将来のキャッシュ・アウトフローを、その時点における報告主体の信用リスクを加味した最新の割引率で割り引いた額
	将来キャッシュ・フローのみを継続的に見積り直す場合	測定時点で見積った将来のキャッシュ・アウトフローを、負債が生じた時点における割引率で割り引いた額	
	将来キャッシュ・フローを見積り直さず、割引率も改訂しない場合	負債が生じた時点で見積った将来のキャッシュ・アウトフローを、その時点での割引率によって割り引いた額	
市場価格	流通市場で成立している価格		

③　収益の測定

収益の測定方法は、次の通りです（フレームワーク・第4章44～47）。

収益の測定方法	内　　　容
交換に着目した収益の測定	財やサービスを第三者に引き渡すことで獲得した対価によって収益をとらえる方法
市場価格の変動に着目した収益の測定	資産や負債に関する市場価格の有利な変動によって収益をとらえる方法
契約の部分的な履行に着目した収益の測定	財やサービスを継続的に提供する契約が存在する場合、契約の部分的な履行に着目して収益をとらえる方法
被投資企業の活動成果に着目した収益の測定	投資企業が、被投資企業の成果の獲得に応じて投資勘定を増加させて収益をとらえる方法

④　費用の測定

費用の測定方法は、次の通りです（フレームワーク・第4章48～52）。

費用の測定方法	内　　　容
交換に着目した費用の測定	財やサービスを第三者に引き渡すことで犠牲にした対価によって費用をとらえる方法
市場価格の変動に着目した費用の測定	資産や負債に関する市場価格の不利な変動によって費用をとらえる方法
契約の部分的な履行に着目した費用の測定	財やサービスの継続的な提供を受ける契約が存在する場合、契約の部分的な履行に着目して費用をとらえる方法
利用の事実に着目した費用の測定	資産を実際に利用することによって生じた消費や価値の減耗に基づいて費用をとらえる方法

第2章　貸借対照表

第1　総　論

1　本質

(1)　貸借対照表完全性の原則

「企業会計原則」では、次のように規定しています（企原・B/S 原則一本文）。

> 貸借対照表は、企業の財政状態を明らかにするため、貸借対照表日におけるすべての資産、負債及び資本（純資産）を記載し、株主、債権者その他の利害関係者にこれを正しく表示するものでなければならない。

　負債（他人資本）と純資産（自己資本）は企業資本の調達源泉を表し、資産は企業資本の運用形態を表しています。貸借対照表は、企業資本の調達源泉と運用形態の対照表です。

(2)　重要性の原則

「企業会計原則」では、次のように規定しています（企原・B/S 原則一但書）。

> ただし、正規の簿記の原則に従って処理された場合に生じた簿外資産及び簿外負債は、貸借対照表の記載外におくことができる。

　第1章第3「会計基準」4⑾「重要性の原則」で述べたように、企業会計原則は重要性の原則を正規の簿記の原則に包含される原則であると位置づけていますので、上記の企業会計原則の規定は、重要性の原則の適用を意味するものです。

2　表示原則

(1)　総額主義の原則

「企業会計原則」では、次のように規定しています（企原・B/S 原則一 B）。

> 資産、負債及び資本（純資産）は、総額によって記載することを原則とし、資産の項目と負債又は資本（純資産）の項目とを相殺することによって、その全部又は一部を貸借対照表から除去してはならない。

資産、負債及び純資産を総額によって記載することで、企業の財政規模が明らかになります。

(2)　区分表示の原則

「企業会計原則」では、次のように規定しています（企原・B/S 原則一 A、二）。

> 資産、負債及び資本（純資産）は、適当な区分、配列、分類及び評価の基準に従って記載しなければならない。
> 貸借対照表は、資産の部、負債の部及び資本（純資産）の部の三区分に分ち、さらに資産の部を流動資産、固定資産及び繰延資産に、負債の部を流動負債及び固定負債に区分しなければならない。

区分表示することによって、企業資本の調達源泉と運用形態が明らかになります。

3　配列方法

　貸借対照表項目の配列方法には、流動性配列法と固定性配列法の2種類があります。

配列方法	内　　容
流動性配列法	貸借対照表項目を流動性の高いものから順に配列する方法
固定性配列法	貸借対照表項目を流動性の低いものから順に配列する方法

　「企業会計原則」では、次のように規定しています（企原・B/S原則三）。

　資産及び負債の項目の配列は、原則として、流動性配列法によるものとする。

　「企業会計原則」に基づく区分表示及び配列を図示すると、次の通りです。

貸　借　対　照　表					
資産の部	流動資産		負債の部	流動負債	
	固定資産	有形固定資産			
		無形固定資産		固定負債	
		投資その他の資産			
	繰延資産		純資産の部		

4　分類基準

「企業会計原則」では、次のように規定しています（企原・B/S 原則四）。

　資産、負債及び資本（純資産）の各科目は、一定の基準に従って明瞭に分類しなければならない。

　資産及び負債を流動項目と固定項目に分類する基準には、正常営業循環基準と1年基準があります。

① 正常営業循環基準

　「正常営業循環基準」は、企業の正常営業循環過程（購買→製造・販売→代金決済）にある項目は、すべて流動項目とする基準です。

　正常営業循環過程にある項目は、具体的には次の通りです。

- ＊ 取引先との通常の商取引によって生じた受取手形、売掛金等の債権
- ＊ 商品、製品、半製品、原材料、仕掛品等のたな卸資産
- ＊ 取引先との通常の商取引によって生じた支払手形、買掛金等の債務

② 1年基準

　「1年基準」は、貸借対照表日の翌日から起算して1年以内に入金又は支払の期限が到来するものを流動項目とし、1年を超えて入金又は支払の期限が到来するものを固定項目とする基準です。

　正常営業循環基準と1年基準の適用関係を図示すると、下記の通りです。

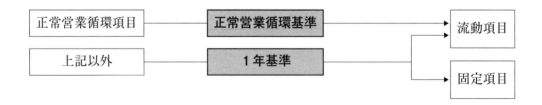

第2 各 論

1 資産科目の表示

「企業会計原則」では、次のように規定しています（企原・B/S原則四㈠）。

　資産は、流動資産に属する資産、固定資産に属する資産及び繰延資産に属する資産に区別しなければならない。仮払金、未決算等の勘定を貸借対照表に記載するには、その性質を示す適当な科目で表示しなければならない。

A　現金預金、市場性のある有価証券で一時的所有のもの、取引先との通常の商取引によって生じた受取手形、売掛金等の債権、商品、製品、半製品、原材料、仕掛品等のたな卸資産及び期限が1年以内に到来する債権は、流動資産に属するものとする。

　前払費用で1年以内に費用となるものは、流動資産に属するものとする。

　受取手形、売掛金その他流動資産に属する債権は、取引先との通常の商取引上の債権とその他の債権とに区別して表示しなければならない。

B　固定資産は、有形固定資産、無形固定資産及び投資その他の資産に区分しなければならない。

　建物、構築物、機械装置、船舶、車両運搬具、工具器具備品、土地、建設仮勘定等は、有形固定資産に属するものとする。

　営業権、特許権、地上権、商標権等は、無形固定資産に属するものとする。

　子会社株式その他流動資産に属しない有価証券、出資金、長期貸付金並びに有形固定資産、無形固定資産及び繰延資産に属するもの以外の長期資産は、投資その他の資産に属するものとする。

　有形固定資産に対する減価償却累計額は、原則として、その資産が属する科目ごとに取得原価から控除する形式で記載する。

　無形固定資産については、減価償却額を控除した未償却残高を記載する。

C　繰延資産については、償却額を控除した未償却残高を記載する。

D　受取手形、売掛金その他の債権に対する貸倒引当金は、原則として、その債権が属する科目ごとに債権金額又は取得価額から控除する形式で記載する。

　債権のうち、役員等企業の内部の者に対するものと親会社又は子会社に対するものは、特別の科目を設けて区別して表示し、又は注記の方法によりその内容を明瞭に示さなければならない。

　貸倒引当金又は減価償却累計額の表示方法は、次の通りです（企原・B/S 原則四㈠、注解17）。

	表 示 方 法
原　則	債権又は有形固定資産が属する科目ごとに控除する形式で表示する方法
認　容	２以上の科目について、貸倒引当金又は減価償却累計額を一括して記載する方法
	債権又は有形固定資産について、貸倒引当金又は減価償却累計額を控除した残額のみを記載し、当該貸倒引当金又は減価償却累計額を注記する方法

2　負債科目の表示

　「企業会計原則」では、次のように規定しています（企原・B/S 原則四㈡）。

　負債は、流動負債に属する負債と固定負債に属する負債とに区別しなければならない。仮受金、未決算等の勘定を貸借対照表に記載するには、その性質を示す適当な科目で表示しなければならない。

A　取引先との通常の商取引によって生じた支払手形、買掛金等の債務及び期限が１年以内に到来する債務は、流動負債に属するものとする。

　支払手形、買掛金その他流動負債に属する債務は、取引先との通常の商取引上の債務とその他の債務とに区別して表示しなければならない。

　引当金のうち、賞与引当金、工事補償引当金、修繕引当金のように、通常１年以内に使用される見込みのものは流動負債に属するものとする。

B　社債、長期借入金等の長期債務は、固定負債に属するものとする。

　引当金のうち、退職給与引当金、特別修繕引当金のように、通常１年をこえて使用される見込みのものは、固定負債に属するものとする。

C　債務のうち、役員等企業の内部の者に対するものと親会社又は子会社に対するものは、特別の科目を設けて区別して表示し、又は注記の方法によりその内容を明瞭に示さなければならない。

3　注記

「企業会計原則」では、次のように規定しています（企原・B/S 原則一 C)。

　受取手形の割引高又は裏書譲渡高、保証債務等の偶発債務、債務の担保に供している資産、発行済株式 1 株当たり当期純利益及び同 1 株当たり純資産額等企業の財務内容を判断するために重要な事項は、貸借対照表に注記しなければならない。

4　時価の算定

⑴　時価の算定に関する会計基準

①　目的

時価の算定について定めることを目的として、「時価の算定に関する会計基準（企業会計基準第30号）」が定められています（時価基準1）。

②　範囲

時価の算定に関する会計基準は、次の時価に適用されます（時価基準3）。

「時価」の適用範囲	金融商品
	トレーディング目的で保有する棚卸資産

⑵　用語の定義

用語の定義は、次の通りです（時価基準4）。

用　語	定　　義	
市場参加者	資産又は負債に関する主要な市場又は最も有利な市場において、次の要件のすべてを満たす買手及び売手	
	①	互いに独立しており、関連当事者（関連当事者基準5⑶）ではないこと
	②	知識を有しており、すべての入手できる情報に基づき当該資産又は負債について十分に理解していること
	③	その資産又は負債に関して、取引を行う能力があること
	④	その資産又は負債に関して、他から強制されるわけではなく、自発的に取引を行う意思があること
秩序ある取引	資産又は負債の取引に関して通常かつ慣習的な市場における活動ができるように、時価の算定日以前の一定期間において市場にさらされていることを前提とした取引	
主要な市場	資産又は負債についての取引の数量及び頻度が最も大きい市場	

最も有利な市場	取得又は売却に要する付随費用を考慮したうえで、資産の売却による受取額を最大化又は負債の移転に対する支払額を最小化できる市場
インプット	市場参加者が資産又は負債の時価を算定する際に用いる仮定（時価の算定に固有のリスクに関する仮定を含む。） インプットには、相場価格を調整せずに時価として用いる場合におけるその相場価格も含まれる。 〔インプットの構成〕 ・観察可能なインプット：入手できる観察可能な市場データに基づくインプット ・観察できないインプット：観察可能な市場データではないが、入手できる最良の情報に基づくインプット
活発な市場	継続的に価格情報が提供される程度に十分な数量及び頻度で取引が行われている市場

(3) 時価の算定

① 時価の定義

時価の定義は、次の通りです（時価基準5）。

用　語	定　　　　　義
時　価	算定日において市場参加者間で秩序ある取引が行われると想定した場合の、その取引における資産の売却によって受け取る価格又は負債の移転のために支払う価格

② 時価の算定単位

時価の算定単位は、原則的な取扱いと例外的に認められる取扱いがあり、それぞれ次の通りです（時価基準6、7、32、33）。

原則	適用される会計基準に従って、次のいずれかによる。 * 個々の資産又は負債 * 資産又は負債のグループ	
例外	金融資産及び金融負債を相殺した後の正味の資産又は負債を基礎とした、その金融資産及び金融負債のグループ 〔要件〕 次の①〜⑤をすべて満たすこと	
	①	企業の文書化したリスク管理戦略又は投資戦略に従って、特定の市場リスク又は特定の取引相手先の信用リスクに関する正味の資産又は負債に基づき、金融資産及び金融負債のグループを管理していること
	②	金融資産及び金融負債のグループに関する情報を企業の役員（関連当事者基準5(7)）に提供していること
	③	金融資産及び金融負債を各決算日の貸借対照表において時価評価していること
	④	特定の市場リスクに関連する場合には、金融資産及び金融負債のグループの中で企業がさらされている市場リスクがほぼ同一であり、かつ、金融資産及び金融負債から生じる特定の市場リスクにさらされている期間がほぼ同一であること
	⑤	特定の取引相手先の信用リスクに関連する場合には、債務不履行の発生時において信用リスクのポジションを軽減する既存の取決めが法的に強制される可能性についての市場参加者の予想を時価に反映すること

③ 時価の算定方法

a．評価技法

　時価の算定にあたっては、状況に応じて、十分なデータが利用できる評価技法（マーケット・アプローチやインカム・アプローチなど）を用います（時価基準8）。

　時価の算定にあたって複数の評価技法を用いる場合には、複数の評価技法に基づく結果を踏まえた合理的な範囲を考慮して、時価を最もよく表す結果を決定します（時価基準9）。

　時価の算定に用いる評価技法は、毎期継続して適用します（時価基準10）。

b．インプット

　時価の算定に用いるインプットは、次の順に優先的に使用します（時価基準11）。

レベル	内　　容	優先順位
レベル1のインプット	時価の算定日において、企業が入手できる活発な市場における同一の資産又は負債に関する相場価格であり調整されていないもの	高
レベル2のインプット	資産又は負債について直接又は間接的に観察可能なインプットのうち、レベル1のインプット以外のインプット	中
レベル3のインプット	資産又は負債について観察できないインプット	低

　インプットを用いて算定した時価は、その算定において重要な影響を与えるインプットが属するレベルに応じて、レベル1の時価、レベル2の時価又はレベル3の時価に分類します（時価基準12）。

　インプット、評価技法及び時価の関係を図示すると、次の通りです。

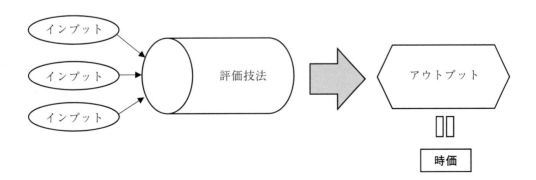

c．資産又は負債の取引の数量又は頻度が著しく低下している場合（時価基準13）

　　資産又は負債の取引の数量又は頻度がその資産又は負債に係る通常の市場における活動に比して著しく低下していると判断した場合、取引価格又は相場価格が時価を表しているかどうかについて評価します。

　　評価の結果、取引価格又は相場価格が時価を表していないと判断する場合、取引価格又は相場価格を時価を算定する基礎として用いる際には、取引価格又は相場価格について、市場参加者が資産又は負債のキャッシュ・フローに固有の不確実性に対する対価として求めるリスク・プレミアムに関する調整を行います。

d．負債又は払込資本を増加させる金融商品の時価

　　負債又は払込資本を増加させる金融商品（企業結合の対価として発行される株式など）については、時価の算定日に市場参加者に移転されるものと仮定して、時価を算定します（時価基準14）。

　　負債の時価の算定にあたっては、負債の不履行リスクの影響を反映します（時価基準15）。

5　会計上の見積りの開示

(1)　会計上の見積りの開示に関する会計基準

　会計上の見積りの開示について定めることを目的として、「会計上の見積りの開示に関する会計基準（企業会計基準第31号）」が定められています（見積開示基準1）。

(2)　用語の定義

　用語の定義は、次の通りです（見積開示基準3）。

用　語	定　　義
会計上の見積り	資産及び負債や収益及び費用等の額に不確実性がある場合において、財務諸表作成時に入手可能な情報に基づいて、その合理的な金額を算出すること

(3)　開示

① 開示する項目の識別

　会計上の見積りの開示を行うにあたって、当年度の財務諸表に計上した金額が会計上の見積りによるもののうち、翌年度の財務諸表に重要な影響を及ぼすリスクがある項目を識別します。識別する項目は、通常の場合は、当年度の財務諸表に計上した資産及び負債です（見積開示基準5）。

②　注記事項

注記事項は、次の通りです（見積開示基準6〜9）。

〔**重要な会計上の見積り**〕

会計上の見積りの内容を表す項目名

(1)　当年度の財務諸表に計上した金額

(2)　会計上の見積りの内容について財務諸表利用者の理解に資するその他の情報

　①　当年度の財務諸表に計上した金額の算出方法

　②　当年度の財務諸表に計上した金額の算出に用いた主要な仮定

　③　翌年度の財務諸表に与える影響

第3章　資産会計

第1　総論

1　定　義

「討議資料　財務会計の概念フレームワーク」では、次のように規定しています（フレームワーク・第3章4）。

　資産とは、過去の取引又は事象の結果として、報告主体が支配している経済的資源をいう。

　ここでいう支配とは、所有権の有無にかかわらず、報告主体が経済的資源を利用し、そこから生み出される便益を享受できる状態をいいます。経済的資源とは、キャッシュの獲得に貢献する便益の源泉をいい、実物財に限らず、金融資産及びそれらとの同等物を含みます。経済資源は市場での処分可能性を有する場合もあれば、そうでない場合もあります（フレームワーク・第3章脚注(2)）。

　一般に、繰延費用と呼ばれてきたものでも、将来の便益が得られると期待できるのであれば、それは、資産の定義には必ずしも反していません。その資産計上がもし否定されるとしたら、資産の定義によるのではなく、認識・測定の要件又は制約によるものです（フレームワーク・第3章脚注(3)）。

2　資産の分類

(1)　流動資産・固定資産

　企業の支払能力又は財務流動性に着目する分類方法です。

流動資産	固定資産
正常営業循環過程にある資産及び正常営業循環過程にない資産で貸借対照表日の翌日から起算して1年以内に入金期限が到来するもの	正常営業循環過程にない資産で貸借対照表日の翌日から起算して1年を超えて入金期限が到来するもの

(2)　貨幣性資産・費用性資産

　資産と損益計算の関係に着目する分類方法です。

貨幣性資産	費用性資産
企業資本の回収過程にあり、最終的に現金化される資産	企業資本の投下過程にあり、最終的に費用化される資産

(3)　事業投資・金融投資

　資産の外形に着目する分類方法です。

事業投資	金融投資
企業が保有する資産のうち、生産や販売など本来の企業活動に用いる資産	企業が保有する資産のうち、余剰資金の運用として保有する資産

3 資産の評価

(1) 評価基準の種類

　資産の評価基準には、資産評価の尺度をどの時点（過去、現在又は将来）に求める
かによって、取得原価主義、時価主義及び割引現価主義の考え方があります。

　また、時価主義は、適用する時価を購買市場によるか売却市場によるかで、2通り
に分類されます。

　これらの関係を図示すると、次の通りです。

	過　去	現　在	将　来
購買市場	取得原価主義	時価主義 （再調達原価）	
売却市場		時価主義 （正味実現可能価額）	割引現価主義

(2)　取得原価主義

①　意義

「企業会計原則」では、次のように規定しています（企原・B/S 原則五）。

> 貸借対照表に記載する資産の価額は、原則として、当該資産の取得原価を基礎として計上しなければならない。

取得原価主義とは、資産評価の基礎を取得原価に求める考え方です。

「企業会計原則」は取得原価主義の考え方を採用しています。

②　費用配分の原則

「企業会計原則」では、次のように規定しています（企原・B/S 原則五）。

> 資産の取得原価は、資産の種類に応じた費用配分の原則によって、各事業年度に配分しなければならない。

費用配分の原則とは、取得原価を当期の費用額である費消原価と資産額である未費消原価とに期間配分する考え方です。費用配分の原則を図示すると、次の通りです。

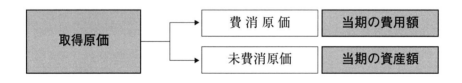

③　論拠と欠点

取得原価主義の論拠と欠点は、次の通りです。

論　　拠	欠　　点
＊　資本投下額に基づく処分可能利益が算定される。 ＊　実際の取引価額に基づいて算定されるため、客観性、確実性及び検証可能性が確保される。	＊　資産評価額が時価と乖離する。 ＊　本来の営業活動に基づかない保有利得が損益計算に混入する。 ＊　物価変動を反映した資本の維持が図れない。

(3) 時価主義

① 意義

時価主義とは、資産評価の基礎を時価に求める考え方です。

② 論拠と欠点

時価主義の論拠と欠点は、次の通りです。

論　　拠	欠　　点
＊　債権者保護のための弁済能力が表示される。 ＊　資産の再調達に必要な資本が表示される。 ＊　最新の情報が提供される。	＊　時価を把握することが実務上困難な場合がある。 ＊　評価額が主観的になりやすい。

(4) 割引現価主義

① 意義

割引現価主義は、資産評価の基礎を割引現在価値に求める考え方です。

割引現在価値とは、資産の利用から得られる将来キャッシュ・フローの見積額を一定の利子率で割り引いた現在価値の総和です。

② 論拠と欠点

割引現価主義の論拠と欠点は、次の通りです。

論　　拠	欠　　点
＊　貨幣の時間的価値及びリスクが反映される。 ＊　資産の本質を経済的資源とする考え方を採る場合、最も合理的である。	＊　将来キャッシュ・フロー、時期及び利子率は、不確実である。 ＊　将来キャッシュ・フロー、時期及び利子率は、主観的になりやすい。

第2　各　論

1　金融資産

(1)　金融商品に関する会計基準

①　目的

　金融商品に関する会計処理を定めることを目的として、「金融商品に関する会計基準（企業会計基準第10号）」が定められています。

②　注記

　金融商品に係る次の事項について注記します。ただし、重要性が乏しいものは注記を省略することができます。なお、連結財務諸表において注記している場合には、個別財務諸表において記載する必要はありません（金融基準40－2）。

---

(1)　金融商品の状況に関する事項

　①　金融商品に対する取組方針

　②　金融商品の内容及びそのリスク

　③　金融商品に係るリスク管理体制

　④　金融商品の時価等に関する事項についての補足説明

(2)　金融商品の時価等に関する事項

(3)　金融商品の時価のレベルごとの内訳等に関する事項

　なお、時価を把握することが極めて困難と認められるため、時価を注記していない金融商品については、その金融商品の概要、貸借対照表計上額及びその理由を注記します（金融基準40－2）。

(2)　**範囲**

金融資産の範囲は、次の通りです（金融基準4）。

金融資産とは、現金預金、金銭債権、有価証券及びデリバティブ取引により生じる正味の債権等をいう。

金銭債権、有価証券及びデリバティブ取引の内容は、次の通りです（金融基準4、（注1－2））。

項　目	内　容
金銭債権	受取手形、売掛金及び貸付金等
有価証券	株式その他の出資証券及び公社債等（原則として、金融商品取引法に定義する有価証券に基づく）
デリバティブ取引	先物取引、先渡取引、オプション取引、スワップ取引及びこれらに類似する取引

(3)　発生の認識

「金融商品に関する会計基準」では、次のように規定しています（金融基準7）。

> 　金融資産の契約上の権利を生じさせる契約を締結したときは、原則として、その金融資産の発生を認識しなければならない。

　商品等の売買又は役務の提供の対価に係る金銭債権は、一般に商品等の受渡し又は役務提供の完了によりその発生を認識しますが、金融資産自体を対象とする取引については、その取引の契約時からその金融資産の時価の変動リスクや契約の相手方の財政状態等に基づく信用リスクが契約当事者に生じるため、契約締結時においてその発生を認識します（金融基準55）。

　金融資産の発生の認識を図示すると、次の通りです。

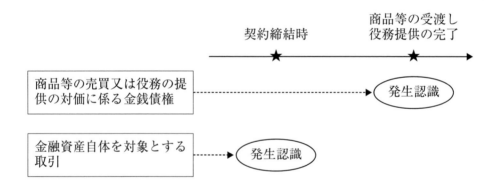

(4)　消滅の認識

①　消滅の認識要件

　金融資産の消滅の認識要件は、次の通りです（金融基準8、56）。

要　　件	具　体　例
金融資産の契約上の権利を行使したとき	債権者が貸付金等の債権に係る資金を回収したとき
金融資産の契約上の権利を喪失したとき	保有者がオプション権を行使しないままに行使期間が満了したとき
金融資産の契約上の権利に対する支配が他に移転したとき	保有者が有価証券等を譲渡したとき

②　支配の移転

　金融資産の譲渡後において譲渡人が譲渡資産や譲受人と一定の関係（例えば、リコース権（遡求権）、買戻特約等の保持や譲渡人による回収サービス業務の遂行）を有する場合があります。このような条件付の金融資産の譲渡について、その消滅を認識する方法には、「リスク・経済価値アプローチ」と「財務構成要素アプローチ」があります（金融基準57）。

方　　法	内　　容
リスク・経済価値アプローチ	金融資産のリスクと経済価値のほとんどすべてが他に移転した場合にその金融資産の消滅を認識する方法
財務構成要素アプローチ	金融資産を構成する財務的要素（財務構成要素）に対する支配が他に移転した場合にその移転した財務構成要素の消滅を認識し、留保される財務構成要素の存続を認識する方法

「リスク・経済価値アプローチ」のイメージを図示すると、次の通りです。

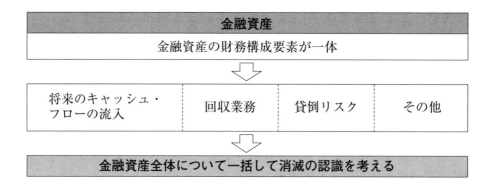

「財務構成要素アプローチ」のイメージを図示すると、次の通りです。

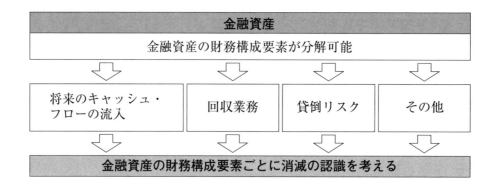

　　証券・金融市場の発達により金融資産の流動化・証券化が進展すると、金融資産を財務構成要素に分解して取引することが多くなるものと考えられます（金融基準57）。

　　このため、「金融商品に関する会計基準」では、金融資産の譲渡に係る消滅の認識は財務構成要素アプローチによることとし、金融資産の契約上の権利に対する支配が他に移転するのは次の3要件がすべて充たされた場合としました（金融基準9、58）。

　　＊　譲渡された金融資産に対する譲受人の契約上の権利が譲渡人及びその債権者から法的に保全されていること

　　＊　譲受人が譲渡された金融資産の契約上の権利を直接又は間接に通常の方法で享受できること

　　＊　譲渡人が譲渡した金融資産を当該金融資産の満期日前に買戻す権利及び義務を実質的に有していないこと

③　会計処理

会計処理は、次の通りです（金融基準11～13）。

会計処理の区分	貸借対照表	損益計算書
金融資産がその消滅の認識要件を充たした場合	金融資産の消滅を認識する。	帳簿価額とその対価としての受取額との差額を当期の損益として処理する。
金融資産の一部がその消滅の認識要件を充たした場合	金融資産の一部の消滅を認識する。	消滅部分の帳簿価額とその対価としての受取額との差額を当期の損益として処理する。
金融資産の消滅に伴って新たな金融資産が発生した場合	新たな金融資産は時価により計上する。	

(5)　金融資産の評価基準に関する基本的考え方

①　金融資産の特性

金融資産の特性は、次の通りです（金融基準64）。

---

* ＊　一般的には、市場が存在すること等により客観的な価額として時価を把握できる。

* ＊　市場価額により換金・決済等を行うことが可能である。

---

②　時価評価の必要性

金融資産は、次のような観点から、時価評価が必要とされます（金融基準64）。

観　　点	内　　　　容
投資情報	金融資産の多様化、価格変動リスクの増大、取引の国際化等の状況の下で、投資者が自己責任に基づいて投資判断を行うために、金融資産の時価評価を導入して企業の財務活動の実態を適切に財務諸表に反映させ、投資者に対して的確な財務情報を提供することが必要である。
企業の財務認識	金融資産に係る取引の実態を反映させる会計処理は、企業の側においても、取引内容の十分な把握通りスク管理の徹底及び財務活動の成果の的確な把握のために必要である。
国際的調和化	我が国企業の国際的な事業活動の進展、国際市場での資金調達及び海外投資者の我が国証券市場での投資の活発化という状況の下で、財務諸表等の企業情報は、国際的視点からの同質性や比較可能性が強く求められている。また、デリバティブ取引等の金融取引の国際的レベルでの活性化を促すためにも、金融商品に係る我が国の会計基準の国際的調和化が重要な課題となっている。

③　時価

　用語の定義は、次の通りです（金融基準６、時価基準５）。

観　点	内　　　　容
時　価	算定日において市場参加者間で秩序ある取引が行われると想定した場合の、その取引における資産の売却によって受け取る価格又は負債の移転のために支払う価格

④　保有目的に応じた処理方法

　金融資産の属性及び保有目的に鑑み、実質的に価格変動リスクを認める必要のない場合や直ちに売買・換金を行うことに事業遂行上等の制約がある場合が考えられます。このような保有目的等をまったく考慮せずに時価評価を行うことが、必ずしも、企業の財政状態及び経営成績を適切に財務諸表に反映させることにならないと考えられることから、時価評価を基本としつつ保有目的に応じた処理方法を定めることが適当であると考えられます（金融基準66）。

⑹　金銭債権

① 　原則的評価

「金融商品に関する会計基準」では、次のように規定しています（金融基準14）。

> 金銭債権の貸借対照表価額は、取得価額から貸倒見積高に基づいて算定された貸倒引当金を控除した金額とする。

一般的に、金銭債権については、多くの場合、活発な市場がありません。このうち、受取手形や売掛金は、通常、短期的に決済されることが予定されており、帳簿価額が時価に近似しているものと考えられ、また、貸付金等の債権は、時価を容易に入手できない場合や売却することを意図していない場合が少なくないと考えられるので、金銭債権については、原則として時価評価は行いません（金融基準68）。

② 　償却原価法

「金融商品に関する会計基準」では、次のように規定しています（金融基準14）。

> 債権を債権金額より低い価額又は高い価額で取得した場合において、取得価額と債権金額との差額の性格が金利の調整と認められるときは、償却原価法に基づいて算定された価額から貸倒見積高に基づいて算定された貸倒引当金を控除した金額としなければならない。

債権の取得においては、債権金額と取得価額とが異なる場合があります。この差異が金利の調整であると認められる場合には、金利相当額を適切に各期の財務諸表に反映させることが必要です。したがって、債権については、償却原価法を適用することとし、その加減額は受取利息に含めて処理します（金融基準68）。

償却原価法の定義は、次の通りです（金融基準（注5））。

用　語	定　　義
償却原価法	金融資産又は金融負債を債権額又は債務額と異なる金額で計上した場合において、その差額に相当する金額を弁済期又は償還期に至るまで毎期一定の方法で取得価額に加減する方法

(7) 有価証券

① 取得価額及び取得原価

「企業会計原則」では、次のように規定しています（企原・B/S 原則五 B）。

　有価証券については、原則として購入代価に手数料等の付随費用を加算し、これに平均原価法等の方法を適用して算定した取得原価をもって貸借対照表価額とする。

「取得価額」及び「取得原価」の定義は、次の通りです（金融商品会計に関する実務指針（日本公認会計士協会　会計制度委員会報告第14号））。

用　語	定　　　義
取得価額	金融資産の取得にあたって支払った対価の支払時の時価に手数料その他の付随費用を加算したもの
取得原価	一定時点における同一銘柄の金融資産の取得価額の合計額から、前回計算時点よりその一定時点までに売却した部分に一定の評価方法を適用して計算した売却原価を控除した価額

② 有価証券の区分

「金融商品に関する会計基準」では、保有目的等の観点から、有価証券を次のように分類し、定義しています（金融基準15〜18、69）。

区　分	定　　　義
売買目的有価証券	時価の変動により利益を得ることを目的として保有する有価証券
満期保有目的の債券	満期まで所有する意図をもって保有する社債その他の債券
子会社株式及び関連会社株式	
その他有価証券	売買目的有価証券、満期保有目的の債券、子会社株式及び関連会社株式以外の有価証券

③　売買目的有価証券

「金融商品に関する会計基準」では、次のように規定しています（金融基準15）。

> 　売買目的有価証券は、時価をもって貸借対照表価額とし、評価差額は当期の損益として処理する。

　売買目的有価証券については、投資者にとっての有用な情報は有価証券の期末時点での時価に求められると考えられます。したがって、時価をもって貸借対照表価額とします。また、売買目的有価証券は、売却することについて事業遂行上等の制約がなく、時価の変動にあたる評価差額が企業にとっての財務活動の成果と考えられることから、その評価差額は当期の損益として処理します（金融基準70）。

　売買目的有価証券の貸借対照表価額のイメージを図示すると、次の通りです。

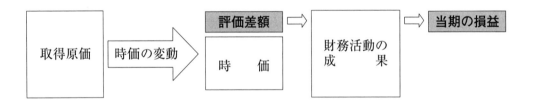

　会計処理には、洗替法と切放法の2つがあります。会計処理は、次の通りです。

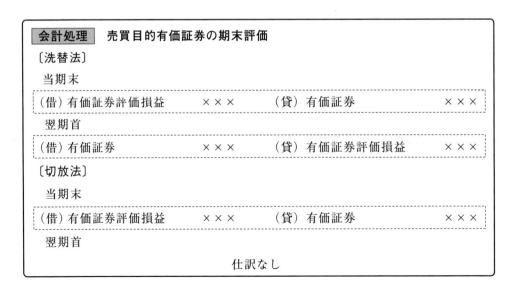

④ 満期保有目的の債券

「金融商品に関する会計基準」では、次のように規定しています（金融基準16）。

> 満期保有目的の債券は、取得原価をもって貸借対照表価額とする。ただし、債券を債券金額より低い価額又は高い価額で取得した場合において、取得価額と債券金額との差額の性格が金利の調整と認められるときは、償却原価法に基づいて算定された価額をもって貸借対照表価額としなければならない。

満期保有目的の債券については、時価が算定できるものであっても、満期まで保有することによる約定利息及び元本の受取りを目的としており、満期までの間の金利変動による価格変動のリスクを認める必要がないことから、原則として、償却原価法に基づいて算定された価額をもって貸借対照表価額とします（金融基準71）。

なお、このような考え方を採用するにあたっては、満期時まで保有する目的であることを債券の取得時及び取得時以降に確認し得ることが必要であり、保有目的が変更された場合には、その変更後の保有目的に係る評価基準により債券の帳簿価額を修正することが必要です（金融基準72）。

満期保有目的の債券の貸借対照表価額のイメージを図示すると、次の通りです。

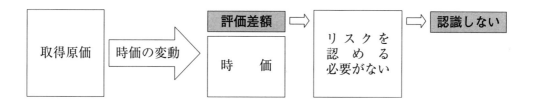

償却方法には、利息法と定額法の2通りの方法があります。

区 分	定 義
利息法	債券の約定利息額と金利調整差額の合計額について債券の帳簿価額に対して一定の実効利子率で複利計算した額を各期の損益として配分する方法
定額法	債券の金利調整額について取得日から償還日までの期間に一定額を各期の損益として配分する方法

会計処理は、次の通りです。

会計処理 **満期保有目的の債券 償却原価法（利息法）**

会計期間：4/1〜3/31、利払日：9月及び3月の各末日、償還期間：3年の場合

〔利払日〕

（借）現金	×××	*1	（貸）有価証券利息	×××	*2
投資有価証券	×××	*3			

*1　額面金額×約定利率（クーポン利率）× $\dfrac{6\text{カ月}}{12\text{カ月}}$

*2　償却原価（直前の帳簿価額）×実効利子率× $\dfrac{6\text{カ月}}{12\text{カ月}}$

*3　貸借差額

〔決算日〕

仕訳なし

会計処理 **満期保有目的の債券 償却原価法（定額法）**

会計期間：4/1〜3/31、利払日：9月及び3月の各末日、償還期間：3年の場合

〔利払日〕

（借）現金	×××*	（貸）有価証券利息	×××*

*　額面金額×約定利率（クーポン利率）× $\dfrac{6\text{カ月}}{12\text{カ月}}$

〔決算日〕

（借）現金	×××*	（貸）有価証券利息	×××*

*　（額面金額－取得価額）× $\dfrac{12\text{カ月}}{36\text{カ月}}$

---

⑤　子会社株式及び関連会社株式

「金融商品に関する会計基準」では、次のように規定しています（金融基準17）。

> 子会社株式及び関連会社株式は、取得原価をもって貸借対照表価額とする。

　子会社株式については、事業投資と同じく時価の変動を財務活動の成果とは捉えないという考え方に基づき、取得原価をもって貸借対照表価額とします。なお、連結財務諸表においては、子会社純資産の実質価額が反映されることになります（金融基準73）。

　関連会社株式については、他企業への影響力の行使を目的として保有する株式であることから、子会社株式の場合と同じく事実上の事業投資と同様の会計処理を行うことが適当であり、取得原価をもって貸借対照表価額とします。なお、連結財務諸表においては、持分法により評価されます（金融基準74）。

　子会社株式及び関連会社株式の貸借対照表価額のイメージを図示すると、次の通りです。

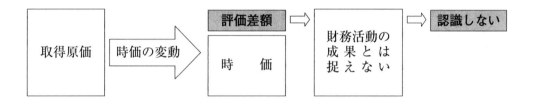

⑥　その他有価証券

「金融商品に関する会計基準」では、次のように規定しています（金融基準18）。

> その他有価証券は、時価をもって貸借対照表価額とする。

　評価差額は洗い替え方式に基づき、次のいずれかの方法により処理し、純資産の部に計上されるその他有価証券の評価差額については、税効果会計を適用します。また、その評価差額に課される当事業年度の所得に対する法人税、住民税及び事業税等がある場合には、企業会計基準第27号「法人税、住民税及び事業税等に関する会計基準」第5項から第5－5項の処理を行います（金融基準18）。

方　法	内　　　容
全部純資産直入法	評価差額の合計額を純資産の部に計上する方法
部分純資産直入法	時価が取得原価を上回る銘柄に係る評価差額は純資産の部に計上し、時価が取得原価を下回る銘柄に係る評価差額は当期の損失として処理する方法

　その他有価証券は、業務上の関係を有する企業の株式等から市場動向によっては売却を想定している有価証券まで多様な性格を有しており、一義的にその属性を定めることは困難と考えられます。その他有価証券については、個々の保有目的等に応じてその性格付けをさらに細分化してそれぞれの会計処理を定める方法も考えられます。しかしながら、その多様な性格に鑑み保有目的等を識別・細分化する客観的な基準を設けることが困難であるとともに、保有目的等自体も多義的であり、かつ、変遷していく面があること等から、売買目的有価証券と子会社株式及び関連会社株式との中間的な性格を有するものとして一括して捉えることが適当です（金融基準75）。

　その他有価証券の貸借対照表価額のイメージを図示すると、次の通りです。

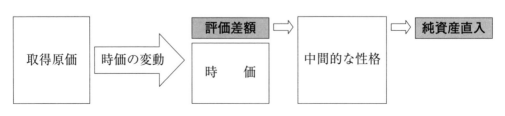

全部純資産直入法による会計処理は、次の通りです。

会計処理　その他有価証券（全部純資産直入法）

〔決算時〕

評価益

（借）投資有価証券	×××	（貸）繰延税金負債	×××	＊1
		その他有価証券評価差額金	×××	＊2

評価損

（借）繰延税金資産	×××	（貸）投資有価証券	×××	＊1
その他有価証券評価差額金	×××＊2			

＊1　評価差額×法定実効税率

＊2　貸借差額

〔翌期首振戻し時〕

評価益

（借）繰延税金負債	×××	（貸）投資有価証券	×××
その他有価証券評価差額金	×××		

評価損

（借）投資有価証券	×××	（貸）繰延税金資産	×××
		その他有価証券評価差額金	×××

部分純資産直入法による会計処理は、次の通りです。

会計処理　その他有価証券（部分純資産直入法）

〔決算時〕

評価益

（借）投資有価証券	×××	（貸）繰延税金負債	×××＊1
		その他有価証券評価差額金	×××＊2

評価損

（借）投資有価証券評価損	×××	（貸）投資有価証券	×××＊2
繰延税金資産	×××＊1	法人税等調整額	×××

＊1　評価差額×法定実効税率

＊2　貸借差額

〔翌期首振戻し時〕

評価益

（借）繰延税金負債	×××	（貸）投資有価証券	×××
その他有価証券評価差額金	×××		

評価損

（借）投資有価証券	×××	（貸）投資有価証券評価損	×××

---

⑦　市場価格のない株式等の取扱い

「金融商品に関する会計基準」では、次のように規定しています（金融基準19）。

> 市場価格のない株式等は、取得原価をもって貸借対照表価額とする。

項　目	定　義
市場価格のない株式	市場において取引されていない株式
市場価格のない株式等	市場価格のない株式と、出資金など株式と同様に持分の請求権を生じさせるものをあわせたもの

⑧　有価証券の減損処理

売買目的有価証券を除く全ての有価証券について、時価が著しく下落又は実質価額が著しく低下した場合には、次のように減損処理を行います（金融基準20、21）。

区　分	減損処理を行う場合	減損の会計処理
市場価格のない株式等以外の有価証券	時価が著しく下落し、回復する見込があると認められる場合以外の場合	時価をもって貸借対照表価額とし、評価差額は当期の損失として処理する。
市場価格のない株式等	発行会社の財政状態の悪化により実質価額が著しく低下した場合	相当の減額をなし、評価差額は当期の損失として処理する。

会計処理は、次の通りです。

> **会計処理**　有価証券の減損処理
> 〔決算時〕
> （借）投資有価証券評価損　　　×××　　　（貸）投資有価証券　　　×××

減損処理を行った場合には、その時価及び実質価額を翌期首の取得原価とします（金融基準22）。

⑨　有価証券の表示区分

　有価証券の表示区分は、次の通りです（金融基準23）。

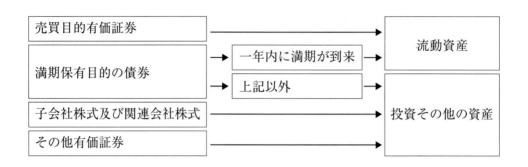

⑻　デリバティブ取引

①　意義

　デリバティブ取引とは、金利、通貨、株式などの原資産に対し、これらから派生して生まれた派生商品を対象とする取引のことをいい、金融派生商品ともいいます。

②　具体例

　代表的な取引として、先物取引、オプション取引及びスワップ取引が挙げられます。

取引名	内　　容	原資産
先物取引	将来の一定時点で、原資産を、約定価格で売買することを約束する取引	金利、通貨、株式、債券、現物商品
オプション取引	将来の一定時点で、原資産を、約定価格で売買する権利を売買する取引	金利、通貨、株式、債券
スワップ取引	将来の一定時点で、異なる金利あるいは異種通貨建のキャッシュ・フローを、約定した方法に基づき、契約当時者間で交換する取引	金利、通貨

③　デリバティブ取引により生じる正味の債権及び債務

　「金融商品に関する会計基準」では、次のように規定しています（金融基準25）。

　デリバティブ取引により生じる正味の債権及び債務は、時価をもって貸借対照表価額とし、評価差額は、原則として、当期の損益として処理する。

　デリバティブ取引は、取引により生じる正味の債権又は債務の時価の変動により保有者が利益を得又は損失を被るものであり、投資者及び企業双方にとって意義を有する価値はその正味の債権又は債務の時価に求められると考えられます。したがって、デリバティブ取引により生じる正味の債権及び債務については、時価をもって貸借対照表価額とします（金融基準88）。

　また、デリバティブ取引により生じる正味の債権及び債務の時価の変動は、企業にとって財務活動の成果であると考えられることから、その評価差額は、ヘッジに係るものを除き、当期の損益として処理します（金融基準88）。

デリバティブ取引により生じる正味の債権及び債務の会計処理は、次の通りです。

会計処理　**デリバティブ取引に損失が生じている場合**

(借) デリバティブ評価損　　　×××　　　　　(貸) デリバティブ（負債）　×××

会計処理　**デリバティブ取引に利益が生じている場合**

(借) デリバティブ（資産）　　　×××　　　　　(貸) デリバティブ評価益　　×××

　上記勘定科目の「デリバティブ」には、金利スワップ等のデリバティブ取引の具体名を示して処理及び表示を行います。

2 貸倒見積高

⑴ 債権の区分

　貸倒見積高の算定にあたっては、債務者の財政状態及び経営成績等に応じて、債権を次のように区分します（金融基準27）。

区　分	内　　　容
一般債権	経営状態に重大な問題が生じていない債務者に対する債権
貸倒懸念債権	経営破綻の状態には至っていないが、債務の弁済に重大な問題が生じているか又は生じる可能性の高い債務者に対する債権
破産更生債権等	経営破綻又は実質的に経営破綻に陥っている債務者に対する債権

⑵ 貸倒見積高の算定方法

① 一般債権

　一般債権の貸倒見積高は、次の方法により算定します（金融基準28⑴）。

> 　債権全体又は同種・同類の債権ごとに、債権の状況に応じて求めた過去の貸倒実績率等合理的な基準により貸倒見積高を算定する。

　貸倒見積高を算式で示すと、次の通りです。

　　　　　貸倒見積高　＝　債権額　×　貸倒実績率等

② 貸倒懸念債権

貸倒懸念債権の貸倒見積高は、次の方法により算定します（金融基準28(2)）。

> 債権の状況に応じて、次のいずれかの方法により貸倒見積高を算定する。ただし、同一の債権については、債務者の財政状態及び経営成績の状況等が変化しない限り、同一の方法を継続して適用する。
>
> (1) 債権額から担保の処分見込額及び保証による回収見込額を減額し、その残額について債務者の財政状態及び経営成績を考慮して貸倒見積高を算定する方法
>
> (2) 債権の元本の回収及び利息の受取りに係るキャッシュ・フローを合理的に見積ることができる債権については、債権の元本及び利息について元本の回収及び利息の受取りが見込まれるときから当期末までの期間にわたり当初の約定利子率で割り引いた金額の総額と債権の帳簿価額との差額を貸倒見積高とする方法

貸倒見積高を算式で示すと、次の通りです。

〔財務内容評価法〕

貸倒見積高 ＝ ｜債権額 － （担保処分見込額 ＋ 保証回収見込額）｜ × 貸倒率

〔キャッシュ・フロー見積法〕

貸倒見積高 ＝ 債権の帳簿価額 － 見積キャッシュ・フローの割引現在価値

③ 破産更生債権等

破産更生債権等の貸倒見積高は、次の方法により算定します（金融基準28(3)）。

> 債権額から担保の処分見込額及び保証による回収見込額を減額し、その残額を貸倒見積高とする。

貸倒見積高を算式で示すと、次の通りです。

貸倒見積高 ＝ 債権額 － （担保処分見込額 ＋ 保証回収見込額）

⑶　**債権の未収利息の処理について**

　債務者から契約上の利払日を相当期間経過しても利息の支払を受けていない債権及び破産更生債権等については、すでに計上されている未収利息を当期の損失として処理し、それ以後の期間に係る利息の計上を取りやめます（金融基準28（注9））。

3　ヘッジ会計

(1)　意義

「金融商品に関する会計基準」では、次のように規定しています（金融基準29）。

> ヘッジ会計とは、ヘッジ取引のうち一定の要件を充たすものについて、ヘッジ対象に係る損益とヘッジ手段に係る損益を同一の会計期間に認識し、ヘッジの効果を会計に反映させるための特殊な会計処理をいう。

　ヘッジ手段であるデリバティブ取引については、原則的な処理方法によれば時価評価され損益が認識されますが、ヘッジ対象の資産に係る相場変動等が損益に反映されない場合には、両者の損益が期間的に合理的に対応しなくなり、ヘッジ対象の相場変動等による損失の可能性がヘッジ手段によってカバーされているという経済的実態が財務諸表に反映されなくなります。このため、ヘッジ対象及びヘッジ手段に係る損益を同一の会計期間に認識し、ヘッジの効果を財務諸表に反映させるヘッジ会計が必要と考えられています（金融基準97）。

(2)　ヘッジ対象

　ヘッジ会計が適用されるヘッジ対象は、次の通りです（金融基準30、100）。

> ＊　相場変動等による損失の可能性がある資産又は負債のうち、相場等の変動が評価に反映されていないもの
>
> ＊　相場等の変動が評価に反映されていても評価差額が損益として処理されないもの
>
> ＊　相場等の変動を損益として処理することができるものであっても、資産又は負債に係るキャッシュ・フローが固定されその変動が回避されるもの

　なお、ヘッジ対象には、予定取引により発生が見込まれる資産又は負債も含まれます（金融基準30）。予定取引とは、未履行の確定契約に係る取引及び契約は成立していないが、取引予定時期、取引予定物件、取引予定量、取引予定価格等の主要な取引条件が合理的に予測可能であり、かつ、それが実行される可能性が極めて高い取引をいいます（金融基準（注12））。

⑶　ヘッジ会計の要件

　ヘッジ取引にヘッジ会計が適用されるのは、次の要件がすべて充たされた場合です（金融基準31）。

---

(1)　ヘッジ取引時において、ヘッジ取引が企業のリスク管理方針に従ったものであることが、次のいずれかによって客観的に認められること
　①　その取引が企業のリスク管理方針に従ったものであることが、文書により確認できること
　②　企業のリスク管理方針に関して明確な内部規定及び内部統制組織が存在し、その取引がこれに従って処理されることが期待されること
(2)　ヘッジ取引時以降において、ヘッジ対象とヘッジ手段の損益が高い程度で相殺される状態又はヘッジ対象のキャッシュ・フローが固定されその変動が回避される状態が引き続き認められることによって、ヘッジ手段の効果が定期的に確認されていること

⑷　ヘッジ会計の方法

①　ヘッジ取引に係る損益認識時点

　ヘッジ会計の方法は、次の通りです（金融基準32）。

会計手法	内　　　容
繰延ヘッジ（原則）	時価評価されているヘッジ手段に係る損益又は評価差額を、ヘッジ対象に係る損益が認識されるまで純資産の部において繰り延べる方法
時価ヘッジ（認容）	ヘッジ対象である資産又は負債に係る相場変動等を損益に反映させることにより、その損益とヘッジ手段に係る損益とを同一の会計期間に認識する方法

　なお、純資産の部に計上されるヘッジ手段に係る損益又は評価差額については、税効果会計を適用しなければなりません。また、その損益又は評価差額に課される当事業年度の所得に対する法人税、住民税及び事業税等がある場合には、法人税等会計基準第5項から第5－5項の処理を行います（金融基準32）。

会計処理は、次の通りです。

〔繰延ヘッジ〕

> **会計処理**　ヘッジ手段であるデリバティブ取引に損失が生じている場合
>
> （借）繰延ヘッジ損失（純資産）×××　　（貸）デリバティブ（負債）　　×××

> **会計処理**　ヘッジ手段であるデリバティブ取引に利益が生じている場合
>
> （借）デリバティブ（資産）　　×××　　（貸）繰延ヘッジ利益（純資産）×××

〔時価ヘッジ〕

> **会計処理**　ヘッジ対象である「その他有価証券」に利益、ヘッジ手段であるデ
> リバティブ取引に損失が生じている場合
>
> （借）ヘッジ損失　　　　　　×××　　（貸）デリバティブ（負債）　　×××
> 　　　投資有価証券　　　　　×××　　　　　投資有価証券評価損益　　×××

> **会計処理**　ヘッジ対象である「その他有価証券」に損失、ヘッジ手段であるデ
> リバティブ取引に利益が生じている場合
>
> （借）デリバティブ（資産）　×××　　（貸）ヘッジ利益　　　　　　×××
> 　　　投資有価証券評価損益　×××　　　　　投資有価証券　　　　　×××

　上記勘定科目の「デリバティブ」には、金利スワップ等のデリバティブ取引の具体名を示して処理します。

② ヘッジ会計の要件が充たされなくなったときの会計処理

　ヘッジ会計の要件が充たされなくなったときには、ヘッジ会計の要件が充たされていた間のヘッジ手段に係る損益又は評価差額は、ヘッジ対象に係る損益が認識されるまで引き続き繰り延べます（金融基準33）。

　ただし、繰り延べられたヘッジ手段に係る損益又は評価差額について、ヘッジ対象に係る含み益が減少することによりヘッジ会計の終了時点で重要な損失が生じるおそれがあるときは、その損失部分を見積り、当期の損失として処理しなければなりません（金融基準33）。

③ ヘッジ会計の終了

　ヘッジ会計は、ヘッジ対象が消滅したときに終了し、繰り延べられているヘッジ手段に係る損益又は評価差額は当期の損益として処理しなければなりません。また、ヘッジ対象である予定取引が実行されないことが明らかになったときにおいても同様に処理します（金融基準34）。

4　棚卸資産

(1)　棚卸資産の評価に関する会計基準

　棚卸資産の評価方法、評価基準及び開示について定めることを目的として、「棚卸資産の評価に関する会計基準（企業会計基準第9号）」が定められています。

(2)　範囲

　棚卸資産の範囲は、次の通りです（棚卸資産基準3、28〜31）。

内　　　　容	具体例
通常の営業過程において販売するために保有する財貨又は用役	商品、製品
販売を目的として現に製造中の財貨又は用役	半製品、仕掛品
販売目的の財貨又は用役を生産するために短期間に消費されるべき財貨	原材料
販売活動及び一般管理活動において短期間に消費されるべき財貨	事務用消耗品

(3)　取得原価

　企業会計原則では、次のように規定しています（企原・B/S原則五A）。

　商品、製品、半製品、原材料、仕掛品等のたな卸資産については、原則として購入代価又は製造原価に引取費用等の付随費用を加算……して算定した取得原価をもって貸借対照表価額とする。

⑷　数量計算

　棚卸資産の払出数量の算定方法には、継続記録法と棚卸計算法があります。

	継続記録法	棚卸計算法
定義	棚卸資産の受入数量及び払出数量をその都度継続して記録し、払出数量を計算する方法	棚卸資産の実際有高を実地棚卸により把握し、払出数量を計算する方法
長所	払出数量を直接的に把握可能であり、常に在庫数量を帳簿において明らかにすることができる。	事務が簡便である。
欠点	減耗、盗難などによる数量の減を把握することができない。	減耗、盗難などによる数量の減少が自動的に払出数量に算入されてしまう。

　重要な棚卸資産については、継続記録法と棚卸計算法を併用し、常に在庫数量を帳簿において明らかにするとともに、減耗、盗難などによる数量の減少を把握することで、損益計算の正確性を確保します。

　重要性の低い棚卸資産については、事務的に簡便である棚卸計算法を適用します。

(5)　評価方法

①　制度上認められている方法

　棚卸資産については、原則として購入代価又は製造原価に引取費用等の付随費用を加算して取得原価とし、次の評価方法の中から選択した方法を適用して売上原価等の払出原価と期末棚卸資産の価額を算定します（棚卸資産基準6－2）。

評価方法	定　　　義
個別法	取得原価の異なる棚卸資産を区別して記録し、その個々の実際原価によって期末棚卸資産の価額を算定する方法 個別法は、個別性が強い棚卸資産の評価に適した方法である。
先入先出法	最も古く取得されたものから順次払出しが行われ、期末棚卸資産は最も新しく取得されたものからなるとみなして期末棚卸資産の価額を算定する方法
平均原価法	取得した棚卸資産の平均原価を算出し、この平均原価によって期末棚卸資産の価額を算定する方法 なお、平均原価は、総平均法又は移動平均法によって算出する。
売価還元法	値入率等の類似性に基づく棚卸資産のグループごとの期末の売価合計額に、原価率を乗じて求めた金額を期末棚卸資産の価額とする方法 売価還元法は、取扱品種の極めて多い小売業等の業種における棚卸資産の評価に適用される。

　棚卸資産の評価方法は、事業の種類、棚卸資産の種類、その性質及びその使用方法等を考慮した区分ごとに選択し、継続して適用します（棚卸資産基準6－3）。

② 後入先出法

「企業会計原則」では、制度上認められている方法の他に、後入先出法についても定めています（企原・注解21(1)ハ）。

評価方法	定　　　　　義
後入先出法	最も新しく取得されたものから払出しが行われ、期末棚卸品は最も古く取得されたものからなるものとみなして期末棚卸品の価額を算定する方法

先入先出法と後入先出法を比較すると、次の通りです。

	先入先出法	後入先出法
長所	＊　一般的に、棚卸資産の実際の流れに即応している。 ＊　期末棚卸資産は新しい価額で評価される。	＊　費用と収益を同一の価格水準で対応させることができる。 ＊　保有損益を期間損益から排除することができる。
欠点	＊　費用と収益を同一の価格水準で対応させることができない。 ＊　保有損益が期間損益に含まれてしまう。	＊　一般的に、棚卸資産の実際の流れに即応していない。 ＊　期末棚卸資産は古い価額で評価される。

③ 後入先出法が制度上認められない理由

「棚卸資産の評価に関する会計基準」では、後入先出法の採用を認めないこととしています（棚卸資産基準34－8）。その理由は次の通りです（棚卸資産基準34－6、34－7）。

＊　後入先出法を採用した場合には、棚卸資産の受払いが生じているにもかかわらず、市況の変動を長期間にわたって反映しない可能性がある。

＊　棚卸資産の期末の数量が期首の数量を下回る場合には、期間損益計算から排除されてきた保有損益が当期の損益に計上され、その結果、期間損益が変動することとなる。この点については、企業が棚卸資産の購入量を調整することによって、当該保有損益を意図的に当期の損益に計上することもできるという問題点がある。

(6)　評価基準

①　原価基準と低価基準

　棚卸資産の評価基準には、「原価基準」と「低価基準」があります。定義は次の通りです。

評価基準	定　　　義
原価基準	取得原価をもって期末棚卸資産の評価額とする評価基準
低価基準	価格変動に基づいて、期末棚卸資産の取得原価が時価をこえる事実が発生している場合には、時価をもって期末棚卸資産の評価額とし、取得原価が時価をこえていない場合には、取得原価をもって期末棚卸資産の評価額とする評価基準（連続意見書第四）

　「原価基準」と「低価基準」は、それぞれ「原価法」「低価法」と呼ばれることもあります。

②　低価基準の論拠

　低価基準の論拠には、保守主義の思考に求める考え方と、原価配分に求める考え方があります。

保守主義の思考に求める考え方	原価配分に求める考え方
低価主義は、期間損益計算の見地からすると合理性をもたないが、しかしそれは広く各国において古くから行なわれてきた慣行的評価思考であり、現在でも実務界から広く支持されている（連続意見書第四）。	取得原価基準は、将来の収益を生み出すという意味においての有用な原価、すなわち回収可能な原価だけを繰り越そうとする考え方である。棚卸資産についても収益性の低下により投資額の回収が見込めなくなった場合には、帳簿価額を切り下げることが考えられる（棚卸資産基準36）。

保守主義の思考に求める考え方を図示すると、次の通りです。

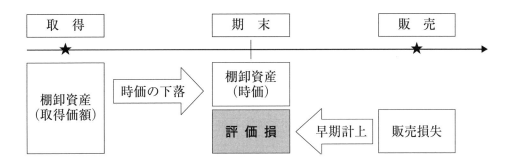

原価配分に求める考え方を図示すると、次の通りです。

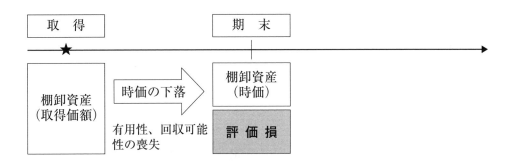

「棚卸資産の評価に関する会計基準」は、低価基準の論拠として、原価配分に求める考え方を採っています。

③　低価基準の制度上の取扱い

「棚卸資産の評価に関する会計基準」では、次のように規定しています（棚卸資産基準7、10)。

　通常の販売目的（販売するための製造目的を含む）で保有する棚卸資産は、取得原価をもって貸借対照表価額とし、期末における正味売却価額が取得原価よりも下落している場合には、当該正味売却価額をもって貸借対照表価額とする。この場合において、取得原価と当該正味売却価額との差額は当期の費用として処理する。

　製造業における原材料等のように再調達原価の方が把握しやすく、正味売却価額が当該再調達原価に歩調を合わせて動くと想定される場合には、継続して適用することを条件として、再調達原価（最終仕入原価を含む）によることができる。

用語の定義は、次の通りです（棚卸資産基準5、6）。

用　語	定　　義
正味売却価額	売価（購買市場と売却市場とが区別される場合における売却市場の時価）から見積追加製造原価及び見積販売直接経費を控除したもの
再調達原価	購買市場と売却市場とが区別される場合における購買市場の時価に、購入に付随する費用を加算したもの
購買市場	資産を購入する場合に企業が参加する市場
売却市場	資産を売却する場合に企業が参加する市場

④　洗替え法と切放し法

　前期に計上した簿価切下額の戻入については、「洗替え法」と「切放し法」の2つの方法があります。用語の定義は、次の通りです（棚卸資産基準14）。

用　語	定　　　　義
洗替え法	前期に計上した簿価切下額について、当期に戻入れを行う方法
切放し法	前期に計上した簿価切下額について、当期に戻入れを行わない方法

　洗替え法と切放し法の論拠は、次の通りです（棚卸資産基準56、57）。

洗替え法	切放し法
棚卸資産における収益性の低下は、期末における正味売却価額が帳簿価額を下回っているかどうかによって判断するため、簿価切下額の戻入れを行う洗替え法の方が、正味売却価額の回復という事実を反映するため、収益性の低下に着目した簿価切下げの考え方と整合的である。	収益性の低下に基づき過大な帳簿価額を切り下げ、将来に損失を繰り延べないために行われる会計処理においては、いったん費用処理した金額を正味売却価額が回復したからといって戻し入れることは適切ではなく、直接的に帳簿価額を切り下げる場合は、切放し法が整合的である。

　「棚卸資産の評価に関する会計基準」では、洗替え法と切放し法の選択適用を認め、次のように規定しています（棚卸資産基準14）。

　前期に計上した簿価切下額の戻入れに関しては、洗替え法と切放し法のいずれかの方法を棚卸資産の種類ごとに選択適用できる。

　また、売価の下落要因を区分把握できる場合には、物理的劣化や経済的劣化、若しくは市場の需給変化の要因ごとに選択適用できる。この場合、いったん採用した方法は、原則として、継続して適用しなければならない。

⑤　損益の表示

「棚卸資産の評価に関する会計基準」では、原則として売上原価又は製造原価として処理することとし、例外的に特別損失として計上することを認め、次のように規定しています（棚卸資産基準17）。

> 通常の販売目的で保有する棚卸資産について、収益性の低下による簿価切下額（前期に計上した簿価切下額を戻し入れる場合には、当該戻入額相殺後の額）は売上原価とするが、棚卸資産の製造に関連し不可避的に発生すると認められるときには製造原価として処理する。また、収益性の低下に基づく簿価切下額が、臨時の事象に起因し、かつ、多額であるときには、特別損失に計上する。臨時の事象とは、例えば次のような事象をいう。なお、この場合には、洗替え法を適用していても、当該簿価切下額の戻入れを行ってはならない。
> (1)　重要な事業部門の廃止
> (2)　災害損失の発生

⑥　トレーディング目的で保有する棚卸資産

〔会計処理〕

「棚卸資産の評価に関する会計基準」では、次のように規定しています（棚卸資産基準15）。

> トレーディング目的で保有する棚卸資産については、時価をもって貸借対照表価額とし、帳簿価額との差額（評価差額）は、当期の損益として処理する。

〔表示〕

「棚卸資産の評価に関する会計基準」では、次のように規定しています（棚卸資産基準19）。

> トレーディング目的で保有する棚卸資産に係る損益は、原則として、純額で売上高に表示する。

5 有形固定資産

⑴ 意義

　有形固定資産とは、企業が経営活動のために使用することを目的として長期間保有する資産のうち、具体的形態を持つものをいい、費用性資産の一種です。

⑵ 分類

　有形固定資産は、次のように分類されます。

分　類	内　　容	具　体　例
償却資産	使用又は時の経過により価値が減少する資産	建物、構築物、車輛運搬具、工具器具備品
非償却資産	使用又は時の経過により価値が減少しない資産	土地
	建設中の固定資産	建設仮勘定

(3) 取得原価

① 概要

「企業会計原則」では、次のように規定しています（企原・B/S原則五 D、F）。

> 有形固定資産の取得原価には、原則として当該資産の引取費用等の付随費用を含める。現物出資として受入れた固定資産については、出資者に対して交付された株式の発行価額をもって取得原価とする。
>
> 贈与その他無償で取得した資産については、公正な評価額をもって取得原価とする。

「連続意見書第三」では、次のように規定しています。

取得の様態	取得原価	
購　　入	購入代金に買入手数料、運送費、荷役費、据付費、試運転費等の付随費用を加えて取得原価とする。但し、正当な理由がある場合には、付随費用の一部又は全部を加算しない額をもって取得原価とすることができる。 購入に際しては値引又は割戻を受けたときには、これを購入代金から控除する。	
自家建設	適正な原価計算基準に従って製造原価を計算し、これに基づいて取得原価を計算する。建設に要する借入資本の利子で稼働前の期間に属するものは、これを取得原価に算入することができる。	
現物出資	出資者に対して交付された株式の発行価額をもって取得原価とする。	
交　　換	自己所有の固定資産と交換	交換に供された自己資産の適正な簿価をもって取得原価とする。
	自己所有の有価証券と交換	交換に供された有価証券の時価又は適正な簿価をもって取得原価とする。
贈　　与	時価等を基準として公正に評価した額をもって取得原価とする。	

会計処理は、次の通りです。

会計処理 取得時の処理

〔購入〕

| (借) 有形固定資産 | ×××* | (貸) 現金預金 | ×××* |

  * （購入代価－値引・割戻額）＋付随費用

〔交換〕

| (借) 有形固定資産 | ×××* | (貸) 有形固定資産 | ×××* |

  * 適正な帳簿価額

〔贈与〕

 贈与された場合

| (借) 有形固定資産 | ×××* | (貸) 固定資産受贈益 | ×××* |

  * 時価等を基準とした公正な評価額

 著しく低い価額で取得した場合

| (借) 有形固定資産 | ×××*1 | (貸) 現金預金 | ××× |
| | | 固定資産受贈益 | ×××*2 |

  *1 時価等を基準とした公正な評価額

  *2 貸借差額

---

②　自家建設の場合における借入資本の利子

　取得原価に算入すべきでないとする説とすべきであるとする説があります。

　それぞれの説の内容は、次の通りです。

原価不算入説	原価算入説
借入資本の利子は財務活動により生じるものである。資産が自己資金と借入金のいずれで取得されたかによって取得原価が異なってはならない。	建設中の固定資産は事業に未供用であり、収益獲得に貢献していない。取得原価に算入し、将来において費用化することにより、収益と対応すべきである。

③　圧縮記帳

　国庫補助金、工事負担金等で取得した資産については、国庫補助金等に相当する金額をその取得原価から控除することが認められています。これを圧縮記帳といいます。圧縮記帳を行った場合、貸借対照表の表示は、次のいずれかの方法を選択します（企原・注24）。

(1)　取得原価から国庫補助金等に相当する金額を控除する形式で記載する方法

(2)　取得原価から国庫補助金等に相当する金額を控除した残額のみを記載し、当該国庫補助金等の金額を注記する方法

　圧縮記帳の対象となる国庫補助金等は収益です。しかし、固定資産の取得を前提に交付を受けた国庫補助金等に対して法人税等の課税を行うと、固定資産の取得に支障が生じるおそれがあります。そこで、税務上は、圧縮記帳を行うことによって、課税の繰延を認めています。圧縮記帳は、会計理論によるものではなく、税務上の理由により認められているものです。

圧縮記帳の会計処理には、直接減額方式と積立金方式があります。

処理方法	内　　容
直接減額方式	国庫補助金等相当額を有形固定資産の取得価額から直接減額するとともに、同額を圧縮損として計上する方法
積立金方式	国庫補助金等相当額を圧縮積立金として計上する方法

直接減額方式の会計処理は、次の通りです。

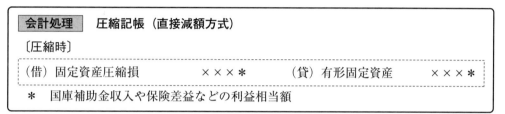

会計処理　　**圧縮記帳（直接減額方式）**

〔圧縮時〕

（借）固定資産圧縮損　　　　×××＊　　　　（貸）有形固定資産　　　　×××＊

＊　国庫補助金収入や保険差益などの利益相当額

積立金方式の会計処理は、次の通りです。

会計処理　　**圧縮記帳（積立金方式）**

〔圧縮積立金の積立及び一時差異の発生〕

（借）法人税等調整額　　　　×××＊　　　　（貸）繰延税金負債　　　　×××＊

＊　圧縮相当額×法定実効税率

（借）繰越利益剰余金　　　　×××＊　　　　（貸）圧縮積立金　　　　×××＊

＊　圧縮相当額×（1－法定実効税率）

〔圧縮積立金の取崩し及び税効果（解消）〕

（借）繰延税金負債　　　　×××＊　　　　（貸）法人税等調整額　　　　×××＊

＊　減価償却超過額×法定実効税率

（借）圧縮積立金　　　　×××＊　　　　（貸）繰越利益剰余金　　　　×××＊

＊　減価償却超過額×（1－法定実効税率）

　圧縮記帳を積立金方式で行った場合、会計上は、圧縮相当額を決算において圧縮積立金として積み立てますが、税務上は課税所得の計算において、圧縮相当額を申告減算することができるため、圧縮相当額が税効果の対象となります。

(4)　減価償却

①　意義

企業会計原則では、次のように規定しています（企原・B/S 原則五）。

　有形固定資産は、当該資産の耐用期間にわたり、定額法、定率法等の一定の減価償却の方法によって、その取得原価を各事業年度に配分……しなければならない。

　減価償却とは、費用配分の原則に基づいて、有形固定資産の取得原価をその耐用期間における各事業年度に費用として配分することをいいます。

　減価償却のイメージを図示すると、次の通りです。

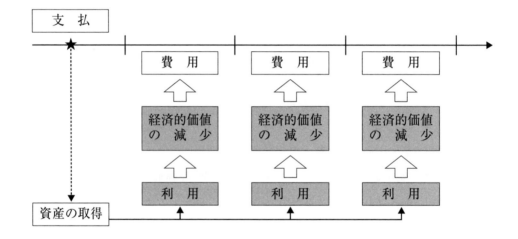

② 目的

　減価償却の最も重要な目的は、適正な費用配分を行なうことによって、毎期の損益計算を正確ならしめることです。このためには、減価償却は所定の減価償却方法に従い、計画的、規則的に実施されなければなりません。利益に及ぼす影響を顧慮して減価償却費を任意に増減することは、正規の減価償却に反するとともに、損益計算をゆがめるものであり、是認し得ないところです（連続意見書第三）。

③ 効果

　減価償却には、「固定資産の流動化」と「自己金融」の効果があります。

効　果	内　　容
固定資産の流動化	固定資産に投下された資金は、減価償却によって、貨幣性資産の裏付けのある収益として回収されます。有形固定資産の一部が減価償却の手続によって流動資産に転化する。
自己金融	減価償却費は支出を伴わない費用であるので、減価償却費計上額だけ資金が企業内部に留保される。

④　減価の種類と発生原因

「物質的減価」と「機能的減価」の2種類があります（連続意見書第三）。

効　果	内　　容
物質的減価	利用ないし時の経過による固定資産の磨滅損耗を原因とするもの
機能的減価	物質的にいまだ使用に耐えるが、外的事情により固定資産が陳腐化し、あるいは不適応化したことを原因とするもの

⑤　減価償却費の計算要素

減価償却費の計算要素は、「償却基礎価額」「残存価額」「償却基準」の3つです。

効　果	内　　容	
償却基礎価額	減価償却の配分の対象となる価額（取得原価）	
残存価額	固定資産の使用終了時の見積売却価額又は見積利用価額	
償却基準	耐用年数	固定資産の見積使用可能期間
	利用度	固定資産の見積利用割合

⑥　減価償却費の計算方法

減価償却費の計算方法は、次の通りです（企原・注20）。

配分基準		内　　容
期　間	定額法	固定資産の耐用期間中、毎期均等額の減価償却費を計上する方法
	定率法	固定資産の耐用期間中、毎期期首未償却残高に一定率を乗じた減価償却費を計上する方法
	級数法	固定資産の耐用期間中、毎期一定の額を算術級数的に逓減した減価償却費を計上する方法
生産高又は利用高	生産高比例法	固定資産の耐用期間中、毎期資産による生産又は用役の提供の度合に比例した減価償却費を計上する方法

⑦ 会計処理

減価償却の会計処理には、「直接法」と「間接法」の2通りの方法があります。

記帳方法	内　　　容
直接法	減価償却費を固定資産勘定から直接控除する方法
間接法	減価償却費を減価償却累計額勘定で間接的に控除する方法

会計処理は、次の通りです。

会計処理　有形固定資産の減価償却

〔直接法〕

（借）減価償却費　　　　　×××　　　（貸）有形固定資産　　　×××

〔間接法〕

（借）減価償却費　　　　　×××　　　（貸）減価償却累計額　　×××

---

(5)　資本的支出と収益的支出

　有形固定資産に係る支出には、「資本的支出」と「収益的支出」があります。

　意義及び区分は、次の通りです。

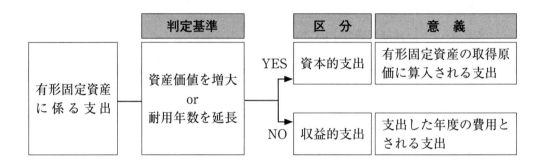

	判定基準		区　分	意　義
有形固定資産に係る支出	資産価値を増大 or 耐用年数を延長	YES	資本的支出	有形固定資産の取得原価に算入される支出
		NO	収益的支出	支出した年度の費用とされる支出

　資本的支出の金額の算定方法は、判定基準により異なります。

〔支出により価値が増加する場合〕

　　資本的支出額　＝　支出後の資産価値　－　支出前の資産価値

〔支出により残余耐用年数が延長する場合〕

$$資本的支出額　＝　支出額　\times　\frac{延長年数}{支出後使用可能年数}$$

　支出により残余耐用年数が延長する場合を図示すると、次の通りです。

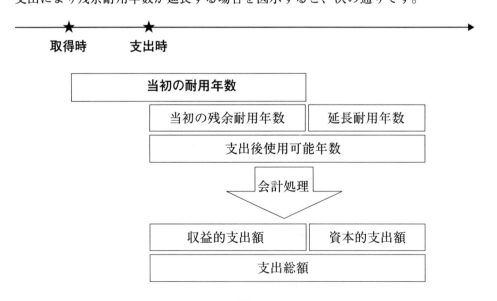

会計処理は、次の通りです。

会計処理　**資本的支出と収益的支出**

〔収益的支出〕

（借）修繕費　　　　　　　×××　　　　（貸）現金預金　　　　×××

〔資本的支出〕

（借）有形固定資産　　　　×××　　　　（貸）現金預金　　　　×××

---

(6)　臨時償却と臨時損失

①　意義、類似点及び相違点

　正規の減価償却に類似するものとして、「臨時償却」及び「臨時損失」があります。意義、類似点及び相違点は、次の通りです（連続意見書第三）。

	臨時償却	臨時損失
意　義	減価償却計画の設定にあたって予見することのできなかった新技術の発明等の外的事情により、固定資産が機能的に著しく減価した場合に、この事実に対応して臨時に実施される減価償却	災害、事故等の偶発的事情によって固定資産の実体が滅失した場合に、この事実に対応して臨時に実施される簿価の切り下げ
類似点	偶発的事情によって生じる。	
相違点	固定資産の機能的減価に対応して臨時的に実施される減価償却	固定資産の物質的減価に対応して臨時的に実施される簿価の切り下げ

② 「会計上の変更及び誤謬の訂正に関する会計基準」における取扱い

　固定資産の耐用年数の変更等については、「キャッチ・アップ方式」により処理する方法と「プロスペクティブ方式」により処理する方法とがあります。内容は次の通りです（会計変更基準57）。

方　法	内　容
キャッチ・アップ方式	耐用年数の変更等に関する影響額を、その変更期間で一時に認識する方法
プロスペクティブ方式	耐用年数の変更等に関する影響額を、当期以降の費用配分に影響させる方法

　「臨時償却」は、「キャッチ・アップ方式」により処理する方法です。

　「会計上の変更及び誤謬の訂正に関する会計基準」では、次の理由により、「キャッチ・アップ方式」は認めないこととし、「プロスペクティブ方式」のみを認めています（会計変更基準57）。

＊　キャッチ・アップ方式は、実質的に過去の期間への遡及適用と同様の効果をもたらす処理となることから、新たな事実の発生に伴う見積りの変更に関する会計処理としては、適切な方法ではない。

＊　国際的な会計基準では、その採用は認められていないと解釈されている。

＊　キャッチ・アップ方式による処理が適切と思われる状況があったとしても、その場合には耐用年数の短縮に収益性の低下を伴うことが多く、減損処理の中で両方の影響を含めて処理できる。

＊　臨時償却として処理されている事例の多くが、将来に生じる除却損の前倒し的な意味合いが強い。

---

(7) 減耗償却と取替法

　有形固定資産の費用化の方法には、正規の減価償却のほかに、「減耗償却」と「取替法」があります（連続意見書第三）。

① 減耗償却

		内　　　容
適用資産	減耗性資産	採取されるにつれて漸次減耗し涸渇する天然資源を表わす資産 その全体としての用役をもって生産に役立つものではない。
		鉱山業における埋蔵資源あるいは林業における山林
処理方法		採取に応じてその実体を部分的に製品化する。
減価償却との相違		減価償却とは異なるが、手続的には生産高比例法と同じ。

② 取替法

		内　　　容
適用資産	取替資産	同種の物品が多数集まって、一つの全体を構成し、老朽品の部分的取替を繰り返すことにより全体が維持されるような固定資産
		軌条、信号機、送電線、需要者用ガス計量器、工具器具等
処理方法		部分的取替に要する取替費用を収益的支出として処理する。
減価償却との相違		減価償却法とは全く異なる。

6 無形固定資産

⑴ 意義

　無形固定資産とは、企業が経営活動のために使用することを目的として長期間保有する資産のうち、具体的形態を持たないものをいい、費用性資産の一種です。

⑵ 分類

　無形固定資産は、次のように分類されます。

分　類	具　体　例
法律上の権利を表す資産	特許権、実用新案権、商標権、意匠権、著作権、借地権、地上権、鉱業権など
経済上の優位性を表す資産	のれん
ソフトウェア	

(3)　のれん

①　意義

のれんとは、ある企業の平均収益力が他の企業の平均収益力よりも大きい場合の超過収益力のことをいいます。

②　分類

のれんは、次のように分類されます。

分　類	内　　容	貸借対照表への計上
自己創設のれん	企業の経営努力により創出されるのれん	認められない
買入のれん	他企業の取得により生じるのれん	認められる

③　自己創設のれんの計上が認められない論拠

認められない論拠は、次の通りです。

* 評価に際して恣意性が介入するため、測定の客観性が得られない。
* 企業価値を評価するのは投資家の役割であり、企業が企業価値を自己評価して貸借対照表に計上するのは望ましくない。

④　のれんの償却の要否

のれんの償却については、償却必要説と償却不要説の2つの見解があります。

償却必要説	償却不要説
競争企業が存在する以上、のれんを永久的に維持することは不可能であり、その価値は減少していくので、その価値減少部分を償却する必要がある。	のれんは永久的な資産であり、営業の継続とともにその価値は増加していくので、償却は不要である。

我が国の制度会計上は、償却必要説の考え方を採用しています。

⑤　のれんの償却期間

　のれんは、資産に計上し、20年以内のその効果の及ぶ期間にわたって、定額法その他の合理的な方法により規則的に償却します。ただし、のれんの金額に重要性が乏しい場合には、のれんが生じた事業年度の費用として処理することができます（企業結合基準32）。

　規則的な償却を行う理由は、次の通りです（企業結合基準105）。

＊　企業結合の成果たる収益と、その対価の一部を構成する投資消去差額の償却という費用の対応が可能になる。

＊　のれんは投資原価の一部であることに鑑みれば、のれんを規則的に償却する方法は、投資原価を超えて回収された超過額を企業にとっての利益とみる考え方とも首尾一貫している。

＊　企業結合により生じたのれんは時間の経過とともに自己創設のれんに入れ替わる可能性があるため、企業結合により計上したのれんの非償却による自己創設のれんの実質的な資産計上を防ぐことができる。

＊　のれんの価値が減価した部分の金額を継続的に把握することは困難であり、かつ煩雑であると考えられるため、ある事業年度において減価が全く認識されない可能性がある方法よりも、一定の期間にわたり規則的な償却を行う方が合理的であると考えられる。

＊　のれんのうち価値の減価しない部分を合理的に分離することは困難であり、分離不能な部分を含め「規則的な償却を行う」方法には一定の合理性があると考えられる。

---

(4)　ソフトウェア

①　研究開発費等に係る会計基準

研究開発費及びソフトウェアに係る会計処理を定めることを目的として、「研究開発費等に係る会計基準」「『研究開発費等に係る会計基準』の一部改正（企業会計基準第23号）」が定められています。

②　意義

ソフトウェアとは、コンピュータを機能させるように指令を組み合わせて表現したプログラム等をいいます（研究開発基準一2）。

③　制作費の区分

ソフトウェアの制作費は、その制作目的により、将来の収益との対応関係が異なること等から、取得形態（自社制作、外部購入）別ではなく、制作目的別に区分して会計処理を行います（研究開発基準・意見書三3(1)）。

制作目的別の区分は、次の通りです（研究開発基準・意見書三3(2)(3)）。

制作目的別の区分	研究開発目的		
	研究開発以外の目的	販売目的	受注制作
			市場販売目的
		自社利用	

④　研究開発目的のソフトウェア

研究開発目的のソフトウェアの制作費は研究開発費として処理します（研究開発基準・意見書三3(2)）。

会計処理は、次の通りです。

> **会計処理**　ソフトウェア（研究開発目的）
>
> （借）研究開発費　　　　　×××　　　　（貸）現金預金　　　　　×××

⑤　販売目的のソフトウェア

〔受注制作のソフトウェアに係る会計処理〕

　受注制作のソフトウェアの制作費は、請負工事の会計処理に準じて処理します（研究開発基準四1）。

〔市場販売目的のソフトウェア〕

　市場販売目的のソフトウェアは、製品マスター（複写可能な完成品）を制作し、これを複写して販売します。製品マスターの制作過程には、研究開発に該当する部分と製品の製造に相当する部分とがあります（研究開発基準・意見書三3(3)②）。

a．　研究開発の終了時点の決定

　ソフトウェアの制作過程においては、製品番号を付すこと等により販売の意思が明らかにされた製品マスター（最初に製品化された製品マスター）が完成するまでの制作活動を「研究開発」と考えます。これは、製品マスターの完成は、工業製品の研究開発における量産品の設計完了に相当するものと考えられるためです（研究開発基準・意見書三3(3)②イ）。

b．　研究開発終了後の取扱い

　製品マスター又は購入したソフトウェアの機能の改良・強化を行う制作活動のための費用は、著しい改良と認められない限り、資産に計上しなければなりません。なお、バグ取り等、機能維持に要した費用は、機能の改良・強化を行う制作活動には該当しないため、発生時に費用として処理します（研究開発基準・意見書三3(3)②ロ）。

　製品マスターの取得原価は無形固定資産として計上します。理由は次の通りです。

```
＊　製品マスターは、それ自体が販売の対象物ではなく、機械装置等と同様に、
　これを利用（複写）して製品を作成するため
＊　製品マスターは、法的権利（著作権）を有しているため
＊　製品マスターは、適正な原価計算により取得原価を明確化できるため
```

会計処理は、次の通りです。

市場販売目的のソフトウェアに係る会計処理を要約して図示すると、次の通りです。

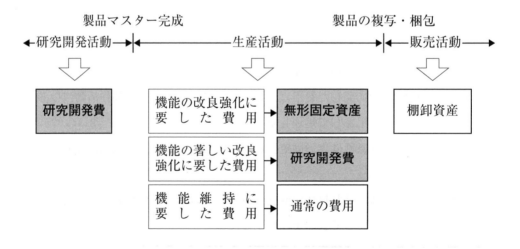

⑥　自社利用のソフトウェア

　ソフトウェアを用いて外部へ業務処理等のサービスを提供する契約等が締結されている場合のように、その提供により将来の収益獲得が確実であると認められる場合には、適正な原価を集計した上で、ソフトウェアの制作費を資産として計上します。社内利用のソフトウェアについては、完成品を購入した場合のように、その利用により将来の収益獲得又は費用削減が確実であると認められる場合には、ソフトウェアの取得に要した費用を資産として計上します（研究開発基準四３）。

　会計処理は、次の通りです。

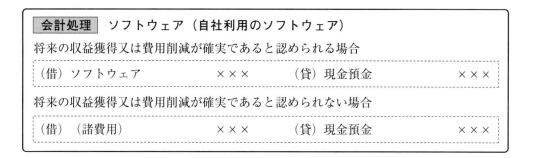

　自社利用のソフトウェアに係る会計処理を要約して図示すると、次の通りです。

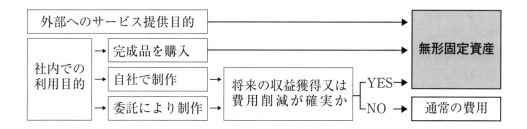

　機械装置等に組み込まれているソフトウェアについては、機械装置等に含めて処理します（研究開発基準四３）。

⑦　ソフトウェアの計上区分

　市場販売目的のソフトウェア及び自社利用のソフトウェアを資産として計上する場合には、無形固定資産の区分に計上します（研究開発基準四4）。

　制作途中のソフトウェアの制作費については、無形固定資産の仮勘定として計上します（研究開発基準（注4））。

⑧　減価償却方法

　無形固定資産として計上したソフトウェアの取得原価は、そのソフトウェアの性格に応じて、合理的な方法により償却します。ただし、毎期の償却額は、残存有効期間に基づく均等配分額を下回ることはできません（研究開発基準四5）。

　合理的な方法は、次のように考えられます（研究開発基準・意見書三3(4)）。

目的別区分	合理的な方法
市場販売目的のソフトウェア	見込販売数量又は見込販売収益に基づき費用配分する方法
社内利用のソフトウェア	定額法による償却

　会計処理は、次の通りです。

会計処理　ソフトウェアの減価償却（市場販売目的）

〔決算時〕

（借）製品売上原価　　　　　×××＊　　　　（貸）ソフトウェア　　　　×××

＊　① 最終年度以外の償却

（イ）ソフトウェアの未償却残高×

$$\frac{当年度の実績販売数量（収益）}{当年度の実績販売数量（収益）＋当年度末の見込販売数量（収益）}$$

（ロ）ソフトウェアの未償却残高×$\frac{1年}{当年度を含む残存見込有効期間}$

（ハ）（イ）≦（ロ）∴　いずれか大きい額

　② 最終年度の減価償却

　　前年度末の未償却残高

| 会計処理 | ソフトウェアの減価償却（自社利用目的） |

〔決算時〕

（借）ソフトウェア償却　　　×××＊　　　（貸）ソフトウェア　　　×××

＊　(1)　最終年度以外の償却

$$未償却残高 \times \frac{当年度の利用期間}{当年度を含む残存利用可能期間}$$

　(2)　最終年度の償却

　　　　期首未償却残高

7　リース会計

(1)　リース取引に関する会計基準

　リース取引に係る会計処理を定めることを目的として、「リース取引に関する会計基準（企業会計基準第13号）」が定められています。

(2)　用語の定義

　用語の定義は、次の通りです（リース基準 4 ～ 8 ）。

用　語	定　　義
リース取引	特定の物件の所有者たる貸手（レッサー）が、その物件の借手（レッシー）に対し、リース期間にわたりこれを使用収益する権利を与え、借手は、リース料を貸手に支払う取引
ファイナンス・リース取引	リース契約に基づくリース期間の中途においてその契約を解除することができないリース取引又はこれに準ずるリース取引で、借手が、リース物件からもたらされる経済的利益を実質的に享受することができ、かつ、そのリース物件の使用に伴って生じるコストを実質的に負担することとなるリース取引
所有権移転ファイナンス・リース取引	リース契約上の諸条件に照らしてリース物件の所有権が借手に移転すると認められる取引
所有権移転外ファイナンス・リース取引	所有権移転ファイナンス・リース取引以外のファイナンス・リース取引
オペレーティング・リース取引	ファイナンス・リース取引以外のリース取引
リース取引開始日	リース物件を使用収益する権利を行使することができることとなった日

⑶　ファイナンス・リース取引

①　リース取引の分類

リース取引を分類すると、次の通りです。

分　類	ファイナンス・リース取引	所有権移転ファイナンス・リース取引
		所有権移転外ファイナンス・リース取引
	オペレーティング・リース取引	

②　ファイナンス・リース取引の要件

ファイナンス・リース取引は、次のいずれも満たすリース取引です（リース基準5、36）。

要　件	内　容
解約不能 （ノンキャンセラブル）	リース契約に基づくリース期間の中途において当該契約を解除することができない。
フルペイアウト	＊　借手が、リース物件からもたらされる経済的利益を実質的に享受する。 ＊　借手が、リース物件の使用に伴って生じるコストを実質的に負担する。

〔**解約不能（ノンキャンセラブル）**〕

法的形式上は解約可能であるとしても、解約に際し相当の違約金を支払わなければならない等の理由から、事実上解約不能であると認められることです。

〔**フルペイアウト**〕

＊　リース物件を自己所有するとするならば得られると期待されるほとんどすべての経済的利益を享受することをいいます。

＊　リース物件の取得価額相当額、維持管理等の費用、陳腐化によるリスク等のほとんどすべてのコストを負担することをいいます。

〔リース取引の分類フロー〕

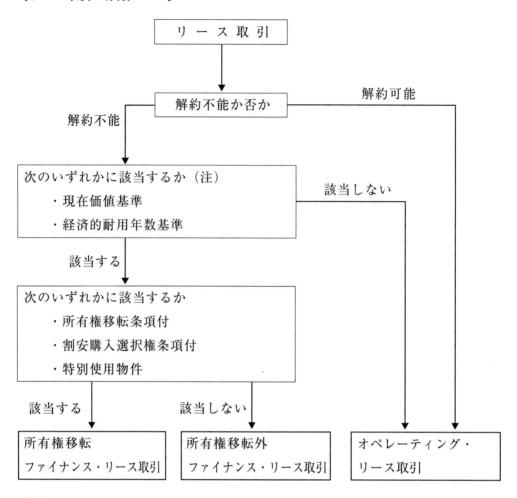

（注）

・現在価値基準

$$\frac{\text{リース料総額の現在価値}}{\text{見積現金購入価額}} \geqq 90\%$$

・経済的耐用年数基準

$$\frac{\text{リース期間}}{\text{経済的耐用年数}} \geqq 75\%$$

※　経済的耐用年数とは、当該資産を通常に使用し、修繕、保守がなされた場合の経済的に使用可能な年数をいいます。

③ ファイナンス・リース取引の借手の会計処理等

〔会計処理〕

「リース取引に関する会計基準」では、次のように規定しています（リース基準9）。

> ファイナンス・リース取引については、通常の売買取引に係る方法に準じて会計処理を行う。

リース取引は、その取引契約に係る法的形式は賃貸借取引ですが、その経済的実態は物件を売買した場合と同様の状態にあると認められるため、通常の売買取引に係る方法に準じて会計処理を行うこととされています（リース基準28）。

「リース取引に関する会計基準」では、次のように規定しています（リース基準10）。

> 借手は、リース取引開始日に、通常の売買取引に係る方法に準じた会計処理により、リース物件とこれに係る債務をリース資産及びリース債務として計上する。

リース資産とリース債務は、原則として、次の方法により算定します（リース基準11）。

リース資産及びリース債務の計上額	＝	リース契約締結時に合意されたリース料総額	－	リース料総額に含まれている利息相当額の合理的な見積額

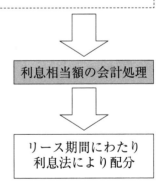

利息相当額の会計処理

リース期間にわたり利息法により配分

　リース資産の減価償却費の算定方法は、所有権移転ファイナンス・リース取引と所有権移転外ファイナンス・リース取引で異なります。減価償却費の算定方法は、次の通りです（リース基準12）。

区　分	算　定　方　法
所有権移転ファイナンス・リース取引	自己所有の固定資産に適用する減価償却方法と同一の方法により算定
所有権移転外ファイナンス・リース取引	原則として、リース期間を耐用年数とし、残存価額をゼロとして算定

　会計処理は、次の通りです。

会計処理　ファイナンス・リース取引（借手における売買処理）

〔リース取引開始日〕

（借）リース資産（注）	×××*	（貸）リース債務	×××*

　*　取得原価＝元金相当額

　（注）有形固定資産又は無形固定資産に属する各科目に含めることもできます。

〔決算時〕

（借）支払利息	×××*	（貸）未払利息	×××*

　*　利息相当額（リース債務残高×利率）

〔翌期首〕

（借）未払利息	×××*	（貸）支払利息	×××*

　*　利息相当額（リース債務残高×利率）

〔リース料支払時〕

（借）支払利息	×××*1	（貸）現金預金	×××*2
リース債務	×××*3		

　*1　利息相当額（リース債務残高×利率）

　*2　リース料支払額

　*3　貸借差額

〔決算時〕

（借）減価償却費	×××	（貸）減価償却累計額	×××

　ファイナンス・リース取引において、リース料の支払いが先払いになる場合には、リース契約時に支払う初回リース料は、全額が元金相当額です。

会計処理 **ファイナンス・リース取引（借手における売買処理）先払い**

〔リース契約時＝初回リース料支払時〕

（借）リース資産	×××＊1	（貸）リース債務	×××
（借）リース債務	×××	（貸）現金預金	×××＊2

　＊1　取得原価＝元金相当額

　＊2　リース料支払額

〔決算時〕

（借）支払利息	×××＊	（貸）未払利息	××××＊

　＊　利息相当額（リース債務残高×利率）

〔翌期首〕

（借）未払利息	×××＊	（貸）支払利息	××××＊

　＊　利息相当額（リース債務残高×利率）

〔リース料支払時〕

（借）支払利息	×××＊1	（貸）現金預金	×××＊2
リース債務	×××＊3		

　＊1　利息相当額（リース債務残高×利率）

　＊2　リース料支払額

　＊3　貸借差額

〔表示〕

　リース資産の表示は、次の通りです（リース基準16）。

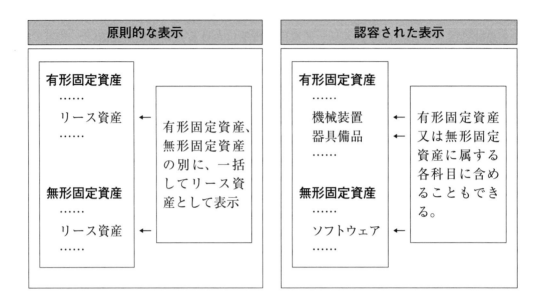

　リース債務の表示は、次の通りです（リース基準17）。

〔注記〕

　「リース取引に関する会計基準」では、次のように規定しています（リース基準19）。

　リース資産について、その内容（主な資産の種類等）及び減価償却の方法を注記する。ただし、重要性が乏しい場合には、当該注記を要しない。

④　ファイナンス・リース取引の貸手の会計処理等

〔**会計処理**〕

　貸手は、リース取引開始日に、通常の売買取引に係る方法に準じた会計処理により、資産を計上します。資産の計上科目は、所有権移転ファイナンス・リース取引と所有権移転外ファイナンス・リース取引で異なります。資産の計上科目は、次の通りです（リース基準13、40）。

区　　分	計上科目
所有権移転ファイナンス・リース取引	リース債権
所有権移転外ファイナンス・リース取引	リース投資資産

　貸手における利息相当額の総額は、原則として、次の方法により算定します（リース基準14）。

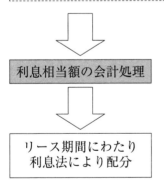

貸手における
利息相当額の総額 ＝ リース契約締結時に合意されたリース料総額及び見積残存価額の合計額 － これに対応するリース資産の取得価額

利息相当額の会計処理

リース期間にわたり利息法により配分

ファイナンス・リース取引の貸手の会計処理を仕訳で示すと、次の通りです。

［第1法］リース取引開始日に売上高と売上原価を計上する方法

> **会計処理**　ファイナンス・リース取引（貸手における売買処理［第1法］）
>
> 〔リース取引開始時〕
>
> | （借）リース債権 or リース投資資産 ×××*1 | （貸）売上高 | ×××*1 |
> |---|---|---|
> | （借）売上原価 ×××*2 | （貸）買掛金 | ×××*2 |
>
> ＊1　リース料総額
>
> ＊2　リース物件の購入価額
>
> 〔リース料受取時〕
>
> | （借）現金預金 ×××* | （貸）リース債権 or リース投資資産 ×××* |
> |---|---|
>
> ＊　リース料受取額
>
> 〔最初の決算時〕
>
> | （借）繰延リース利益繰入 ××× | （貸）繰延リース利益 ××× |
> |---|---|
>
> 〔2回目以降の決算時〕
>
> | （借）繰延リース利益 ××× | （貸）繰延リース利益戻入 ××× |
> |---|---|

［第2法］リース料受取時に売上高と売上原価を計上する方法

> **会計処理**　ファイナンス・リース取引（貸手における売買処理［第2法］）
>
> 〔リース取引開始時〕
>
> | （借）リース債権 or リース投資資産 ×××* | （貸）買掛金 | ×××* |
> |---|---|---|
>
> ＊　リース物件の購入価額
>
> 〔リース料受取時〕
>
> | （借）現金預金 ×××*1 | （貸）売上高 | ×××*1 |
> |---|---|---|
> | （借）売上原価 ×××*2 | （貸）リース債権 or リース投資資産 | ×××*2 |
>
> ＊1　リース料受取額
>
> ＊2　リース料受取額から利息相当額を差し引いた額

[第3法] 売上高を計上せずに利息相当額を各期へ配分する方法

> **会計処理** ファイナンス・リース取引（貸手における売買処理［第3法］）
>
> 〔リース取引開始時〕
>
> （借）リース債権 or リース投資資産　×××＊　　　（貸）買掛金　　　　　　　　×××＊
>
> ＊　リース物件の購入価額
>
> 〔リース料回収時〕
>
> （借）現金預金　　　　　　　×××＊1　　（貸）リース債権 or リース投資資産　×××＊2
>
> 　　　　　　　　　　　　　　　　　　　（貸）受取利息　　　　　　　×××＊3
>
> ＊1　リース料受取額
>
> ＊2　リース料受取額から利息相当額を差し引いた額
>
> ＊3　リース債権残高×利子率

〔表示〕

リース債権及びリース投資資産の表示は、次の通りです（リース基準18）。

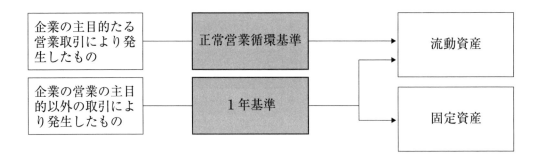

〔注記〕

「リース取引に関する会計基準」では、次のように規定しています（リース基準20、21）。

　　リース投資資産について、リース料債権部分及び見積残存価額（リース期間終了時に見積られる残存価額で借手による保証のない額）部分の金額（各々、利息相当額控除前）並びに受取利息相当額を注記する。ただし、重要性が乏しい場合には、当該注記を要しない。

　　リース債権及びリース投資資産に係るリース料債権部分について、貸借対照表日後5年以内における1年ごとの回収予定額及び5年超の回収予定額を注記する。ただし、重要性が乏しい場合には、当該注記を要しない。

⑷ オペレーティング・リース取引

〔会計処理〕

オペレーティング・リース取引については、通常の賃貸借取引に係る方法に準じて会計処理を行います（リース基準15）。

会計処理は、次の通りです。

会計処理 オペレーティング・リース取引（賃貸借処理）

〔リース料支払時〕

（借）支払リース料 ××× （貸）現金預金 ×××

〔注記〕

オペレーティング・リース取引のうち解約不能のものに係る未経過リース料は、貸借対照表日後1年以内のリース期間に係るものと、貸借対照表日後1年を超えるリース期間に係るものとに区分して注記します。ただし、重要性が乏しい場合には、注記は不要です（リース基準22）。

8　減損会計

(1)　固定資産の減損に係る会計基準

　　固定資産の減損に係る会計処理を定めることを目的として、「固定資産の減損に係る会計基準（企業会計審議会　平成14年8月9日）」が定められています。

(2)　意義

　　固定資産の減損及び減損処理の意義は、次の通りです（減損基準・意見書三3）。

用　語	意　　義
固定資産の減損	資産の収益性の低下により投資額の回収が見込めなくなった状態
減損処理	固定資産の減損の場合に、一定の条件の下で回収可能性を反映させるように帳簿価額を減額する会計処理

(3)　基本的考え方

　　事業用の固定資産は、その収益性が当初の予想よりも低下し、資産の回収可能性を帳簿価額に反映させなければならない場合があります。このような場合には、棚卸資産の評価減、固定資産の物理的な滅失による臨時損失や耐用年数の短縮に伴う臨時償却などと同様に、事業用資産の過大な帳簿価額を減額し、将来に損失を繰り延べないことが適当です（減損基準・意見書三1）。

　　固定資産の減損処理を図示すると、次の通りです。

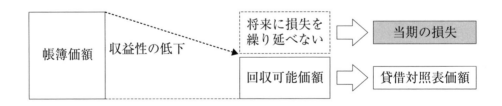

⑷ 減損処理、臨時償却及び臨時損失の異同

減損処理、臨時償却及び臨時損失の共通点及び相違点は、次の通りです。

	減損処理	臨時償却	臨時損失
共通点	取得原価主義のもとで行われる帳簿価額の臨時的な減額		
相違点	固定資産の収益性の低下に対応して実施される。	固定資産の機能的減価に対応して実施される。	固定資産の物質的減価に対応して実施される。

⑸ 用語の定義

用語の定義は、次の通りです（減損基準・注解1）。

用 語	定 義
回収可能価額	資産又は資産グループの正味売却価額と使用価値のいずれか高い方の金額
正味売却価額	資産又は資産グループの時価から処分費用見込額を控除して算定される金額
使用価値	資産又は資産グループの継続的使用と使用後の処分によって生ずると見込まれる将来キャッシュ・フローの現在価値
時 価	公正な評価額 ＊通常の場合は、観察可能な市場価格 ＊市場価格が観察できない場合には、合理的に算定された価額
共用資産	複数の資産又は資産グループの将来キャッシュ・フローの生成に寄与する資産をいい、のれんを除く。

⑹　減損損失の認識と測定

①　減損の兆候

　「減損の兆候」とは、資産又は資産グループに減損が生じている可能性を示す事象のことをいいます。減損の兆候がある場合には、その資産又は資産グループについて、減損損失を認識するかどうかの判定を行います。減損の兆候としては、例えば、次の事象が考えられます（減損基準二1）。

> ＊　資産又は資産グループが使用されている営業活動から生ずる損益又はキャッシュ・フローが、継続してマイナスとなっているか、あるいは、継続してマイナスとなる見込みであること
>
> ＊　資産又は資産グループが使用されている範囲又は方法について、当該資産又は資産グループの回収可能価額を著しく低下させる変化が生じたか、あるいは、生ずる見込みであること
>
> ＊　資産又は資産グループが使用されている事業に関連して、経営環境が著しく悪化したか、あるいは、悪化する見込みであること
>
> ＊　資産又は資産グループの市場価格が著しく下落したこと

---

②　減損損失の認識

　減損の兆候がある資産又は資産グループについての減損損失を認識するかどうかの判定は、資産又は資産グループから得られる割引前将来キャッシュ・フローの総額と帳簿価額を比較することによって行い、資産又は資産グループから得られる割引前将来キャッシュ・フローの総額が帳簿価額を下回る場合には、減損損失を認識します（減損基準二2(1)）。

　減損損失を認識するかどうかを判定するために割引前将来キャッシュ・フローを見積る期間は、資産の経済的残存使用年数又は資産グループ中の主要な資産の経済的残存使用年数と20年のいずれか短い方とします（減損基準二2(2)）。

③　減損損失の測定

　減損損失を認識すべきであると判定された資産又は資産グループについては、帳簿価額を回収可能価額まで減額し、その減少額を減損損失として当期の損失に計上します（減損基準二3）。

減損損失の認識と測定の流れを図示すると、次の通りです。

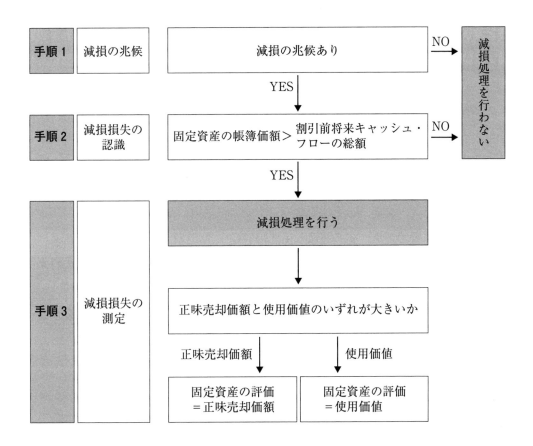

④　将来キャッシュ・フロー

「固定資産の減損に係る会計基準」では、次のように規定しています（減損基準二4）。

---

(1)　将来キャッシュ・フローは、企業に固有の事情を反映した合理的で説明可能な仮定及び予測に基づいて見積る。

(2)　見積りに際しては、資産又は資産グループの現在の使用状況及び合理的な使用計画等を考慮する。

(3)　見積金額は、生起する可能性の最も高い単一の金額又は生起しうる複数の将来キャッシュ・フローをそれぞれの確率で加重平均した金額とする。

(4)　資産又は資産グループに関連して間接的に生ずる支出は、関連する資産又は資産グループに合理的な方法により配分し、その資産又は資産グループの将来キャッシュ・フローの見積りに際し控除する。

(5)　将来キャッシュ・フローには、利息の支払額並びに法人税等の支払額及び還付額を含めない。

---

⑤　使用価値の算定に際して用いられる割引率

使用価値の算定に際して用いられる割引率は、貨幣の時間価値を反映した税引前の利率です（減損基準二5）。

⑥　資産のグルーピング

「固定資産の減損に係る会計基準」では、次のように規定しています（減損基準二6）。

項　目	内　　容
資産のグルーピングの方法	他の資産又は資産グループのキャッシュ・フローからおおむね独立したキャッシュ・フローを生み出す最小の単位で行う。
資産グループについて認識された減損損失の配分	帳簿価額に基づく比例配分等の合理的な方法により、その資産グループの各構成資産に配分する。

⑦　共用資産の取扱い

　共用資産に係る減損損失の認識及び測定は、次の2通りの方法が規定されています（減損基準二7）。

区分	内　　容
原則	共用資産が関連する複数の資産グループに共用資産を加えた、より大きな単位でグルーピングを行う。 共用資産を加えることによって算定される減損損失の増加額は、共用資産に配分する。
認容	共用資産の帳簿価額を共用資産が関連する複数の資産グループに配分して、配分後の各資産グループについて減損損失の認識と測定を行う。

⑧　のれんの取扱い

　のれんを認識した取引において取得された事業の単位が複数である場合には、のれんの帳簿価額を合理的な基準に基づき分割します（減損基準二8）。

　のれんに係る減損損失の認識及び測定は、次の2通りの方法が規定されています（減損基準二8）。

区分	内　　容
原則	のれんが帰属する複数の資産グループにのれんを加えた、より大きな単位でグルーピングを行う。 のれんを加えることによって算定される減損損失の増加額は、のれんに配分する。
認容	のれんの帳簿価額をのれんが帰属する複数の資産グループに配分して、配分後の各資産グループについて減損損失の認識と測定を行う。 各資産グループについて認識された減損損失は、のれんに優先的に配分する。

⑨　会計処理

〔**通常の資産に係る減損損失の計上**〕

　会計処理は、次の通りです。

会計処理　**減損会計**

（借）減損損失　　　　　　　××××＊　　　（貸）（固定資産）　　　　　　××××＊

＊　固定資産の帳簿価額－回収可能価額

〔**再評価を行った土地に係る減損損失の計上**〕

　再評価を行った土地について減損処理を行った場合、固定資産に計上されている土地の帳簿価額の減額処理のみならず、評価差額として計上している土地再評価差額金を減額調整する必要があります。

取得価額 ＜ 減損後帳簿価額 ＜ 再評価後帳簿価額

　減損損失の計上は、再評価後の帳簿価額に基づいて処理します。減損処理後の土地の帳簿価額が、再評価の直前の帳簿価額以上である場合、減損処理した金額に対応する土地再評価差額金を、剰余金修正を通じて繰越利益剰余金に繰り入れます。

　会計処理のイメージを図示すると、次の通りです。

取得価額　　　　　再評価後帳簿価額　　　　　減損後帳簿価額

　　A：再評価時に計上した土地再評価差額金
　　a：Aに対応する再評価に係る繰延税金負債
　　B：減損時に取崩す土地再評価差額金
　　b：Bに対応する再評価に係る繰延税金負債
　　C：減損処理後の土地再評価差額金残高
　　c：Cに対応する再評価に係る繰延税金負債

　会計処理は、次の通りです。

会計処理　再評価を行った土地に係る減損損失（その1）

（借）減損損失	×××＊1	（貸）土地	×××＊1
（借）再評価に係る繰延税金負債	×××＊2	（貸）法人税等調整額	×××＊2
（借）土地再評価差額金	×××＊3	（貸）土地再評価差額金取崩額	×××＊3

＊1　B＋b
＊2　b
＊3　B

減損後帳簿価額 ＜ 取得価額 ＜ 再評価後帳簿価額

　減損損失の計上は、再評価後の帳簿価額に基づいて処理します。減損処理後の土地の帳簿価額が、再評価の直前の帳簿価額に満たない場合、土地再評価差額金の全額について、剰余金修正を通じて繰越利益剰余金に繰り入れます。

　会計処理のイメージを図示すると、次の通りです。

取得価額　　　　　　　　再評価後帳簿価額　　　　　　　　減損後帳簿価額

　　A：再評価時に計上した土地再評価差額金

　　a：Aに対応する再評価に係る繰延税金負債

　　B：取得価額に係る減損損失額

会計処理は、次の通りです。

会計処理　　再評価を行った土地に係る減損損失（その2）

（借）減損損失	×××*1	（貸）土地		×××*1
（借）再評価に係る繰延税金負債	×××*2	（貸）法人税等調整額		×××
繰延税金資産	×××*3			
（借）土地再評価差額金	×××*4	（貸）土地再評価差額金取崩額		×××*4

*1　A＋a＋B

*2　a

*3　B×実効税率

*4　A

減損後帳簿価額 ＜ 再評価後帳簿価額 ＜ 取得価額

　減損損失の計上は、再評価後の帳簿価額に基づいて処理します。減損処理後の土地の帳簿価額が、再評価後の帳簿価額に満たない場合、土地再評価差額金の全額について、剰余金修正を通じて繰越利益剰余金に繰り入れます。

　会計処理のイメージを図示すると、次の通りです。

取得価額　　　　　　再評価後帳簿価額　　　　　　減損後帳簿価額

　　Ａ：再評価時に計上した土地再評価差額金

　　ａ：Ａに対応する再評価に係る繰延税金資産

　　Ｂ：再評価後の帳簿価額に基づく減損損失

会計処理	再評価を行った土地に係る減損損失（その３）		
（借）減損損失	×××＊1	（貸）土地	×××＊1
（借）繰延税金資産	×××＊2	（貸）法人税等調整額	×××
		再評価に係る繰延税金資産	×××＊3
（借）土地再評価差額金取崩額	×××＊4	（貸）土地再評価差額金	×××＊4

＊1　Ｂ
＊2　Ｂ×実効税率
＊3　ａ
＊4　Ａ

(7)　減損処理後の会計処理

①　減価償却

　減損処理を行った資産については、減損損失を控除した帳簿価額に基づき減価償却を行います（減損基準三1）。

②　減損損失の戻入れ

　減損損失の戻入れは、行いません（減損基準三2）。

(8)　財務諸表における開示

①　貸借対照表における表示

　減損処理を行った資産の貸借対照表における表示は、原則として、減損処理前の取得原価から減損損失を直接控除し、控除後の金額をその後の取得原価とする形式で行います。ただし、その資産に対する減損損失累計額を、取得原価から間接控除する形式で表示することもできます。この場合、減損損失累計額を減価償却累計額に合算して表示することができます（減損基準四1）。

　貸借対照表における表示例を図示すると、次の通りです。

表示例1		表示例2		表示例3	
建物	（＊1）-（＊3）	建物	（＊1）	建物	（＊1）
減価償却累計額(△)	（＊2）	減価償却累計額 (△)	（＊2）	減価償却累計額(△)	（＊2）+（＊3）
		減損損失累計額 (△)	（＊3）		

　（＊1）取得価額　（＊2）減価償却累計額　（＊3）減損損失累計額

②　損益計算書における表示

　減損損失は、原則として、特別損失とします（減損基準四2）。

③　注記事項

　重要な減損損失を認識した場合には、減損損失を認識した資産、減損損失の認識に至った経緯、減損損失の金額、資産のグルーピングの方法、回収可能価額の算定方法等の事項について注記します（減損基準四3）。

⑼　「固定資産の減損に係る会計基準」の今後の課題

①　減損処理の問題点

　減損処理は、本来、投資期間全体を通じた投資額の回収可能性を評価し、投資額の回収が見込めなくなった時点で、将来に損失を繰り延べないために帳簿価額を減額する会計処理と考えられるから、期末の帳簿価額を将来の回収可能性に照らして見直すだけでは、収益性の低下による減損損失を正しく認識することはできません（減損基準・意見書三3）。

②　減損損失を正しく認識することができない理由

　「固定資産の減損に係る会計基準」では、次の点を挙げています（減損基準・意見書三3）。

　＊　帳簿価額の回収が見込めない場合であっても、過年度の回収額を考慮すれば投資期間全体を通じて投資額の回収が見込める場合もある。

　＊　過年度の減価償却などを修正したときには、修正後の帳簿価額の回収が見込める場合もあり得る。

　会計基準が、その文中で自らの問題点を記述しているということは、今後の改訂の可能性を示唆しているのかもしれません。

9　賃貸等不動産の時価等の開示

(1)　賃貸等不動産の時価等の開示に関する会計基準

　財務諸表の注記事項としての賃貸等不動産の時価等の開示について、その内容を定めることを目的として、「賃貸等不動産の時価等の開示に関する会計基準（企業会計基準第20号）」が定められています。

(2)　用語の定義

　用語の定義は、次の通りです（賃貸不動産開示基準4）。

用　語	定　　義
時　価	公正な評価額をいう。通常、それは観察可能な市場価格に基づく価額をいい、市場価格が観察できない場合には合理的に算定された価額をいう。
賃貸等不動産	棚卸資産に分類されている不動産以外のものであって、賃貸収益又はキャピタル・ゲインの獲得を目的として保有されている不動産（ファイナンス・リース取引の貸手における不動産を除く）をいう。したがって、物品の製造や販売、サービスの提供、経営管理に使用されている場合は賃貸等不動産には含まれない。

(3)　範囲

　賃貸等不動産には、次の不動産が含まれます（賃貸不動産開示基準5）。

賃貸等不動産の範囲	貸借対照表において投資不動産（投資の目的で所有する土地、建物その他の不動産）として区分されている不動産
	将来の使用が見込まれていない遊休不動産
	上記以外で賃貸されている不動産

⑷ **注記**

　賃貸等不動産の時価等に関しては、次の事項を注記します。ただし、賃貸等不動産の総額に重要性が乏しい場合は注記を省略することができます。また、管理状況等に応じて、注記事項を用途別、地域別等に区分して開示することができます（賃貸不動産開示基準8）。

---

　(1)　賃貸等不動産の概要

　(2)　賃貸等不動産の貸借対照表計上額及び期中における主な変動

　(3)　賃貸等不動産の当期末における時価及びその算定方法

　(4)　賃貸等不動産に関する損益

　なお、連結財務諸表において賃貸等不動産の時価等の開示を行っている場合には、個別財務諸表での開示を要しません（賃貸不動産開示基準3）。

10　繰延資産

⑴　意義

企業会計原則では、次のように規定しています（企原・B/S 原則一 D）。

> 将来の期間に影響する特定の費用は、次期以降の期間に配分して処理するため、経過的に貸借対照表の資産の部に記載することができる。

「将来の期間に影響する特定の費用」とは、既に代価の支払が完了し又は支払義務が確定し、これに対応する役務の提供を受けたにもかかわらず、その効果が将来にわたって発現するものと期待される費用をいいます。これらの費用は、その効果が及ぶ数期間に合理的に配分するため、経過的に貸借対照表上「繰延資産」として計上することができます（企原・注15）。

繰延資産の要件	既に代価の支払が完了し又は支払義務が確定している。
	これに対応する役務の提供を受けている。
	その効果が将来にわたって発現するものと期待される。

繰延資産のイメージを図示すると、次の通りです。

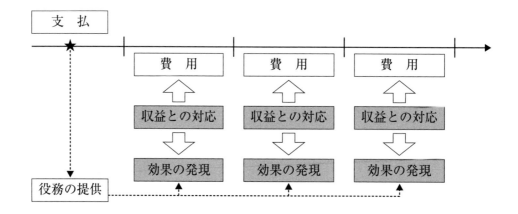

⑵　繰延経理される根拠

　繰延資産が繰延経理される根拠は、おおむね、次の2つに分類することができます（連続意見書第五）。

＊　ある支出が行なわれ、また、それによって役務の提供を受けたにもかかわらず、支出もしくは役務の有する効果が、当期のみならず、次期以降にわたるものと予想される場合、効果の発現という事実を重視して、効果の及ぶ期間にわたる費用として、これを配分する。

＊　ある支出が行なわれ、また、それによって役務の提供を受けたにもかかわらず、その金額が当期の収益に全く貢献せず、むしろ、次期以降の損益に関係するものと予想される場合、収益との対応関係を重視して、数期間の費用として、これを配分する。

⑶　繰延経理が任意計上である理由

　繰延資産の繰延経理が任意である理由は、次のような理由によるものと考えられています。

＊　将来の期間に影響する特定の費用の中には、将来の収益との対応が不確実なものも含まれている。

＊　換金性のない繰延資産については、その計上を慎重に行うという保守主義の思考が作用している。

---

(4) 長期前払費用との異同

　長期前払費用とは、前払費用のうち、貸借対照表日の翌日から起算して1年を超えた後に費用となるものです。

　繰延資産と長期前払費用との共通点及び相違点は、次の通りです。

	繰延資産	長期前払費用
共通点	対価の支払が完了している。	
相違点	すでに役務の提供を受けている。	未だ役務の提供を受けていない。

　長期前払費用のイメージを図示すると、次の通りです。

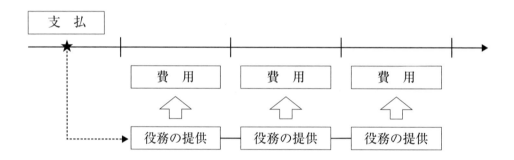

(5) 臨時巨額の損失

　「臨時巨額の損失」の意義は、次の通りです（企原・注15）。

> 　天災等により固定資産又は企業の営業活動に必須の手段たる資産の上に生じた損失が、その期の純利益又は当期未処分利益から当期の処分予定額を控除した金額をもって負担しえない程度に巨額であって特に法令をもって認められたものをいう。

　臨時巨額の損失については、これを経過的に貸借対照表の資産の部に記載して繰延経理することができます（企原・注15）。

　臨時巨額の損失は、企業の利益配当を可能にし、又は株価の暴落や株式市場の混乱を回避するための経済政策的見地から、繰延経理が認められているものです。

(6)　各繰延資産の取扱い

　企業会計基準委員会は「繰延資産の会計処理に関する当面の取扱い（実務対応報告第19号）」を公表し、以下の5項目を繰延資産として取り扱うこととしています。

---

(1)　社債発行費等（新株予約権の発行に係る費用を含む。）
(2)　株式交付費
(3)　創立費
(4)　開業費
(5)　開発費

---

①　意義

　各繰延資産の意義は、次の通りです（繰延資産の当面の取扱い3(1)〜(5)）。

項　　目	意　　　　義
社債発行費	社債発行のため直接支出した費用
株式交付費	株式の交付等のために直接支出した費用
創立費	会社の負担に帰すべき設立費用
開業費	会社成立後営業開始時までに支出した開業準備のための費用
開発費	＊　新技術又は新経営組織の採用のために支出した費用 ＊　資源の開発のために支出した費用 ＊　市場の開拓等のために支出した費用 ＊　生産能率の向上又は生産計画の変更等により、設備の大規模な配置替えを行った場合等の費用 （経常費の性格をもつものは開発費には含まれない。）

② 会計処理

各繰延資産の会計処理は、次の通りです（繰延資産の当面の取扱い3(1)～(5)）。

項　　目		原則	認容（繰延資産に計上）				計上区分
			償却開始時	償却期間	償却方法		
					原則	認容	
社債発行費等	社債発行費	支出時の費用	発行時	償還までの期間	利息法	定額法	営業外費用
	新株予約権発行費			3年以内	定額法		
株式交付費			交付時				
創立費			会社成立時	5年以内			
開業費			開業時				
開発費			支出時				営業費用

〔株式交付費の会計処理〕

現行の国際的な会計基準では、株式交付費は、資本取引に付随する費用として、資本から直接控除することとされていますが、次の理由により、費用として処理（繰延資産に計上し償却する処理を含みます。）することとされています（繰延資産の当面の取扱い3(1)）。

＊　株式交付費は株主との資本取引に伴って発生するものであるが、その対価は株主に支払われるものではないこと

＊　株式交付費は社債発行費と同様、資金調達を行うために要する支出額であり、財務費用としての性格が強いと考えられること

＊　資金調達に要する費用を会社の業績に反映させることが投資家に有用な情報を提供することになると考えられること

〔創立費の会計処理〕

創立費を資本金又は資本準備金から減額する処理も考えられますが、創立費は株主との間の資本取引によって発生するものではないことから、費用として処理（繰延資産に計上し償却する処理を含みます。）することとされています（繰延資産の当面の取扱い3(3)）。

原則的な会計処理は、次の通りです。

会計処理 **繰延資産（原則的な会計処理）**

〔支出時〕

（借）（諸費用勘定）　　　×××　　　（貸）現金預金　　　　×××

認容される会計処理は、次の通りです。

会計処理 **繰延資産（認容される会計処理）**

〔支出時〕

（借）（繰延資産）　　　　×××　　　（貸）現金預金　　　　×××

〔決算時〕

（借）（繰延資産）償却　　×××＊　　（貸）（繰延資産）　　×××＊

＊　支出額÷償却期間

11　研究開発費

⑴　研究開発費等に係る会計基準

　研究開発費及びソフトウェアに係る会計処理を定めることを目的として、「研究開発費等に係る会計基準」「『研究開発費等に係る会計基準』の一部改正（企業会計基準第23号）」が定められています。

⑵　意義

　研究及び開発の意義は、次の通りです（研究開発基準一1）。

用語	意　　　義
研究	新しい知識の発見を目的とした計画的な調査及び探究
開発	新しい製品・サービス・生産方法についての計画若しくは設計又は既存の製品等を著しく改良するための計画若しくは設計として、研究の成果その他の知識を具体化すること

⑶　構成する原価要素

　研究開発費には、人件費、原材料費、固定資産の減価償却費及び間接費の配賦額等、研究開発のために費消されたすべての原価が含まれます（研究開発基準二）。

　特定の研究開発目的にのみ使用され、他の目的に使用できない機械装置や特許権等を取得した場合の原価は、取得時の研究開発費とします（研究開発基準・注解1）。

⑷　開発費と研究開発費の関係

開発費と研究開発費は一部重複しており、その関係を図示すると、次の通りです。

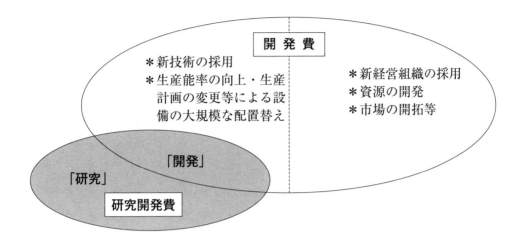

⑸　会計処理

　研究開発費は、すべて発生時に費用として処理しなければなりません（研究開発基準三）。費用として処理する方法には、一般管理費として処理する方法と当期製造費用として処理する方法があります（研究開発基準・注解２）。

⑹　発生時に費用処理する論拠

　発生時に費用処理する論拠は、次の通りです（研究開発基準・意見書三２）。

＊　研究開発費は、発生時には将来の収益を獲得できるか否か不明であり、また、研究開発計画が進行し、将来の収益の獲得期待が高まったとしても、依然としてその獲得が確実であるとはいえない。

＊　資産計上の要件を定める場合には、実務上客観的に判断可能な要件を規定することは困難であり、抽象的な要件のもとで資産計上を求めることとした場合、企業間の比較可能性が損なわれるおそれがあると考えられる。

⑺　注記

　研究開発費の総額は、財務諸表に注記します（研究開発基準五）。

第4章　負債会計

第1　総　論

1　定　義

「討議資料　財務会計の概念フレームワーク」では、次のように規定しています（フレームワーク・第3章5）。

> 負債とは、過去の取引又は事象の結果として、報告主体が支配している経済的資源を放棄もしくは引き渡す義務、又はその同等物をいう。

　ここでいう義務の同等物には、法律上の義務に準じるものが含まれます（フレームワーク・第3章脚注(4)）。

　なお、繰延収益は、「概念フレームワーク」では、原則として、純資産のうち株主資本以外の部分となります（フレームワーク・第3章脚注(5)）。

2　負債の分類

⑴　流動負債・固定負債

　企業の支払能力又は財務流動性に着目する分類方法です。

流動負債	固定負債
正常営業循環過程にある負債及び正常営業循環過程にない負債で貸借対照表日の翌日から起算して1年以内に支払期限が到来するもの	正常営業循環過程にない負債で貸借対照表日の翌日から起算して1年を超えて支払期限が到来するもの

⑵　債務性の有無に基づく分類

　債務性の有無に着目する分類方法です。

　負債を「債務」と「純会計的負債」に分類し、「債務」をさらに「確定債務」と「条件付債務」に分類します。

　用語の意義及び具体例は、次の通りです。

負債の区分	意　義	具体例
確定債務	履行義務がすでに確定している債務	買掛金、借入金
条件付債務	所定の契約条件が生じたときに履行義務が確定する債務	退職給付引当金
純会計的負債	期間損益計算を合理的に行うために設定される負債項目で、非債務ともよばれるもの	修繕引当金

　分類を図表で表すと、次の通りです。

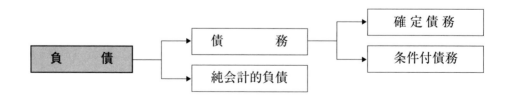

第2　各　論

1　金融負債

(1)　金融商品に関する会計基準

　金融商品に関する会計処理を定めることを目的として、「金融商品に関する会計基準（企業会計基準第10号）」が定められています。

(2)　範　囲

　金融負債の範囲は、次の通りです（金融基準5）。

> 　金融負債とは、金銭債務及びデリバティブ取引により生じる正味の債務等をいう。

　金銭債務及びデリバティブ取引の内容は、次の通りです（金融基準4、5）。

項　目	内　容
金銭債務	支払手形、買掛金、借入金及び社債等
デリバティブ取引	先物取引、先渡取引、オプション取引、スワップ取引及びこれらに類似する取引

⑶　発生の認識

「金融商品に関する会計基準」では、次のように規定しています（金融基準7）。

> 　金融負債の契約上の義務を生じさせる契約を締結したときは、原則として、その金融負債の発生を認識しなければならない。

　商品等の売買又は役務の提供の対価に係る金銭債務は、一般に商品等の受渡し又は役務提供の完了によりその発生を認識しますが、金融負債自体を対象とする取引については、その取引の契約時からその金融負債の時価の変動リスクや契約の相手方の財政状態等に基づく信用リスクが契約当事者に生じるため、契約締結時においてその発生を認識します（金融基準55）。

　金融負債の発生の認識を図示すると、次の通りです。

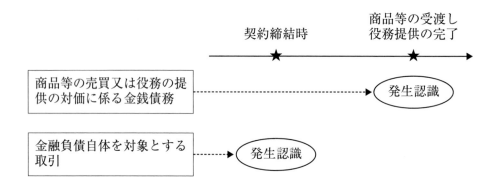

(4)　消滅の認識

①　消滅の認識要件

　金融負債の消滅の認識要件は、次の通りです（金融基準10、59、60）。

要　件	具　体　例
金融負債の契約上の義務を履行したとき	債務者が債務を弁済したとき
金融負債の契約上の義務が消滅したとき	債務者が債務を免除されたとき
金融負債の契約上の第一次債務者の地位から免責されたとき	第一次債務を引き受けた第三者が倒産等に陥ったときに二次的に責任を負うという条件の下で、債務者が金融負債の契約上の第一次債務者の地位から免責されたとき

②　会計処理

　会計処理は、次の通りです（金融基準11〜13）。

会計処理の区分	貸借対照表	損益計算書
金融負債がその消滅の認識要件を充たした場合	金融負債の消滅を認識する。	帳簿価額とその対価としての支払額との差額を当期の損益として処理する。
金融負債の一部がその消滅の認識要件を充たした場合	金融負債の一部の消滅を認識する。	消滅部分の帳簿価額とその対価としての支払額との差額を当期の損益として処理する。
金融負債の消滅に伴って新たな金融負債が発生した場合	新たな金融負債は時価により計上する。	

⑸　金融負債の評価基準に関する基本的考え方

　金融負債は、借入金のように一般的には市場がないか、社債のように市場があって
も、自己の発行した社債を時価により自由に清算するには事業遂行上等の制約がある
と考えられることから、デリバティブ取引により生じる正味の債務を除き、債務額
（ただし、社債を社債金額よりも低い価額又は高い価額で発行した場合など、収入に
基づく金額と債務額とが異なる場合には、償却原価法に基づいて算定された価額）を
もって貸借対照表価額とし、時価評価の対象としないことが適当であると考えられま
す（金融基準67）。

⑹　金銭債務

　金銭債務の貸借対照表価額は、次の通りに規定されています（金融基準26）。

区　分	内　　　容
原　則	金銭債務は、債務額をもって貸借対照表価額とする。
認　容	社債を社債金額よりも低い価額又は高い価額で発行した場合など、収入に基づく金額と債務額とが異なる場合には、償却原価法に基づいて算定された価額をもって、貸借対照表価額としなければならない。

(7)　社　債

①　社債の発行

　社債は、会社が資金調達を目的として、投資家からの金銭の払込と引き替えに発行する債券です。

　社債の発行形態は、次の通りです。

発行形態	内　　容
割引発行	額面金額＞発行価額
平価発行	額面金額＝発行価額
打歩（うちぶ）発行	額面金額＜発行価額

　社債を社債金額よりも低い価額又は高い価額で発行した場合など、収入に基づく金額と債務額とが異なる場合には、償却原価法に基づいて算定された価額をもって、貸借対照表価額とします（金融基準26）。

```
会計処理　社債の発行
〔割引発行〕
　（借）現金預金　　　　　×××＊　　（貸）社債　　　　　×××＊
　＊　額面総額（1口あたりの発行金額×発行口数）
〔平価発行〕
　（借）現金預金　　　　　×××＊　　（貸）社債　　　　　×××＊
　＊　額面総額（1口あたりの額面金額×発行口数）
〔打歩発行〕
　（借）現金預金　　　　　×××＊　　（貸）社債　　　　　×××＊
　＊　額面総額（1口あたりの発行金額×発行口数）
```

② 償却原価法

　償却原価法は、金融資産又は金融負債を債権額又は債務額と異なる金額で計上した場合において、その差額に相当する金額を弁済期又は償還期に至るまで毎期一定の方法で取得価額に加減する方法です（金融基準（注5））。

　償却原価法には、利息法と定額法の2通りの方法があります。

償却原価法	内　　　　　容
利息法	債券の取得価額と額面金額の差額を、複利を加味して配分する方法
定額法	債券の取得価額と額面金額の差額を、均等額ずつ配分する方法

　利息法の会計処理は、次の通りです。

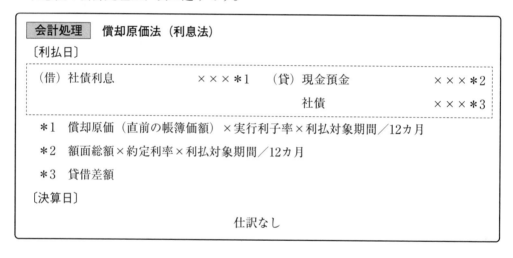

会計処理　償却原価法（利息法）

〔利払日〕

（借）社債利息　　　　　×××*1　　　（貸）現金預金　　　　　×××*2
　　　　　　　　　　　　　　　　　　　　　　　社債　　　　　　　×××*3

*1　償却原価（直前の帳簿価額）×実行利子率×利払対象期間／12ヵ月
*2　額面総額×約定利率×利払対象期間／12ヵ月
*3　貸借差額

〔決算日〕

仕訳なし

　定額法の会計処理は、次の通りです。

会計処理　償却原価法（定額法）

〔利払日〕

（借）社債利息　　　　　××××*　　　（貸）現金預金　　　　　××××*

*　額面総額×約定利率×利払対象期間／12ヵ月

〔決算日〕

（借）社債利息　　　　　××××*　　　（貸）社債　　　　　　　××××*

*　（額面総額−発行価額）×当期の月数／社債の償還期間

③ 満期償還

社債発行により調達した借入資金を返済することを償還といいます。満期日に償還する場合には額面金額で償還されます。

会計処理 満期償還			
（借）社債	×××	（貸）現金預金	×××

④ 買入償還

満期償還日前に社債を買い入れて消却することを買入償還（買入消却）といいます。

会計処理 買入償還			
（借）社債	×××＊1	（貸）現金預金	×××＊2
社債償還損	×××＊3		
又は			
（借）社債	×××＊1	（貸）現金預金	×××＊2
		社債償還益	×××＊3

＊1 社債の償還時償却原価

＊2 買入価額（＠買入価額×償還口数）

＊3 貸借差額

⑤　社債利息

〔未払社債利息〕

借入金と同様に、未経過利息を認識します。

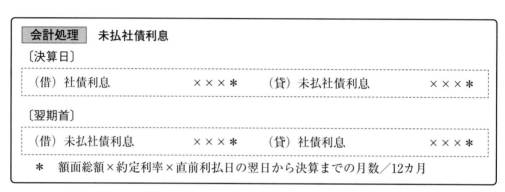

〔端数利息〕

　買入償還日が利払日以外である場合には、買入償還した社債の社債権者に対し、買入直前の利払日の翌日から買入日までの利息（端数利息）を償還時に支払います。

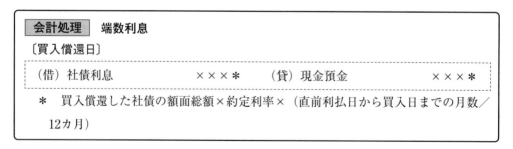

2 複合金融商品

(1) 金融商品に関する会計基準

　金融商品に関する会計処理を定めることを目的として、「金融商品に関する会計基準（企業会計基準第10号）」が定められています。

　複数種類の金融資産又は金融負債が組み合わされている複合金融商品については、払込資本を増加させる可能性のある部分を含む複合金融商品とその他の複合金融商品に区別して、それぞれ処理方法が定められています（金融基準（注1）、111）。

⑵　払込資本を増加させる可能性のある部分を含む複合金融商品

　新株予約権付社債は、契約の一方の当事者の払込資本を増加させる可能性のある部分を含む複合金融商品です（金融基準35）。

　社債と新株予約権の発行には、次のような形態があります。

社債の単独発行	社 債
新株予約権の単独発行	新 株予約権
社債と新株予約権の同時発行	社 債 ＋ 新 株予約権
新株予約権付社債の発行	社 債 ┊ 新 株予約権 　新株予約権の行使の際に、金銭の払込を必要とする。
転換社債型新株予約権付社債の発行	社 債 ┊ 新 株予約権 　新株予約権の行使の際に、社債と引き替えに株式と交換できる。

新株予約権付社債の発行又は取得については、次のように会計処理を行います（金融基準36〜39）。

① 転換社債型新株予約権付社債

取得者側の会計処理	発行者側の会計処理
転換社債型新株予約権付社債の取得価額は、社債の対価部分と新株予約権の対価部分とに区分せず普通社債の取得に準じて処理し、権利を行使したときは株式に振り替える。	次のいずれかにより会計処理を行う。 ＊ 転換社債型新株予約権付社債以外の新株予約権付社債に準じて処理する方法（区分法） ＊ 転換社債型新株予約権付社債の発行に伴う払込金額は、社債の対価部分と新株予約権の対価部分とに区分せず普通社債の発行に準じて処理する方法（一括法）

② 転換社債型新株予約権付社債以外の新株予約権付社債

取得者側の会計処理	発行者側の会計処理
転換社債型新株予約権付社債以外の新株予約権付社債の取得価額は、社債の対価部分と新株予約権の対価部分とに区分する。 ＊ 社債の対価部分は、普通社債の取得に準じて処理する。 ＊ 新株予約権の対価部分は、有価証券の取得として処理し、権利を行使したときは株式に振り替え、権利を行使せずに権利行使期間が満了したときは損失として処理する。	転換社債型新株予約権付社債以外の新株予約権付社債の発行に伴う払込金額は、社債の対価部分と新株予約権の対価部分とに区分する（区分法）。 ＊ 社債の対価部分は、普通社債の発行に準じて処理する。 ＊ 新株予約権の対価部分は、純資産の部に計上し、権利が行使され、新株を発行したときは資本金又は資本金及び資本準備金に振り替え、権利が行使されずに権利行使期間が満了したときは利益として処理する。

区分法のイメージを図示すると、次の通りです。

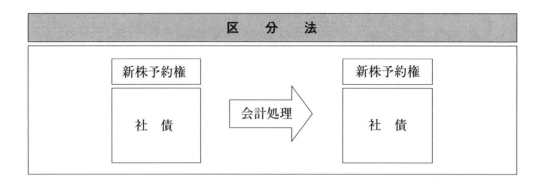

一括法のイメージを図示すると、次の通りです。

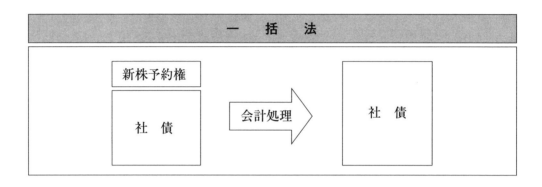

〔区分法〕

会計処理は、次の通りです。

会計処理　**新株予約権付社債（区分法）（発行時）**

（借）現金預金	×××*1	（貸）社債	×××*2
		新株予約権	×××*3

＊1　新株予約権付社債の発行価額

＊2　社債の対価部分

＊3　新株予約権の対価部分

会計処理　**新株予約権付社債（区分法）（権利行使時）**

a．全額資本金とする場合

（借）社債	×××*1	（貸）資本金	×××*3
新株予約権	×××*2		

＊1　受け入れた社債の償却原価

＊2　権利行使分

＊3　借方合計

b．会社法に規定する最低額を資本金とする場合

（借）社債	×××*1	（貸）資本金	×××*3
新株予約権	×××*2	資本準備金	×××*3

＊1　受入れた社債の償却原価

＊2　権利行使分

＊3　借方合計×1／2

c．自己株式を交付する場合

（借）社債	×××*1	（貸）自己株式	×××*3
新株予約権	×××*2	その他資本剰余金	×××*4

＊1　受入れた社債の償却原価

＊2　権利行使分

＊3　自己株式の帳簿価額

＊4　貸借差額

権利行使期間満了時の会計処理は、次の通りです。

| 会計処理 | 新株予約権付社債（区分法）（権利行使期間満了時） |

（借）新株予約権　　　　　×××＊　　　（貸）新株予約権戻入益　　　×××＊

＊　新株予約権の未行使分

| 会計処理 | 新株予約権付社債（区分法）（満期時） |

（借）社債　　　　　　　　×××＊　　　（貸）現金預金　　　　　　×××＊

＊　社債帳簿価額

〔一括法〕

会計処理は、次の通りです。

会計処理 新株予約権付社債（一括法）（発行時）

（借）現金預金	××× *	（貸）社債	××× *

* 社債の発行総額

会計処理 新株予約権付社債（権利行使時）

a. 全額資本金とする場合

（借）社債	××× *	（貸）資本金	××× *

* 権利行使された社債の額面金額（償却原価法適用の場合は償却原価）

b. 会社法に規定する最低額を資本金とする場合

（借）社債	××× *1	（貸）資本金	××× *2
		資本準備金	××× *2

*1 権利行使された社債の額面金額（償却原価法適用の場合は償却原価）

*2 *1の金額×1／2

c. 自己株式を交付する場合

（借）社債	××× *1	（貸）自己株式	××× *2
		その他資本剰余金	××× *3

*1 権利行使された社債の額面金額（償却原価法適用の場合は償却原価）

*2 自己株式の帳簿価額

*3 貸借差額

会計処理 新株予約権付社債（一括法）（権利行使期間満了時）

仕訳なし

会計処理 新株予約権付社債（一括法）（満期時）

（借）社債	××× *	（貸）現金預金	××× *

* 社債帳簿価額

⑶　その他の複合金融商品

「金融商品に関する会計基準」では、次のように規定しています（金融基準40）。

　契約の一方の当事者の払込資本を増加させる可能性のある部分を含まない複合金融商品は、原則として、それを構成する個々の金融資産又は金融負債とに区分せず一体として処理する。

　契約の一方の当事者の払込資本を増加させる可能性のある部分を含まない複合金融商品には、金利オプション付借入金のように現物の資産及び負債とデリバティブ取引が組み合わされたもの及びゼロ・コスト・オプションのように複数のデリバティブ取引が組み合わされたものがあります（金融基準116）。

　このような複合金融商品を構成する複数種類の金融資産又は金融負債は、それぞれ独立して存在し得ますが、複合金融商品からもたらされるキャッシュ・フローは正味で発生するため、資金の運用・調達の実態を財務諸表に適切に反映させるという観点から、一体として処理します（金融基準117）。

3　引当金

(1)　意義及び計上要件

企業会計原則では、次のように規定しています（企原・注解18）。

将来の特定の費用又は損失であって、その発生が当期以前の事象に起因し、発生の可能性が高く、かつ、その金額を合理的に見積ることができる場合には、当期の負担に属する金額を当期の費用又は損失として引当金に繰入れ、当該引当金の残高を貸借対照表の負債の部又は資産の部に記載するものとする。

製品保証引当金、売上割戻引当金、返品調整引当金、賞与引当金、工事補償引当金、退職給与引当金、修繕引当金、特別修繕引当金、債務保証損失引当金、損害補償損失引当金、貸倒引当金等がこれに該当する。

発生の可能性の低い偶発事象に係る費用又は損失については、引当金を計上することはできない。

企業会計原則が規定する計上要件を要約すると、次の通りです。

計　上　要　件
将来の特定の費用又は損失であること
その発生が当期以前の事象に起因していること
発生の可能性が高いこと
金額を合理的に見積ることができること

⑵　**引当金の設定根拠**

　引当金の設定根拠には、「原因発生主義」に求める考え方、「費用収益対応の原則」に求める考え方及び「保守主義」に求める考え方があります。

設定根拠	考え方
原因発生主義	財貨又は用役の費消が未だ生じていなくても、将来において財貨又は用役の費消が生じ、その発生原因が当期に生じていれば、その原因事実の発生をもって経済価値の減少を把握しようとする考え方
費用収益対応の原則	収益の計上が費用の発生よりも先行する場合には、費用と収益を対応させるために、収益が認識された期に費用を見越計上しようとする考え方
保守主義	予測される将来の危機に備えて、慎重な判断に基づく会計処理を行おうとする考え方

　引当金の設定のイメージを図示すると、次の通りです。

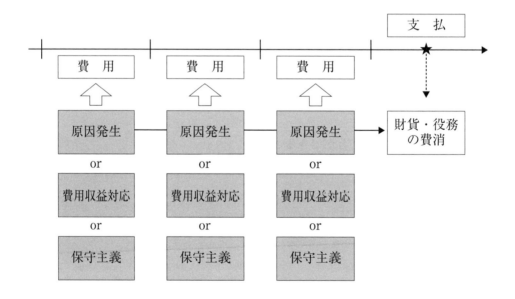

⑶ 引当金の分類

引当金は、資産の部に記載される「評価性引当金」と負債の部に記載される「負債性引当金」に分類され、負債性引当金はさらに「債務引当金」と「非債務引当金」に分類されます。

また、引当金繰入が収益控除の性質を有する「収益控除性引当金」、費用の性質を有する「費用性引当金」及び損失の性質を有する「損失性引当金」にも分類されます。

企業会計原則で掲げる引当金を分類すると、次の通りです。

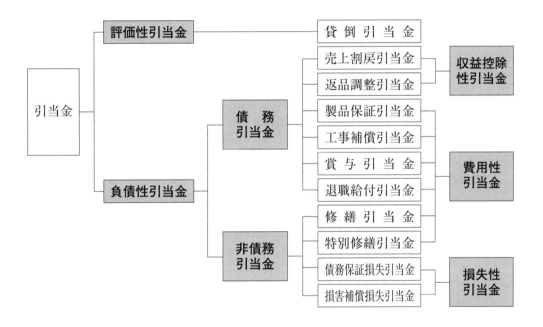

(4)　引当金と未払費用との異同

引当金と未払費用の異同は、次の通りです。

	引 当 金	未 払 費 用
共通点	将来の特定の支出に対して設定される。	
相違点	確定債務でない。	確定債務である。

(5)　引当金と積立金との異同

引当金と積立金の異同は、次の通りです。

	引 当 金	積 立 金
共通点	将来の特定の支出に対して設定される。	
	設定額に見合う資産が留保される。	
相違点	純利益算定前に設定する。	純利益算定後に設定する。
	負債	純資産

⑹　**賞与引当金**

　会社が従業員等に翌期に支払う賞与については、賞与支給金額が支給対象期間に対応して算定されているかどうか、賞与支給金額が確定しているかどうかによって、次のように会計処理を行います（未払従業員賞与の財務諸表における表示科目について日本公認会計士協会リサーチ・センター審理情報〔№15〕）。

計上科目	算定基準及び金額確定の有無
未払金	賞与支給額が賞与支給対象期間以外の基準に基づいて算定され、金額が確定している場合
未払費用	賞与支給額が賞与支給対象期間に基づいて算定され、金額が確定している場合
賞与引当金	賞与支給額が賞与支給対象期間に基づいて算定され、支給金額を見積り計上した場合

翌期に支払う従業員賞与のイメージを図示すると、次の通りです。

〔未払金〕

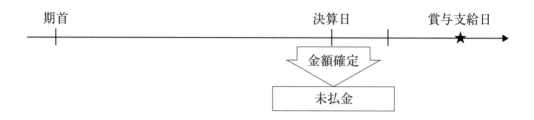

〔未払費用〕

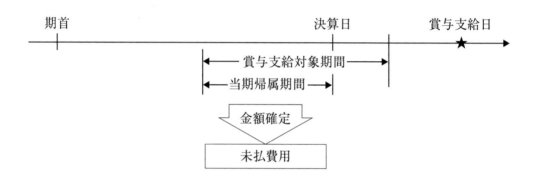

〔賞与引当金〕

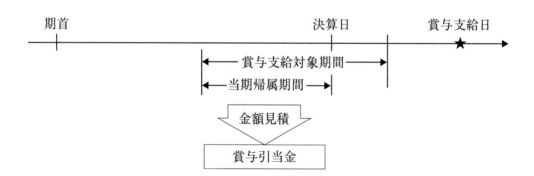

未払金として計上する場合の会計処理は、次の通りです。

会計処理　従業員賞与（未払金）

〔決算時〕

| (借) 賞与手当 | ×××* | (貸) 未払金 | ×××* |

＊　当期負担額

〔翌期支給時〕

| (借) 未払金 | ××× | (貸) 現金預金 | ××× |

未払費用として計上する場合の会計処理は、次の通りです。

会計処理　従業員賞与（未払費用）

〔決算時〕

| (借) 賞与手当 | ×××* | (貸) 未払費用 | ×××* |

＊　当期負担額

〔翌期支給時〕

| (借) 未払費用 | ××× | (貸) 現金預金 | ××× |
| 賞与手当 | ××× | | |

賞与引当金として計上する場合の会計処理は、次の通りです。

会計処理　従業員賞与（賞与引当金）

〔決算時〕

| (借) 賞与引当金繰入 | ×××* | (貸) 賞与引当金 | ×××* |

＊　当期負担額

〔翌期支給時〕

| (借) 賞与引当金 | ××× | (貸) 現金預金 | ××× |
| 賞与手当 | ××× | | |

⑺　**修繕引当金**

　会社が保有する有形固定資産について、修繕を必要とする事実が当期に発生しているにもかかわらず、当期において修繕が行われなかった場合に、修繕費用の見込額を修繕引当金として計上します。

　会計処理は、次の通りです。

会計処理　修繕引当金
〔決算時〕
（借）修繕引当金繰入　　×××＊　　（貸）修繕引当金　　　×××＊
＊　当期負担額
〔修繕実施に伴う取崩時〕
・前期末に設定した修繕引当金＜支払額の場合
（借）修繕引当金　　　×××　　（貸）現金預金　　　××× 　　　修繕費　　　　　×××
・前期末に設定した修繕引当金＞支払額の場合
（借）修繕引当金　　　×××　　（貸）現金預金　　　　　××× 　　　　　　　　　　　　　　　　　　修繕引当金戻入　×××

4　退職給付会計

⑴　退職給付に関する会計基準

　退職給付に関する会計処理及び開示を定めることを目的として、「退職給付に関する会計基準（企業会計基準第26号）」が定められています（退職給付基準１）。

⑵　退職給付の意義

　退職給付の意義は、次の通りです（退職給付基準３）。

> 　一定の期間にわたり労働を提供したこと等の事由に基づいて、退職以後に支給される給付

　ただし、株主総会の決議又は委員会設置会社における報酬委員会の決定が必要となる、取締役、会計参与、監査役及び執行役の退職慰労金については、「退職給付に関する会計基準」の適用範囲には含めないこととされています（退職給付基準３）。

⑶　退職給付の性格

　退職給付の性格については、次のような考え方があります。

考え方	内　　　　　容
賃金後払説	退職給付は、労働協約等に基づいて従業員が提供した労働の対価として支払われる賃金の後払であるという考え方
功績報償説	退職給付は、従業員の勤続に対する功績報償として支払われるものであるという考え方
生活保障説	退職給付は、従業員の老後の生活保障のために支払われるものであるという考え方

　「退職給付に関する会計基準」は、賃金後払説の考え方を採用しています（退職給付基準53、54）。

(4)　用語の定義

用語の定義は、次の通りです（退職給付基準4〜12）。

用　　語	定　　　　義
確定拠出制度	一定の掛金を外部に積み立て、事業主である企業が、当該掛金以外に退職給付に係る追加的な拠出義務を負わない退職給付制度
確定給付制度	確定拠出制度以外の退職給付制度
退職給付債務	退職給付のうち、認識時点までに発生していると認められる部分を割り引いたもの
年金資産	特定の退職給付制度のために、その制度について企業と従業員との契約（退職金規程等）等に基づき積み立てられた、次のすべてを満たす特定の資産 (1)　退職給付以外に使用できないこと (2)　事業主及び事業主の債権者から法的に分離されていること (3)　積立超過分を除き、事業主への返還、事業主からの解約・目的外の払出し等が禁止されていること (4)　資産を事業主の資産と交換できないこと
勤務費用	1期間の労働の対価として発生したと認められる退職給付
利息費用	割引計算により算定された期首時点における退職給付債務について、期末までの時の経過により発生する計算上の利息
期待運用収益	年金資産の運用により生じると合理的に期待される計算上の収益
数理計算上の差異	年金資産の期待運用収益と実際の運用成果との差異、退職給付債務の数理計算に用いた見積数値と実績との差異及び見積数値の変更等により発生した差異

未認識数理計算上の差異	数理計算上の差異のうち当期純利益を構成する項目として費用処理（費用の減額処理又は費用を超過して減額した場合の利益処理を含む。）されていないもの
過去勤務費用	退職給付水準の改訂等に起因して発生した退職給付債務の増加又は減少部分
未認識過去勤務費用	過去勤務費用のうち当期純利益を構成する項目として費用処理（費用の減額処理又は費用を超過して減額した場合の利益処理を含む。）されていないもの

⑸　個別財務諸表における当面の取扱い

　個別財務諸表上、所定の事項については、当面の間、次のように取り扱うこととされています（退職給付基準39）。

①　貸借対照表及び損益計算書

　個別貸借対照表上、退職給付債務に未認識数理計算上の差異及び未認識過去勤務費用を加減した額から、年金資産の額を控除した額を負債として計上します。ただし、年金資産の額が退職給付債務に未認識数理計算上の差異及び未認識過去勤務費用を加減した額を超える場合には、資産として計上します。

　未認識数理計算上の差異及び未認識過去勤務費用については計上しません。

　個別貸借対照表に負債として計上される額については「退職給付引当金」の科目をもって固定負債に計上し、資産として計上される額については「前払年金費用」等の適当な科目をもって固定資産に計上します。

　貸借対照表のイメージを図示すると、次の通りです。

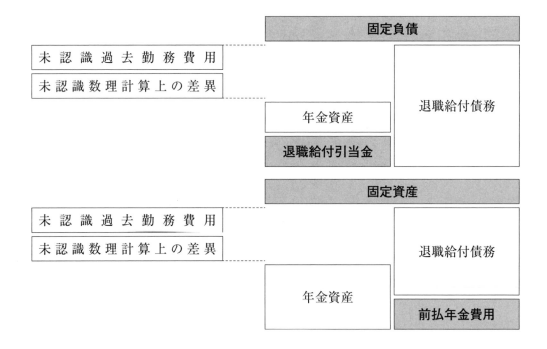

退職給付費用のイメージを図示すると、次の通りです。

期首	退職給付費用	年金／掛金支払額	期末
退職給付引当金又は前払年金費用		年金／掛金	
	勤務費用		退職給付引当金又は前払年金費用
	利息費用		
	期待運用収益		
	数理計算上の差異（費用処理額）		
	過去勤務費用（費用処理額）		

会計処理は、次の通りです。

会計処理 **退職給付会計（個別財務諸表における当面の取扱い）**

〔退職給付引当金の計上〕

> （借）退職給付費用　　×××　　（貸）退職給付引当金　　×××

〔一時金支払〕

> （借）退職給付引当金　　×××　　（貸）現金預金　　　　×××

〔掛金拠出〕

> （借）退職給付引当金　　×××　　（貸）現金預金　　　　×××

〔年金支給〕

仕訳なし

〔数理計算上の差異の費用処理〕

> （借）退職給付費用　　×××　　（貸）退職給付引当金　　×××

又は

> （借）退職給付引当金　　×××　　（貸）退職給付費用　　×××

〔過去勤務費用の費用処理〕

> （借）退職給付費用　　×××　　（貸）退職給付引当金　　×××

又は

> （借）退職給付引当金　　×××　　（貸）退職給付費用　　×××

---

② 注記

退職給付に関しては、次の事項を注記します。

---

(1) 退職給付の会計処理基準に関する事項

(2) 企業の採用する退職給付制度の概要

(3) 退職給付債務の期首残高と期末残高の調整表

(4) 年金資産の期首残高と期末残高の調整表

(5) 退職給付債務及び年金資産と貸借対照表に計上された退職給付に係る負債及び資産の調整表

(6) 退職給付に関連する損益

(7) 年金資産に関する事項（年金資産の主な内訳を含む）

(8) 数理計算上の計算基礎に関する事項

(9) その他の退職給付に関する事項

⑽ 連結財務諸表を作成する会社については、個別財務諸表において、未認識数理計算上の差異及び未認識過去勤務費用の貸借対照表における取扱いが連結財務諸表と異なる旨

⑹　連結財務諸表における取扱い

①　貸借対照表

　退職給付債務から年金資産の額を控除した額（以下「積立状況を示す額」といいます。）を負債として計上します。ただし、年金資産の額が退職給付債務を超える場合には、資産として計上します（退職給付基準13）。

　積立状況を示す額について、負債となる場合は「退職給付に係る負債」等の適当な科目をもって固定負債に計上し、資産となる場合は「退職給付に係る資産」等の適当な科目をもって固定資産に計上します。未認識数理計算上の差異及び未認識過去勤務費用については、税効果を調整の上、純資産の部におけるその他の包括利益累計額に「退職給付に係る調整累計額」等の適当な科目をもって計上します（退職給付基準27）。

　貸借対照表のイメージを図示すると、次の通りです。

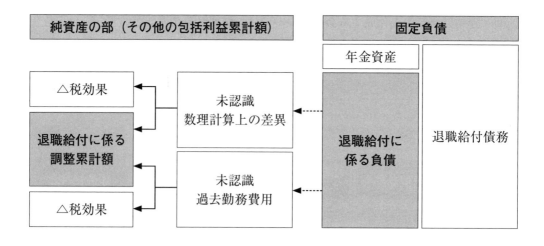

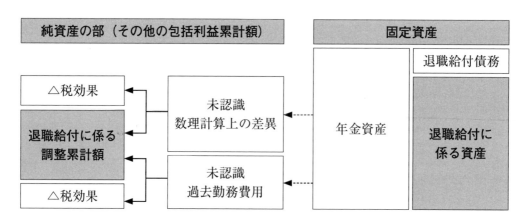

② 退職給付債務

退職給付債務は、退職により見込まれる退職給付の総額（以下「退職給付見込額」といいます。）のうち、期末までに発生していると認められる額を割り引いて計算します（退職給付基準16）。

退職給付見込額は、合理的に見込まれる退職給付の変動要因を考慮して見積ります（退職給付基準18）。

退職給付債務の計算における割引率は、安全性の高い債券の利回りを基礎として決定します（退職給付基準20）。

退職給付債務の計算手順のイメージを図示すると、次の通りです。

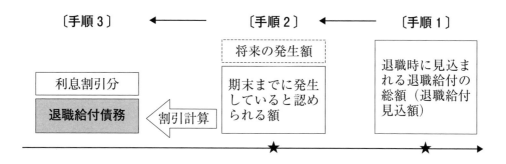

退職給付見込額のうち期末までに発生したと認められる額は、次のいずれかの方法を選択適用して計算します。この場合、いったん採用した方法は、原則として、継続して適用しなければなりません（退職給付基準19）。

方　法	内　　容
期間定額基準	退職給付見込額について全勤務期間で除した額を各期の発生額とする方法
給付算定式基準	退職給付制度の給付算定式に従って各勤務期間に帰属させた給付に基づき見積った額を、退職給付見込額の各期の発生額とする方法 なお、この方法による場合、勤務期間の後期における給付算定式に従った給付が、初期よりも著しく高い水準となるときには、当該期間の給付が均等に生じるとみなして補正した給付算定式に従う。

退職給付見込額の期間帰属のイメージを図示すると、次の通りです。

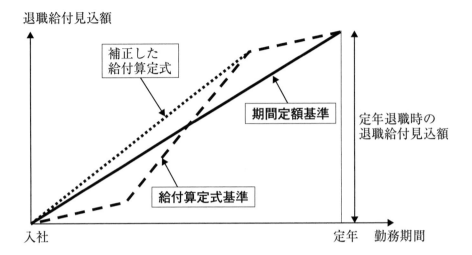

③ 年金資産

　企業年金制度を採用している企業などでは、退職給付に充てるため外部に積み立てられている年金資産が存在します。この年金資産は退職給付の支払のためのみに使用されることが制度的に担保されていることなどから、これを収益獲得のために保有する一般の資産と同様に企業の貸借対照表に計上することには問題があり、かえって、財務諸表の利用者に誤解を与えるおそれがあると考えられます。また、国際的な会計基準においても年金資産を直接貸借対照表に計上せず、退職給付債務からこれを控除することが一般的です。したがって、年金資産の額は退職給付に係る負債の計上額の計算にあたって差し引くこととしています。この場合、年金資産の額が退職給付債務の額を上回る場合には、退職給付に係る資産として貸借対照表に計上することになります（退職給付基準69）。

　年金資産の額は、期末における時価（公正な評価額）により計算します（退職給付基準22）。

　計算式を示すと、次の通りです。

期末年金資産＝期首年金資産＋期待運用収益＋年金拠出額－年金給付額

　期末年金資産は時価と比較し、差額は数理計算上の差異として把握します。

　年金資産の計算手順のイメージを図示すると、次の通りです。

（借 方）	（貸 方）	
期首年金資産 （前期末時価）	年金給付額	
期待運用収益	期末年金資産 （当期末簿価）	期末年金資産 （当期末時価）
年金拠出額		数理計算上の差異

④　退職給付費用

　退職給付費用の処理額について、「退職給付に関する会計基準」では次のように定めています（退職給付基準14）。

　次の項目の当期に係る額は、退職給付費用として、当期純利益を構成する項目に含めて計上する。

(1)　勤務費用

(2)　利息費用

(3)　期待運用収益

(4)　数理計算上の差異に係る当期の費用処理額

(5)　過去勤務費用に係る当期の費用処理額

　退職給付費用は、原則として売上原価又は販売費及び一般管理費に計上します。ただし、新たに退職給付制度を採用したとき又は給付水準の重要な改訂を行ったときに発生する過去勤務費用を発生時に全額費用処理する場合などにおいて、その金額が重要であると認められるときには、その金額を特別損益として計上することができます（退職給付基準28）。

　当期に発生した未認識数理計算上の差異及び未認識過去勤務費用並びに当期に費用処理された組替調整額については、その他の包括利益に「退職給付に係る調整額」等の適当な科目をもって、一括して計上します（退職給付基準29）。

　退職給付費用の構成要素を算式で示すと、次の通りです（退職給付基準17、21、23～25）。

勤務費用＝退職給付見込額のうち当期に発生したと認められる額×割引係数

利息費用＝期首退職給付債務×割引率

期待運用収益＝期首年金資産額×長期期待運用収益率

数理計算上の差異の費用処理額＝数理計算上の差異÷平均残存勤務期間以内の年数

過去勤務費用の費用処理額＝過去勤務費用÷平均残存勤務期間以内の年数

　過去勤務費用及び数理計算上の差違は、発生時に一括処理するのではなく、将来期間にも配分することとしています。これは、次の理由によるものです（退職給付基準67、68）。

　　＊　　過去勤務費用の発生要因である給付水準の改訂等が従業員の勤労意欲が将来にわたって向上するとの期待のもとに行われる面があること

　　＊　　数理計算上の差異には予測と実績の乖離のみならず予測数値の修正も反映されることから各期に生じる差異を直ちに費用として計上することが退職給付に係る債務の状態を忠実に表現するとは言えない面があること

　数理計算上の差異の当期発生額及び過去勤務費用の当期発生額のうち、費用処理されない部分（未認識数理計算上の差異及び未認識過去勤務費用）については、その他の包括利益に含めて計上します。その他の包括利益累計額に計上されている未認識数理計算上の差異及び未認識過去勤務費用のうち、当期に費用処理された部分については、その他の包括利益の調整（組替調整）を行います（退職給付基準15）。

退職給付費用のイメージを図示すると、次の通りです。

期首	退職給付費用	年金／掛金支払額	差異等の発生	期末
退職給付に係る負債又は退職給付に係る資産		年金／掛金		退職給付に係る負債又は退職給付に係る資産
	勤務費用			
	利息費用			
	期待運用収益			
			数理計算上の差異（発生額）	
			過去勤務費用（発生額）	
	数理計算上の差異（費用処理額）			
	過去勤務費用（費用処理額）			

期首	組替調整	年金／掛金支払額	差異等の発生	期末
退職給付に係る調整額	数理計算上の差異（費用処理額△税効果）			
	過去勤務費用（費用処理額△税効果）			
			数理計算上の差異（発生額△税効果）	退職給付に係る調整額
			過去勤務費用（発生額△税効果）	

数理計算上の差異の連結財務諸表における組替え処理は、次の通りです。

会計処理 退職給付会計（連結財務諸表の組替え処理）（数理計算上の差異）

〔期末における数理計算上の差異の処理〕

（借）退職給付に係る負債	×××	（貸）退職給付に係る調整額	×××
		繰延税金資産	×××

又は

（借）退職給付に係る調整額	×××	（貸）退職給付に係る負債	×××
繰延税金資産	×××		

〔未認識数理計算上の差異の費用処理〕

① 個別財務諸表上の処理の振戻し

（借）退職給付費用	×××	（貸）退職給付に係る負債	×××

又は

（借）退職給付に係る負債	×××	（貸）退職給付費用	×××

② 組替調整の処理

（借）退職給付に係る調整額	×××	（貸）退職給付費用	×××
法人税等調整額	×××		

又は

（借）退職給付費用	×××	（貸）退職給付に係る調整額	×××
		法人税等調整額	×××

過去勤務費用の連結財務諸表における組替え処理は、次の通りです。

会計処理　退職給付会計（連結財務諸表における組替え処理）（過去勤務費用）

〔過去勤務費用の発生〕

① 個別財務諸表上の処理の振戻し

（借）退職給付費用	×××	（貸）退職給付に係る負債	×××

又は

（借）退職給付に係る負債	×××	（貸）退職給付費用	×××

② 過去勤務費用の発生

（借）退職給付に係る負債	×××	（貸）退職給付に係る調整額	×××
		繰延税金資産	×××

又は

（借）退職給付に係る調整額	×××	（貸）退職給付に係る負債	×××
繰延税金資産	×××		

③ 過去勤務費用の費用処理

（借）退職給付費用	×××	（貸）退職給付に係る調整額	×××
		繰延税金資産	×××

又は

（借）退職給付に係る調整額	×××	（貸）退職給付費用	×××
繰延税金負債	×××		

---

⑤　小規模企業等における簡便な方法

　従業員数が比較的少ない小規模な企業等において、高い信頼性をもって数理計算上の見積りを行うことが困難である場合又は退職給付に係る財務諸表項目に重要性が乏しい場合には、期末の退職給付の要支給額を用いた見積計算を行う等の簡便な方法を用いて、退職給付に係る負債及び退職給付費用を計算することができます（退職給付基準26）。

　小規模企業等における簡便な方法の会計処理は、次の通りです。

会計処理　退職給付会計（個別財務諸表及び連結財務諸表）（簡便法）

〔退職給付費用の計上〕

　（借）退職給付費用　　　×××　　　　　（貸）退職給付引当金　　　×××

〔一時金支払〕

　（借）退職給付引当金　　　×××　　　　　（貸）現金預金　　　×××

〔掛金拠出〕

　（借）退職給付引当金　　　×××　　　　　（貸）現金預金　　　×××

〔年金支給〕

仕訳なし

---

⑥　複数事業主制度の会計処理及び開示

　複数の事業主により設立された確定給付型企業年金制度を採用している場合においては、次のように会計処理及び開示を行います（退職給付基準33）。

---

(1)　合理的な基準により自社の負担に属する年金資産等の計算をした上で、確定給付制度の会計処理及び開示を行う。

(2)　自社の拠出に対応する年金資産の額を合理的に計算することができないときには、確定拠出制度に準じた会計処理及び開示を行う。この場合、当該年金制度全体の直近の積立状況等についても注記する。

---

⑦　確定拠出制度の会計処理及び開示

　確定拠出制度においては、その制度に基づく要拠出額をもって費用処理します（退職給付基準31）。

　この場合の費用は、退職給付費用に含めて計上し、確定拠出制度に係る退職給付費用として注記します。また、その制度に基づく要拠出額をもって費用処理するため、未拠出の額は未払金として計上します（退職給付基準32）。

⑧　注記

　退職給付に関しては、次の事項を注記します。なお、下記の(2)から(11)について、連結財務諸表において注記している場合には、個別財務諸表においては記載する必要はありません（退職給付基準30）。

(1)　退職給付の会計処理基準に関する事項

(2)　企業の採用する退職給付制度の概要

(3)　退職給付債務の期首残高と期末残高の調整表

(4)　年金資産の期首残高と期末残高の調整表

(5)　退職給付債務及び年金資産と貸借対照表に計上された退職給付に係る負債及び資産の調整表

(6)　退職給付に関連する損益

(7)　その他の包括利益に計上された数理計算上の差異及び過去勤務費用の内訳

(8)　貸借対照表のその他の包括利益累計額に計上された未認識数理計算上の差異及び未認識過去勤務費用の内訳

(9)　年金資産に関する事項（年金資産の主な内訳を含む）

(10)　数理計算上の計算基礎に関する事項

(11)　その他の退職給付に関する事項

5　資産除去債務

(1)　資産除去債務に関する会計基準

　資産除去債務の定義、会計処理及び開示について定めることを目的として、「資産除去債務に関する会計基準（企業会計基準第18号）」が定められています。

(2)　用語の定義

　用語の定義は、次の通りです（除去債務基準３）。

用　語	定　　義
資産除去債務	有形固定資産の取得、建設、開発又は通常の使用によって生じ、当該有形固定資産の除去に関して法令又は契約で要求される法律上の義務及びそれに準ずるものをいう。 この場合の法律上の義務及びそれに準ずるものには、有形固定資産を除去する義務のほか、有形固定資産の除去そのものは義務でなくとも、有形固定資産を除去する際に当該有形固定資産に使用されている有害物質等を法律等の要求による特別の方法で除去するという義務も含まれる。
除　去	有形固定資産を用役提供から除外することをいう（一時的に除外する場合を除く）。 除去の具体的な態様としては、売却、廃棄、リサイクルその他の方法による処分等が含まれるが、転用や用途変更は含まれない。 また、有形固定資産が遊休状態になる場合は除去に該当しない。

(3)　会計処理

①　資産除去債務の負債計上

負債の計上時期は、次の通りです（除去債務基準4、5）。

> 資産除去債務は、有形固定資産の取得、建設、開発又は通常の使用によって発生した時に負債として計上する。
>
> 資産除去債務の発生時に、その債務の金額を合理的に見積ることができない場合には、これを計上せず、その債務額を合理的に見積ることができるようになった時点で負債として計上する。

②　資産除去債務の算定

負債の計上金額は、次の通りです（除去債務基準6）。

> 資産除去債務はそれが発生したときに、有形固定資産の除去に要する割引前の将来キャッシュ・フローを見積り、割引後の金額（割引価値）で算定する。

③　資産除去債務に対応する除去費用の資産計上

債務として負担している金額は負債計上し、同額を有形固定資産の取得原価に反映させる「資産負債の両建処理」を行います（除去債務基準7、41）。

> 資産除去債務に対応する除去費用は、資産除去債務を負債として計上した時に、その負債の計上額と同額を、関連する有形固定資産の帳簿価額に加える。

「資産負債の両建処理」は、有形固定資産の取得に付随して生じる除去費用の未払の債務を負債として計上すると同時に、対応する除去費用をその有形固定資産の取得原価に含めることにより、その資産への投資について回収すべき額を引き上げることを意味します。すなわち、有形固定資産の除去時に不可避的に生じる支出額を付随費用と同様に取得原価に加えた上で費用配分を行い、さらに、資産効率の観点からも有用と考えられる情報を提供するものです（除去債務基準41）。

④ 費用配分

費用配分は、次のように行います（除去債務基準7、9）。

資産計上された資産除去債務に対応する除去費用は、減価償却を通じて、その有形固定資産の残存耐用年数にわたり、各期に費用配分する。

時の経過による資産除去債務の調整額は、その発生時の費用として処理する。その調整額は、期首の負債の帳簿価額に当初負債計上時の割引率を乗じて算定する。

費用配分のイメージを図示すると、次の通りです。

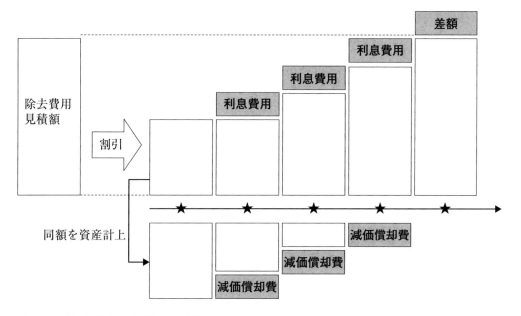

⑤ 資産除去債務の見積りの変更

見積りの変更は、次のように行います（除去債務基準10、11）。

割引前の将来キャッシュ・フローに重要な見積りの変更が生じた場合のその見積りの変更による調整額は、資産除去債務の帳簿価額及び関連する有形固定資産の帳簿価額に加減して処理する。

割引前の将来キャッシュ・フローに重要な見積りの変更が生じ、キャッシュ・フローが増加する場合、その時点の割引率を適用する。これに対し、キャッシュ・フローが減少する場合には、負債計上時の割引率を適用する。

会計処理は、次の通りです。

会計処理　資産除去債務

〔有形固定資産の取得及び資産除去債務の計上〕

（借）（有形固定資産）	×××＊1	（貸）現金預金	×××
		資産除去債務	×××＊2

＊1　購入価額＋除去費用（資産除去債務）

＊2　除去に要する将来キャッシュ・フローの現在価値

〔減価償却費〕

（借）費用（減価償却費）	×××＊	（貸）減価償却累計額	×××＊

＊　固定資産の減価償却費＋資産除去債務の費用配分額

　減価償却費は、製造原価、販管費等に計上します。

〔時の経過による資産除去債務の増加〕

（借）利息費用	×××＊	（貸）資産除去債務	×××＊

＊　期首資産除去債務×割引率

　利息費用は、減価償却費と同区分（製造原価、販管費等）に計上します。

〔資産除去債務の履行〕

（借）減価償却累計額	×××	（貸）（有形固定資産）	×××
資産除去債務	×××	現金預金	×××＊1
履行差額	×××＊2		

＊1　資産除去債務の決済のために実際に支払われた額

＊2　資産除去債務の決済のために実際に支払われた額

　実際額との差額は、原則として、減価償却費と同区分（製造原価、販管費等）に計上します。

会計処理　資産除去債務の見積りの変更

（借）（有形固定資産）	××××＊	（貸）資産除去債務	××××＊

＊　見積り変更による調整額

⑷　表　示

①　貸借対照表上の表示

表示は、次のように行います（除去債務基準12）。

　資産除去債務は、貸借対照表日後１年以内にその履行が見込まれる場合を除き、固定負債の区分に資産除去債務等の適切な科目名で表示する。貸借対照表日後１年以内に資産除去債務の履行が見込まれる場合には、流動負債の区分に表示する。

---

②　損益計算書上の表示

表示は、次のように行います（除去債務基準13～15）。

　資産計上された資産除去債務に対応する除去費用に係る費用配分額は、損益計算書上、その資産除去債務に関連する有形固定資産の減価償却費と同じ区分に含めて計上する。

　時の経過による資産除去債務の調整額は、損益計算書上、その資産除去債務に関連する有形固定資産の減価償却費と同じ区分に含めて計上する。

　資産除去債務の履行時に認識される資産除去債務残高と資産除去債務の決済のために実際に支払われた額との差額は、損益計算書上、原則として、その資産除去債務に対応する除去費用に係る費用配分額と同じ区分に含めて計上する。

　時の経過による資産除去債務の調整額は、実際の資金調達活動による費用ではないこと、また、同種の計算により費用を認識している退職給付会計における利息費用が退職給付費用の一部を構成するものとして整理されていることを考慮し、資産除去債務に係る費用は、時の経過による資産除去債務の調整額部分も含め、対象となる有形固定資産の減価償却費と同じ区分に含めて計上します（除去債務基準55）。

　資産除去債務の履行時に認識される差額についても、固定資産の取得原価に含められて減価償却を通じて費用処理された除去費用と異なる性格を有するものではないといえるため、資産除去債務計上額と実際の支出額との差額は、その資産除去債務に対応する除去費用に係る費用配分額と同じ区分に含めて計上することを原則とします（除去債務基準57、58）。

⑸　注　記

　資産除去債務の会計処理に関連して、重要性が乏しい場合を除き、次の事項を注記します（除去債務基準16）。

⑴　資産除去債務の内容についての簡潔な説明

⑵　支出発生までの見込期間、適用した割引率等の前提条件

⑶　資産除去債務の総額の期中における増減内容

⑷　資産除去債務の見積りを変更したときは、その変更の概要及び影響額

⑸　資産除去債務は発生しているが、その債務を合理的に見積ることができないため、貸借対照表に資産除去債務を計上していない場合には、当該資産除去債務の概要、合理的に見積ることができない旨及びその理由

---

6 偶発債務

(1) 意 義

　偶発債務とは、現時点では債務ではないが、将来一定の事由を条件として、債務となる可能性があるもののことをいいます。

(2) 具体例

　偶発債務の具体例としては、次のようなものが挙げられます。

偶発債務の具体例	内　　　容
受取手形の割引高又は裏書譲渡高	手形の不渡りが生じた場合には手形代金の支払義務を負うが、現時点では可能性としての債務が存在するのみである。
係争中の事件	訴訟に敗訴した場合には原告に対して損害賠償義務等が生じるが、現時点では可能性としての債務が存在するのみである。
保証債務	主たる債務者が支払不能となった場合には代理弁済義務を負うが、現時点では可能性としての債務が存在するのみである。

(3) 注 記

　企業会計原則では、次のように規定しています（企原・B/S 原則一 C）。

> 　受取手形の割引高又は裏書譲渡高、保証債務等の偶発債務等企業の財務内容を判断するために重要な事項は、貸借対照表に注記しなければならない。

　偶発債務が引当金の計上要件を満たす場合には引当金を計上しますが、引当金の計上要件を満たさない場合には、偶発債務の内容を注記して開示する必要があります。

偶発債務のイメージを図示すると、次の通りです。

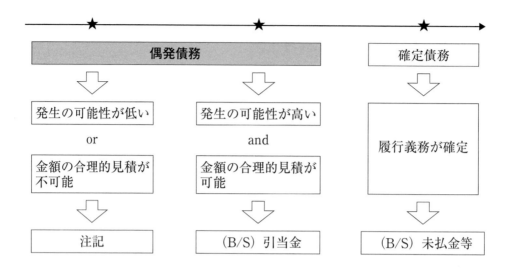

第5章　純資産会計

第1　総　論

1　定　義

　「討議資料　財務会計の概念フレームワーク」では、純資産について、次のように規定しています（フレームワーク・第3章6）。

> 　純資産とは、資産と負債の差額をいう。

　「討議資料　財務会計の概念フレームワーク」では、構成要素の定義を確定する作業を容易にするため、かつ国際的な動向を尊重して、まず資産と負債を定義しています。資産総額のうち負債に該当しない部分は、すべて純資産に分類されます。これと同時に、純利益を重視して、これを生み出す投資の正味ストックとしての株主資本を、純資産の内訳として定義しています。その結果、純資産には株主資本に属さない部分が含まれることになります（フレームワーク・第3章18）。

　また、株主資本について、次のように規定しています（フレームワーク・第3章6）。

> 　株主資本とは、純資産のうち報告主体の所有者である株主（連結財務諸表の場合には親会社株主）に帰属する部分をいう。

　利益情報の主要な利用者であり受益者であるのは、報告主体の企業価値に関心を持つその報告主体の（現在及び将来の）所有者です。そのような理解に基づいて、純利益に対応する株主資本を、報告主体の所有者に帰属するものと位置付けます。この株主資本は、純利益を生み出す投資の正味ストックを表しています（フレームワーク・第3章19）。

　純資産のうち、株主資本以外の部分には、子会社の非支配株主との直接的な取引で発生した部分や投資のリスクから解放された部分のうち子会社の非支配株主に割り当てられた部分、報告主体の将来の所有者となり得るオプションの所有者との直接的な取引で発生した部分、投資のリスクから解放されていない部分が含まれます（フレームワーク・第3章20）。

2　純資産の部

(1)　貸借対照表の純資産の部の表示に関する会計基準

　貸借対照表における純資産の部の表示を定めることを目的として、「貸借対照表の純資産の部の表示に関する会計基準（企業会計基準第5号）」が定められています。

(2)　純資産の部の表示

　「貸借対照表の純資産の部の表示に関する会計基準」では、次のように規定しています（純資産表示基準4）。

> 　貸借対照表は、資産の部、負債の部及び純資産の部に区分し、純資産の部は、株主資本と株主資本以外の各項目に区分する。

　財務報告における情報開示の中で、特に重要なのは、投資の成果を表す利益の情報であると考えられます。報告主体の所有者に帰属する利益は、基本的に過去の成果であるが、企業価値を評価する際の基礎となる将来キャッシュ・フローの予測やその改訂に広く用いられています。その情報の主要な利用者であり受益者であるのは、報告主体の企業価値に関心を持つその報告主体の現在及び将来の所有者（株主）であると考えられるため、当期純利益とこれを生み出す株主資本は重視されます（純資産表示基準29）。

　純資産は資産と負債の差額であるため、資産や負債に該当せず株主資本にも該当しないものも純資産の部に記載されます。ただし、上述のように、株主資本を他の純資産に属する項目から区分することが適当であると考えられるため、純資産を株主資本と株主資本以外の各項目に区分します。この結果、損益計算書における当期純利益の額と貸借対照表における株主資本の資本取引を除く当期変動額は一致することとなります（純資産表示基準30）。

(3)　クリーン・サープラス関係

　クリーン・サープラス関係とは、損益計算書で計算された期間損益と、貸借対照表における純資産の増減額（資本取引による増減額は除く）が等しくなる関係をいいます。剰余金（サープラス）に損益以外の項目が混入しない（クリーン）という意味です。

　「貸借対照表の純資産の部の表示に関する会計基準」は、純資産を株主資本と株主資本以外の各項目に区分することによって、クリーン・サープラス関係が保たれるようにしています。

　クリーン・サープラス関係を図示すると、次の通りです。

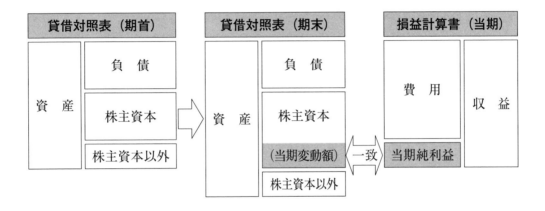

⑷　株主資本の表示

　株主資本は、会計理論上、「払込資本」と「留保利益」に分類されます。

「払込資本」と「留保利益」の意義は、次の通りです。

区　分	意　　　　　　義
払込資本	株主などが会社に拠出した資本
留保利益	企業の営業活動により生じた過去の利益を会社内に留保したもの

　「貸借対照表の純資産の部の表示に関する会計基準」では、株主資本の表示について、次のように規定しています（純資産表示基準5、6）。

> 　株主資本は、資本金、資本剰余金及び利益剰余金に区分する。
> 　個別貸借対照表上、資本剰余金及び利益剰余金は、さらに次の通り区分する。
> ⑴　資本剰余金は、資本準備金及びその他資本剰余金に区分する。
> ⑵　利益剰余金は、利益準備金及びその他利益剰余金に区分する。

　株主資本の表示及び会計理論上の区分を図示すると、次の通りです。

	株主資本の表示		会計理論上の区分
株主資本	資本金		払込資本
	資本剰余金	資本準備金	
		その他資本剰余金	
	利益剰余金	利益準備金	留保利益
		その他利益剰余金	

⑸　株主資本以外の各項目の表示

　「貸借対照表の純資産の部の表示に関する会計基準」では、株主資本の表示について、次のように規定しています（純資産表示基準７）。

> 　株主資本以外の各項目は、次の区分とする。
> 　⑴　個別貸借対照表上、評価・換算差額等、新株引受権及び新株予約権に区分する。
> 　⑵　連結貸借対照表上、評価・換算差額等、新株引受権、新株予約権及び非支配株主持分に区分する。

　「貸借対照表の純資産の部の表示に関する会計基準」に準拠して、個別財務諸表における純資産の部を表示すると、次の通りです。

（純資産の部）	
株主資本	×××
資本金	×××
資本剰余金	×××
資本準備金	×××
その他資本剰余金	×××
利益剰余金	×××
利益準備金	×××
その他利益剰余金	×××
○○積立金	×××
繰越利益剰余金	×××
自己株式	△×××
評価・換算差額等	×××
その他有価証券評価差額金	×××
繰延ヘッジ損益	×××
土地再評価差額金	×××
新株引受権	×××
新株予約権	×××
純資産合計	×××

第2　各　論

1　株主資本

⑴　資本金及び準備金

①　自己株式及び準備金の額の減少等に関する会計基準

　資本金、資本準備金及び利益準備金の額の減少に関する会計処理を定めることを目的として、「自己株式及び準備金の額の減少等に関する会計基準（企業会計基準第1号）」が定められています。

②　会社法における資本金及び準備金についての規定

　会社法では、資本金及び資本準備金について、次のように規定しています（会社法第445条第1～3項）。

⑴　株式会社の資本金の額は、会社法に別段の定めがある場合を除き、設立又は株式の発行に際して株主となる者がその株式会社に対して払込み又は給付をした財産の額とする。

⑵　払込額の2分の1を超えない額は、資本金として計上しないことができる。

⑶　資本金として計上しないこととした額は、資本準備金として計上しなければならない。

　会計処理は、次の通りです。

　会計処理　**設立と増資**

　（原則）

　（借）現金預金　　　　×××*1　（貸）資本金　　　　　×××*1

　　*1　@払込金額×株式数

　（特則）

　（借）現金預金　　　　×××*1　（貸）資本金　　　　　×××*2

　　　　　　　　　　　　　　　　　　　資本準備金　　　×××

　　*1　@払込金額×株式数

　　*2　@払込金額×株式数×1/2

　会社法では、資本準備金及び利益準備金について、次のように規定しています（会社法第445条第4項）。

　　剰余金の配当をする場合には、株式会社は、その剰余金の配当により減少する剰余金の額に10分の1を乗じて得た額を資本準備金又は利益準備金として計上しなければならない。

　会社法では「資本準備金」及び「利益準備金」を「準備金」と総称しています（会社法第445条第4項）。

　「準備金」が資本金の額に4分の1を乗じて得た額に達すれば、それ以上の額を計上する必要はありません（会社計算規則第22条）。

　その他資本剰余金からの配当を行った場合には、次の額を資本準備金に計上します（会社計算規則第22条第1項）。

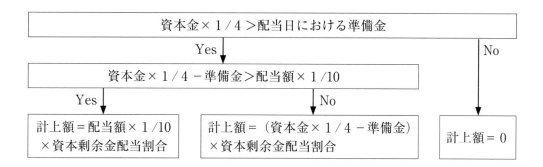

　その他利益剰余金からの配当を行った場合には、次の額を利益準備金に計上します（会社計算規則第22条第2項）。

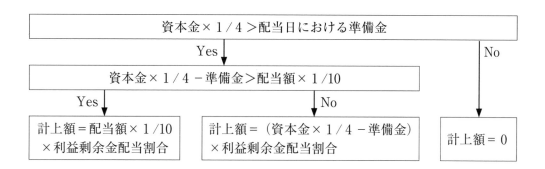

会計処理は、次の通りです。

| 会計処理 | その他資本剰余金を原資とした配当（株主総会時） |

（借）その他資本剰余金 ×××　（貸）資本準備金 ×××

未払配当金 ×××

| 会計処理 | その他利益剰余金を原資とした配当（株主総会時） |

（借）繰越利益剰余金 ×××　（貸）利益準備金 ×××

未払配当金 ×××

| 会計処理 | 支払時 |

（借）未払配当金 ×××　（貸）現金預金 ×××

---

(2) 剰余金

① その他資本剰余金

〔資本金及び資本準備金の額の減少によって生ずる剰余金〕

　会社法では、株主総会の決議及び債権者保護手続を経て、減少の効力が生ずる日において資本金の額を上限とする資本金の額を減少することを認めています（会社法第447条）。また、準備金の額の減少についても同様の定めがあります（会社法第448条）。

　資本金及び資本準備金の額の減少によって生ずる剰余金は、いずれも減額前の資本金及び資本準備金の持っていた会計上の性格が変わるわけではなく、資本性の剰余金の性格を有すると考えられます。そのため、減少の法的効力が発生したときに、その他資本剰余金に計上することが適切であると考えられます（自己株基準59）。

〔会計理論上の資本剰余金〕

　資本剰余金は、会計理論上は次の「剰余金」から構成されるとの見解があります。

---

　(1)　株主からの払込資本を表す払込剰余金

　(2)　贈与により発生する剰余金（資本的支出に充てた国庫補助金等）

　(3)　資本修正により発生する剰余金（貨幣価値変動に伴う固定資産の評価替等）

　現状では、(2)については実際上ほとんど採用されていないと思われ、(3)は我が国の現行の制度上生ずる余地がありません。したがって、これらの論点については、「貸借対照表の純資産の部の表示に関する会計基準」では検討の対象とはしていません（純資産表示基準37）。

② その他利益剰余金

〔利益準備金の額の減少によって生ずる剰余金〕

　会社法では、株主総会の決議及び債権者保護手続を経て、減少の効力が生ずる日における準備金の額を上限とする準備金の額を減少することを認めています（会社法第448条）。利益準備金はもともと留保利益を原資とするものであり、利益性の剰余金の性格を有するため、利益準備金の額の減少によって生ずる剰余金は、その他利益剰余金（繰越利益剰余金）の増額項目とすることが適切であると考えられます（自己株基準63）。

〔その他利益剰余金の区分表示〕

　「貸借対照表の純資産の部の表示に関する会計基準」では、その他利益剰余金について、次のように規定しています（純資産表示基準6(2)）。

　その他利益剰余金のうち、任意積立金のように、株主総会又は取締役会の決議に基づき設定される項目については、その内容を示す科目をもって表示し、それ以外については繰越利益剰余金にて表示する。

　なお、その他利益剰余金又は繰越利益剰余金の金額が負となる場合には、マイナス残高として表示します（純資産表示基準35）。

③ 会社法上の剰余金

会社法では「資本準備金」及び「利益準備金」を「準備金」と総称しています（会社法第445条第4項）。

また、「その他資本剰余金」及び「その他利益剰余金」については、区分せずに「剰余金」と称しています（会社法第446条）。

これは、株主と債権者の利害を調整するために、分配可能額を構成する「剰余金」と分配可能額を構成しない「資本金」及び「準備金」を画することに重点を置いているからです。

会社法における区分を図示すると、次の通りです。

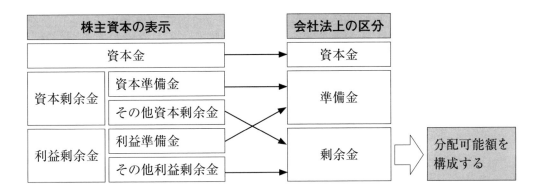

ただし、会社法会計においても、一元化の観点から、企業会計基準に合わせた表示方法を採用しています。

④　分配可能額

〔剰余金の配当〕

　株式会社は、株主総会や取締役会の決議により、一事業年度においていつでも何度でも剰余金の配当を行うことができます（会社法第453条、454条、459条）。

〔分配可能額〕

　株式会社は株主の有限責任制を採用しているため、債権者の権利は会社の純財産によってのみ保証されるにとどまります。そのため、配当などにより会社財産が無制限に会社外部に流出すると、債権者の権利が著しく阻害されます。

　そこで、会社法では、株主と債権者の利害を調整するために、分配可能額を構成する部分を「剰余金」として規定した上で、剰余金を分配することが可能な上限額を「分配可能額」として規定し、これを超える額の分配を禁止しています。

〔剰余金の配当の会計的性格〕

　剰余金の配当は、会計上は次のように分類することができます。

会社法上の規定	配当原資による分類	会計的性格
剰余金の配当	その他資本剰余金からの配当	資本の払戻し
	その他利益剰余金からの配当	利益の配当

　剰余金の配当は、会計的には異なる性格のものが混在していると考えられます。

〔分配可能額の算定〕

　分配可能額は、最終事業年度の末日における剰余金の額に配当の効力発生日までに生じた剰余金の変動要因等を加減して配当の効力発生日における剰余金の額を算定し、これに一定の項目を加減して算定します（会社法第446条、第461条第2項）。

第1段階	最終事業年度の末日における剰余金の額を算定
第2段階	配当の効力発生日における剰余金の額を算定
第3段階	配当の効力発生日における剰余金の額に一定の項目を加減して、分配可能額を算定

　分配可能額の算定過程を図示すると、次の通りです。

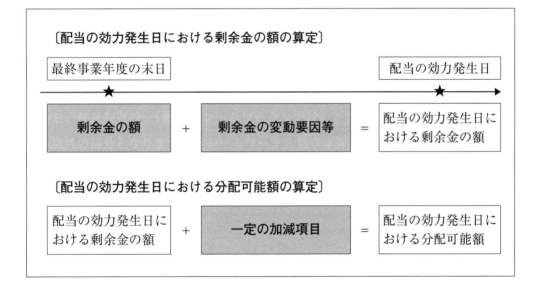

　なお、最終事業年度がない場合には、「最終事業年度の末日」を「会社成立の日」と読み替えて取り扱います。

　「剰余金の額」「剰余金の変動要因等」「一定の加減項目」については、会社法及び会社計算規則において詳細に規定されています。

「剰余金の額」

最終事業年度がある場合の「剰余金の額」は次のように規定されています。

	会社法	会社計算規則
その他資本剰余金	第446条第1号	第149条
その他利益剰余金		

最終事業年度がない場合の「剰余金の額」は次のように規定されています。

	会社法	会社計算規則
その他資本剰余金	第446条第7号	第150条第2項第6号
その他利益剰余金		第150条第2項第7号

　会社法及び会社計算規則における規定に従って計算していくと、結果として「その他資本剰余金」と「その他利益剰余金」を導くことができます。

「剰余金の変動要因等」

最終事業年度がある場合の「剰余金の変動要因等」は次のように規定されています。

	会社法	会社計算規則
＋ 自己株式の処分差額	第446条第2号	
＋ その他資本剰余金の増加額	第446条第3号	
＋ 準備金の額の減少額	第446条第4号	
△ 自己株式消却額	第446条第5号	
△ 剰余金の配当額	第446条第6号	
△ 剰余金から資本金・準備金への振替額	第446条第7号	第150条第1項第1号
△ 剰余金の配当に伴う準備金計上額		第150条第1項第2号
△ 吸収型再編受入行為に際して処分する自己株式に係る自己株式処分差益		第150条第1項第3号
△ 吸収分割・新設分割に際して減少した剰余金		第150条第1項第4号
＋ 吸収型再編受入行為によって増減した剰余金		第150条第1項第5号
＋ 設立時又は成立後の株式の交付に伴う義務が履行された場合の剰余金増加額		第150条第1項第6号

最終事業年度がない場合の「剰余金の変動要因等」は次のように規定されています。

	会社法	会社計算規則
＋　自己株式の処分差額	第446条第7号	第150条第2項第8号
＋　その他資本剰余金の増加額		第150条第2項第9号
＋　準備金の額の減少額		第150条第2項第10号
△　自己株式消却額		第150条第2項第1号
△　剰余金の配当額		第150条第2項第2号
△　剰余金から資本金・準備金への振替額		第150条第2項第3号
△　剰余金の配当に伴う準備金計上額		第150条第2項第4号
△　吸収型再編受入行為に際して処分する自己株式に係る自己株式処分差益		第150条第2項第8号括弧書
△　吸収分割・新設分割に際して減少した剰余金		第150条第2項第5号
＋　吸収型再編受入行為によって増減した剰余金		第150条第2項第11号
＋　設立時又は成立後の株式の交付に伴う義務が履行された場合の剰余金増加額		第150条第2項第12号

「一定の加減項目」

「一定の加減項目」は次のように規定されています。

	会社法	会社計算規則
＋　臨時計算書類の利益	第461条 第2項 第2号イ	第156条
＋　臨時会計年度に処分した自己株式の対価	第461条 第2項 第2号ロ	
△　自己株式の簿価	第461条 第2項 第3号	
△　最終事業年度の末日後に処分した自己株式の対価	第461条 第2項 第4号	
△　臨時計算書類の損失	第461条 第2項 第5号	第157条
△　のれん等調整額	第461条 第2項 第6号	第158条第1号
△　その他有価証券評価差額金（含み損）		第158条第2号
△　土地再評価差額金（含み損）		第158条第3号
△　連結配当規制適用会社の控除項目		第158条第4号
△　複数の臨時計算書類を作成した場合		第158条第5号
△　300万円基準		第158条第6号
△　臨時会計年度に吸収型再編受入行為又は特定募集に際して処分した自己株式の対価の額		第158条第7号
△　設立時又は成立後の株式の交付に伴う義務が履行された場合におけるその他資本剰余金増加額等		第158条第8号
＋　自己株式を対価として取得した自己株式		第158条第9号
＋　最終事業年度の末日後に吸収型再編受入行為又は特定募集に際して処分した自己株式の対価		第158条第10号

＊　臨時計算書類の利益

　臨時計算書類とは、最終事業年度の直後の事業年度に属する一定の日（臨時決算日）における貸借対照表及び臨時決算日の属する事業年度の初日から臨時決算日までの期間に係る損益計算書のことをいいます（会社法第441条）。　臨時計算書類を作成すると、その事業年度の初日から臨時決算日までの期間に生じた利益を分配可能額に含めることができます。

＊　臨時会計年度に処分した自己株式の対価

　処分した自己株式の対価を加算することにより、自己株式を処分した際に生じた剰余金の増加（減少）を分配可能額に反映させます。

＊　自己株式の簿価

　自己株式の帳簿価額は、過去において株主に対して払い戻した会社財産の額に相当するため、分配可能額から控除します。

＊　最終事業年度の末日後に処分した自己株式の対価

　臨時会計年度の場合と異なり、最終事業年度の末日後の取引は取締役会及び株主総会の承認を得ておらず、承認前の剰余金の増加（減少）を分配可能額に含めるのは適当でないため、分配可能額から控除します。

＊　のれん等調整額

のれん等調整額は、次の算式により算定されます。

　　　のれん等調整額＝（のれん×１／２＋繰延資産）－（資本金＋準備金）

　繰延資産は換金可能性がないため、資本金及び準備金の合計額を超過する額は、分配可能額から控除します。

　のれんは繰延資産と同様に換金可能性がありませんが、将来の収益により回収できる可能性もあるため、２分の１を乗じて考慮することとし、その額が資本金及び準備金の合計額を超過する額は、分配可能額から控除します。

＊　その他有価証券評価差額金（含み損）

　その他有価証券評価差額のうち評価差損に相当する額は、未実現の損失ですが、保守主義の観点より、分配可能額から控除します。

＊　土地再評価差額金（含み損）

　土地再評価差額金のうち評価差損に相当する額は、未実現の損失ですが、保守主義の観点より、分配可能額から控除します。

＊　連結配当規制適用会社の控除項目

　連結配当規制適用会社については、おおむね、最終事業年度の末日における貸借対照表上の剰余金の額が最終事業年度の末日における連結貸借対照表上の剰余金の額を下回る額を、分配可能額から控除します。

＊　複数の臨時計算書類を作成した場合

　複数の臨時計算書類を作成した場合には、最終の臨時計算書類に計上された利益又は損失の額及び増加したその他資本剰余金の額のみを分配可能額に含めます。

＊　300万円基準

　会社法では最低資本金制度がないため、無制限に分配を許すと資本の充実に反するおそれがあります。そこで、資本金及び準備金等の合計額が300万円に満たない場合には、その満たない額は、分配可能額から控除します。

＊　臨時会計年度に吸収型再編受入行為又は特定募集に際して処分した自己株式の対価の額

　最終事業年度の末日後に吸収型再編受入行為又は特定募集に際して処分した自己株式の対価うち臨時会計年度に係るものについては、会社法第461条第2項第2号ロにおいて加算されているにもかかわらず、会社計算規則第158条第10項においても加算されることから、二重加算を行わないために、分配可能額から控除します。

＊　設立時又は成立後の株式の交付に伴う義務が履行された場合におけるその他資本剰余金増加額等

　最終事業年度の末日後の取引は取締役会及び株主総会の承認を得ておらず、承認前

の剰余金の増加（減少）を分配可能額に含めるのは適当でないため、分配可能額から控除します。

＊　自己株式を対価として取得した自己株式

　自己株式を対価として自己株式を取得する場合には、会社からの資産の流出はないため、分配可能額に含めます。

＊　最終事業年度の末日後に吸収型再編受入行為又は特定募集に際して処分した自己株式の対価

　最終事業年度の末日後に吸収型再編受入行為又は特定募集に際して処分した自己株式の処分差額は、会社計算規則第446条第2号において加算されているにもかかわらず、第150条第1項第5号においても加算されることから、二重加算を行わないために、分配可能額から控除します。

(3) 株主資本の計数の変動

　会社法では、株主総会の決議や債権者保護手続を行うことを条件に、株主資本間の計数の変動を行うことを認めています。ただし、資本剰余金・利益剰余金区別の原則により、株主資本の計数の変動については一定の制約を設けています。

　会社法で認めている株主資本の計数の変動は、次の通りです。

株主資本の計数の変動		会社法の規定	会社計算規則の規定
無償増資	準備金の資本組入れ	第448条	第25条第1項第1号 第26条第2項
	剰余金の資本組入れ	第450条	第25条第1項第2号 第25条第2項 第27条第2項第1号 第29条第2項第1号
減　資	資本金から準備金への計上	第447条	第25条第2項 第26条第1項第1号
	資本金から剰余金への計上	第447条	第25条第2項 第27条第1項第1号
剰余金から準備金への計上		第451条	第26条第1項第2号 第27条第2項第2号 第28条第1項 第29条第2項第2号
準備金から剰余金への計上		第448条	第27条第1項第2号 第28条第2項 第29条第1項
欠損填補目的による剰余金の振替		第452条	

① 無償増資

　増資には、金銭の払込みや財産の給付を伴う有償増資と、計数の変動により資本金の額を増加させる無償増資があります。

　無償増資には、準備金の資本組入れと、剰余金の資本組入れがあります。

a. 準備金の資本組入れ

　会社法では、資本準備金と利益準備金について、資本金に組み入れることを認めています。

　利益準備金の資本金組入れは、資本剰余金・利益剰余金区別の原則に反するものですが、実務界の要請により認められているものです。

　会計処理は、次の通りです。

```
会計処理    資本準備金の資本組入れ

（借）資本準備金         ×××     （貸）資本金           ×××
```

```
会計処理    利益準備金の資本組入れ

（借）利益準備金         ×××     （貸）資本金           ×××
```

b. 剰余金の資本組入れ

　会社法では、その他資本剰余金とその他利益剰余金について、資本金に組み入れることを認めています。

　その他利益剰余金の資本金組入れは、資本剰余金・利益剰余金区別の原則に反するものですが、実務界の要請により認められているものです。

　会計処理は、次の通りです。

```
会計処理    その他資本剰余金の資本組入れ

（借）その他資本剰余金     ×××     （貸）資本金           ×××
```

```
会計処理    その他利益剰余金の資本組入れ

（借）その他利益剰余金     ×××     （貸）資本金           ×××
```

② 減資

　会社法では、資本金を減少させること自体が当然に株主への払戻しを伴うものではないと考え、株主資本の計数の変動手続と剰余金の分配手続とは区分して規定しています。減資は、資本金を減少させる手続により生じる計数の変動として処理します。

a. 資本金から準備金への計上

　資本剰余金・利益剰余金区別の原則により、資本金からの計上の相手科目は、資本準備金に限られています。

　会計処理は、次の通りです。

```
┌────────────────────────────────────────────────┐
│ 会計処理   資本金から準備金への計上               │
├────────────────────────────────────────────────┤
│ （借）資本金        ×××   （貸）資本準備金      ××× │
└────────────────────────────────────────────────┘
```

b. 資本金から剰余金への計上

　資本剰余金・利益剰余金区別の原則により、資本金からの計上の相手科目は、その他資本剰余金に限られています。

　会計処理は、次の通りです。

```
┌────────────────────────────────────────────────┐
│ 会計処理   資本金から剰余金への計上               │
├────────────────────────────────────────────────┤
│ （借）資本金        ×××   （貸）その他資本剰余金  ××× │
└────────────────────────────────────────────────┘
```

③ 剰余金から準備金への計上

　資本剰余金・利益剰余金区別の原則により、その他資本剰余金からの計上の相手科目は資本準備金、その他利益剰余金からの計上の相手科目は利益準備金に限られています。

　会計処理は、次の通りです。

```
┌────────────────────────────────────────────────┐
│ 会計処理   その他資本剰余金から資本準備金への計上   │
├────────────────────────────────────────────────┤
│ （借）その他資本剰余金  ×××   （貸）資本準備金    ××× │
└────────────────────────────────────────────────┘
```

```
┌────────────────────────────────────────────────┐
│ 会計処理   その他利益剰余金から利益準備金への計上   │
├────────────────────────────────────────────────┤
│ （借）その他利益剰余金  ×××   （貸）利益準備金    ××× │
└────────────────────────────────────────────────┘
```

④　準備金から剰余金への計上

　資本剰余金・利益剰余金区別の原則により、資本準備金からの計上の相手科目はその他資本剰余金、利益準備金からの計上の相手科目はその他利益剰余金に限られています。

　会計処理は、次の通りです。

```
会計処理  資本準備金からその他資本剰余金への計上

（借）資本準備金　　　　　×××　　　（貸）その他資本剰余金　　×××
```

```
会計処理  利益準備金からその他利益剰余金への計上

（借）利益剰余金　　　　　×××　　　（貸）その他利益剰余金　　×××
```

⑤　欠損填補目的による剰余金の振替

　利益剰余金がマイナスの場合には、その他資本剰余金を取り崩してその他利益剰余金をゼロにするまで填補することが例外的に認められます。

　利益剰余金が負の残高のときにその他資本剰余金で補填するのは、資本剰余金と利益剰余金の混同にはあたらないと考えられます。払込資本と留保利益の区分が問題になるのは、同じ時点で両者が正の値であるときに、両者の間で残高の一部又は全部を振り替えたり、一方に負担させるべき分を他方に負担させたりするような場合です。負の残高になった利益剰余金を、将来の利益を待たずにその他資本剰余金で補うのは、払込資本に生じている毀損を事実として認識するものであり、払込資本と留保利益の区分の問題にはあたらないと考えられます（自己株基準59）。

　会計処理は、次の通りです。

```
会計処理  その他資本剰余金による欠損填補

（借）その他資本剰余金　　×××　　　（貸）その他利益剰余金　　×××
```

　株主資本の計数の変動を図表で示すと、次の通りです。図中の番号は、本節で解説した番号を示します。

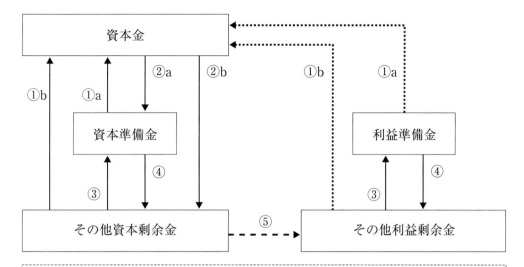

⑷　自己株式

①　自己株式及び準備金の額の減少等に関する会計基準

　自己株式の取得、保有、処分及び消却の会計処理を定めることを目的として、「自己株式及び準備金の額の減少等に関する会計基準（企業会計基準第1号）」が定められています。

②　用語の定義

　用語の定義は、次の通りです（自己株基準4～6）。

用　語	定　義
自己株式処分差額	自己株式の処分の対価から自己株式の帳簿価額を控除した額
自己株式処分差益	自己株式処分差額が正の値の場合におけるその差額
自己株式処分差損	自己株式処分差額が負の値の場合におけるその差額

③　会計的性格

　自己株式の会計的性格については、「資産説」と「資本控除説」という2つの考え方があります（自己株基準30）。

考え方	内　容
資産説	自己株式を取得したのみでは株式は失効しておらず、他の有価証券と同様に換金性のある会社財産とみられる
資本控除説	自己株式の取得は株主との間の資本取引であり、会社所有者に対する会社財産の払戻しの性格を有する

　「自己株式及び準備金の額の減少等に関する会計基準」は「資本控除説」の考え方を採用しています（自己株基準31）。

　取得した自己株式は、取得原価をもって純資産の部の株主資本から控除します（自己株基準7）。

　また、期末に保有する自己株式は、純資産の部の株主資本の末尾に自己株式として一括して控除する形式で表示します（自己株基準8）。

会計処理は、次の通りです。

```
会計処理   自己株式の取得

（借）自己株式        ×××    （貸）現金預金        ×××
```

④ 自己株式の処分

「自己株式及び準備金の額の減少等に関する会計基準」では、自己株式の処分について、次のように規定しています（自己株基準9〜10、12）。

> 自己株式処分差益は、その他資本剰余金に計上する。
>
> 自己株式処分差損は、その他資本剰余金から減額する。
>
> 減額の結果、その他資本剰余金の残高が負の値となった場合には、会計期間末において、その他資本剰余金を零とし、その負の値をその他利益剰余金（繰越利益剰余金）から減額する。

〔自己株式処分差益〕

自己株式処分差益は、自己株式の処分が新株の発行と同様の経済的実態を有する点を考慮すると、その処分差額も株主からの払込資本と同様の経済的実態を有すると考えられるため、資本剰余金として会計処理することが適切です（自己株基準37）。

資本剰余金には資本準備金とその他資本剰余金があります。会社法において、資本準備金は分配可能額からの控除項目とされているのに対し、自己株式処分差益についてはその他資本剰余金と同様に控除項目とされていない（会社法第446条及び第461条第2項）ことから、自己株式処分差益はその他資本剰余金に計上します（自己株基準38）。

会計処理は、次の通りです。

```
会計処理   自己株式処分差益

（借）現金預金        ×××    （貸）自己株式          ×××＊1
                                その他資本剰余金    ×××＊2
＊1  取得原価
＊2  貸借差額
```

〔自己株式処分差損〕

　自己株式処分差損は、自己株式の処分が新株の発行と同様の経済的実態を有する点を考慮すると、利益剰余金の額を増減させるべきではなく、処分差益と同じく処分差損についても、資本剰余金の額の減少とすることが適切です。資本剰余金の額を減少させる科目としては、資本準備金からの減額が会社法上の制約を受けるため、その他資本剰余金から減額します（自己株基準40）。

　なお、その他資本剰余金の残高を超えた自己株式処分差損が発生した場合は残高が負の値になりますが、資本剰余金は株主からの払込資本のうち資本金に含まれないものを表すため、本来負の残高の資本剰余金という概念は想定されていません。そのため、資本剰余金の残高が負の値になる場合は、利益剰余金で補てんするほかないと考えられます（自己株基準40）。

　会計処理は、次の通りです。

会計処理　自己株式処分差損

〔その他資本剰余金の残高＞自己株式処分差損の場合〕

　（借）現金預金　　　×××　　（貸）自己株式　　　×××＊1
　　　　その他資本剰余金　×××＊2

　＊1　取得原価
　＊2　貸借差額

〔その他資本剰余金の残高＜自己株式処分差損の場合〕

　（借）現金預金　　　×××　　（貸）自己株式　　　×××＊1
　　　　その他資本剰余金　×××＊2
　　　　繰越利益剰余金　　×××＊3

　＊1　取得原価
　＊2　その他資本剰余金の残高
　＊3　貸借差額

---

⑤　自己株式の消却

「自己株式及び準備金の額の減少等に関する会計基準」では、自己株式の消却について、次のように規定しています（自己株基準11〜12）。

自己株式を消却した場合には、消却手続が完了したときに、消却の対象となった自己株式の帳簿価額をその他資本剰余金から減額する。

減額の結果、その他資本剰余金の残高が負の値となった場合には、会計期間末において、その他資本剰余金を零とし、その負の値をその他利益剰余金（繰越利益剰余金）から減額する。

自己株式の帳簿価額を資本剰余金又は利益剰余金のいずれから減額するかは、会社の意思決定に委ねるべきであるという考え方もありますが、会社計算規則において優先的にその他資本剰余金から減額することが規定されている（会社計算規則第47条第3項）ため、これに合わせています（自己株基準45）。

なお、その他資本剰余金の残高を超えて減額した場合は残高が負の値になりますが、資本剰余金は株主からの払込資本のうち資本金に含まれないものを表すため、本来負の残高の資本剰余金という概念は想定されていません。そのため、資本剰余金の残高が負の値になる場合は、利益剰余金で補てんするほかないと考えられます（自己株基準40）。

会計処理は、次の通りです。

会計処理　　自己株式の消却

〔その他資本剰余金の残高＞自己株式処分差損の場合〕

（借）その他資本剰余金	×××	（貸）自己株式	×××＊1

＊1　取得原価

〔その他資本剰余金の残高＜自己株式処分差損の場合〕

（借）その他資本剰余金	×××＊2	（貸）自己株式	×××＊1
繰越利益剰余金	×××＊3		

＊1　取得原価

＊2　その他資本剰余金の残高

＊3　貸借差額

　取締役会等による会社の意思決定によって自己株式を消却する場合に、決議後消却手続を完了していない自己株式が貸借対照表日にあり、その自己株式の帳簿価額又は株式数に重要性があるときであって、かつ、連結株主資本等変動計算書又は個別株主資本等変動計算書の注記事項として自己株式の種類及び株式数に関する事項を記載する場合（変動計算書基準9(1)②、(2)）には、決議後消却手続を完了していない自己株式の帳簿価額、種類及び株式数をその事項に併せて注記します（自己株基準22）。

2　株主資本以外の各項目

⑴　評価・換算差額等

　「貸借対照表の純資産の部の表示に関する会計基準」では、評価・換算差額等について、次のように規定しています（純資産表示基準8）。

　評価・換算差額等には、その他有価証券評価差額金や繰延ヘッジ損益のように、資産又は負債は時価をもって貸借対照表価額としているがその資産又は負債に係る評価差額を当期の損益としていない場合のその評価差額や、為替換算調整勘定等が含まれる。

　評価・換算差額等は、その他有価証券評価差額金、繰延ヘッジ損益等その内容を示す科目をもって表示する。

　なお、評価・換算差額等については、これらに関する、当期までの期間に課税された、法人税その他利益に関連する金額を課税標準とする税金の額及び繰延税金資産又は繰延税金負債の額を控除した金額を記載することとなる。

　評価・換算差額等は、払込資本でもなく、損益計算書を経由した利益剰余金でもないことから、株主資本とは区別されます。

⑵　株式引受権

　会社計算規則では、株式引受権について、次のように定義しています（会社計算規則第2条第3項第34号）。

　取締役又は執行役がその職務の執行として株式会社に対して提供した役務の対価として当該株式会社の株式の交付を受けることができる権利（新株予約権を除く。）をいう。

　取締役の報酬等として株式を無償交付する取引のうち、事後交付型に該当する場合の報酬費用の相手勘定については、貸借対照表の純資産の部の株主資本以外の項目に株式引受権として計上します（純資産表示基準33－3）。

① 報酬費用の計上

　取締役の報酬等として株式を無償交付する取引に関する契約を締結し、これに応じて企業が取締役等から取得するサービスは、サービスの取得に応じて費用を計上し、対応する金額は、株式の発行等が行われるまでの間、貸借対照表の純資産の部の株主資本以外の項目に株式引受権として計上します。会計処理は、次の通りです（実務対応報告第41号「取締役の報酬等として株式を無償交付する取引に関する取扱い」15・17）。

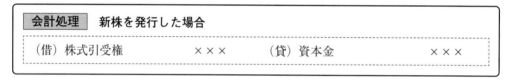

会計処理	報酬費用の計上			
（借）報酬費用	×××	（貸）株式引受権	×××	

② 株式の発行

　割当日において、新株を発行した場合には、株式引受権として計上した額を資本金又は資本準備金に振り替えます。会計処理は、次の通りです（実務対応報告第41号「取締役の報酬等として株式を無償交付する取引に関する取扱い」16）。

会計処理	新株を発行した場合			
（借）株式引受権	×××	（貸）資本金	×××	

　割当日において、自己株式を処分した場合には、自己株式の取得原価と、株式引受権の帳簿価額との差額は、自己株式処分差額とします。会計処理は、次の通りです（実務対応報告第41号「取締役の報酬等として株式を無償交付する取引に関する取扱い」18）。

会計処理	自己株式を処分した場合			
（借）株式引受権	×××	（貸）自己株式	×××	
		その他資本剰余金	×××	

⑶ **新株予約権**

　会社法では、新株予約権について、次のように定義しています（会社法第2条第21号）。

　株式会社に対して行使することによりその株式会社の株式の交付を受けることができる権利をいう。

　新株予約権は、将来、権利行使され払込資本となる可能性がある一方、失効して払込資本とはならない可能性もあります。発行者側の新株予約権は、権利行使の有無が確定するまでの間、その性格が確定しないことから、仮勘定として負債の部に計上する考えもあります。しかし、新株予約権は、返済義務のある負債ではなく、負債の部に表示することは適当ではないため、純資産の部に記載します（純資産表示基準22⑴）。

① 新株予約権の発行

　会計処理は、次の通りです。

| 会計処理 | 新株予約権の発行 |

（借）現金預金　　　×××＊　（貸）新株予約権　　　×××＊

＊ 新株予約権の払込価額

---

② 新株予約権の権利行使

　新株予約権を権利行使する場合の貸方の会計処理は、（ⅰ）全額を資本金とする場合、（ⅱ）会社法に規定する最低額を資本金とする場合、（ⅲ）自己株式を交付する場合などがあります。これを図示すると、次の通りです。

借方	貸方（ⅰ）	貸方（ⅱ）	貸方（ⅲ）
払込金額 ＋ 新株予約権 （権利行使分）	資本金	資本金 ――― 資本準備金	自己株式 （帳簿価額） ――― その他資本剰余金

会計処理は、次の通りです。

会計処理　**新株予約権の権利行使**

（ⅰ）全額を資本金とする場合

（借）現金預金	×××＊1	（貸）資本金	×××
新株予約権	×××＊2		

　＊1　払込金額

　＊2　権利行使分

（ⅱ）会社法に規定する最低額を資本金とする場合

（借）現金預金	×××＊1	（貸）資本金	×××＊3
新株予約権	×××＊2	資本準備金	×××＊4

　＊1　払込金額

　＊2　権利行使分

　＊3　（払込金額＋新株予約権の権利行使分）×1/2

　＊4　貸借差額

（ⅲ）自己株式を交付する場合

（借）現金預金	×××＊1	（貸）自己株式	×××＊3
新株予約権	×××＊2	その他資本剰余金	×××＊4

　＊1　払込金額

　＊2　権利行使分

　＊3　自己株式の帳簿価額

　＊4　貸借差額

③　新株予約権の権利行使期間満了

　新株予約権が行使されずに権利行使期間が満了した場合には、収益として処理します。

　会計処理は、次の通りです。

会計処理　新株予約権の権利行使期間満了

（借）新株予約権　　　×××＊　　（貸）新株予約権戻入益　　×××＊

＊　新株予約権の未行使分

---

④　自己新株予約権

　自己新株予約権とは、会社が新株予約権を発行した後、自社が発行した新株予約権を取得した場合のその新株予約権のことをいいます。

　会計処理は、次の通りです。

会計処理　自己新株予約権の取得

（借）自己新株予約権　　×××＊　　（貸）現金預金　　　　　×××＊

＊　取得時時価＋付随費用

会計処理　自己新株予約権の処分

（借）現金預金　　　　　×××　　（貸）自己新株予約権　　　×××

　　　　　　　　　　　　　　　　　　　自己新株予約権処分損益（注）×××

（注）借方の場合も自己新株予約権処分損益

会計処理　自己新株予約権の消却

（借）新株予約権　　　　×××　　（貸）自己新株予約権　　　×××

　　　　　　　　　　　　　　　　　　　自己新株予約権消却損益（注）×××

（注）借方の場合も自己新株予約権消却損益

3　株主資本等変動計算書

(1)　株主資本等変動計算書に関する会計基準

　株主資本等変動計算書の表示区分及び表示方法等を定めることを目的として、「株主資本等変動計算書に関する会計基準（企業会計基準第6号）」が定められています。

(2)　意　義

　「株主資本等変動計算書に関する会計基準」では、株主資本等変動計算書について、次のように規定しています（変動計算書基準1）。

> 　株主資本等変動計算書は、貸借対照表の純資産の部の一会計期間における変動額のうち、主として、株主に帰属する部分である株主資本の各項目の変動事由を報告するために作成するものである。

(3)　表　示

　株主資本の各項目は、次のように表示します（変動計算書基準6）。

> 　貸借対照表の純資産の部における株主資本の各項目は、当期首残高、当期変動額及び当期末残高に区分し、当期変動額は変動事由ごとにその金額を表示する。

　株主資本以外の各項目は、次のように表示します（変動計算書基準8）。

> 　貸借対照表の純資産の部における株主資本以外の各項目は、当期首残高、当期変動額及び当期末残高に区分し、当期変動額は純額で表示する。ただし、当期変動額について主な変動事由ごとにその金額を表示（注記による開示を含む。）することができる。

　株主資本等変動計算書に記載すべき項目の範囲については、「純資産の部のすべての項目とする考え方」と「純資産の部のうち、株主資本のみとする考え方」の２つの考え方があります（変動計算書基準20）。

純資産の部のすべての項目とする考え方	純資産の部のうち、株主資本のみとする考え方
＊　国際的な会計基準では、株主資本以外の項目についても、一会計期間の変動を開示する考え方であるため、新たな会計基準を開発する場合には、国際的な会計基準との調和を重視すべきである。 ＊　評価・換算差額等の残高が大きい場合には、その変動が将来の株主資本の変動に大きな影響を与える可能性があり、その変動事由を示すことも財務諸表利用者にとって有用な場合がある。	＊　財務報告における情報開示の中で、財務諸表利用者にとって特に重要な情報は投資の成果を表す利益の情報であり、当該情報の主要な利用者であり受益者である株主に対して、当期純利益とこれを生み出す株主資本との関係を示すことが重要である。 ＊　会社法の下で必要となる開示項目は株主資本の各項目で足りると解される。 ＊　現時点では、いわゆる包括利益は当期純利益を超える有用性が確認されていないといわれることから、評価・換算差額等については変動事由ごとに表示することが必ずしも必要とはいえない。

　「株主資本等変動計算書に関する会計基準」では、このような考え方を踏まえ、開示項目の範囲については、国際的調和等の観点から純資産の部のすべての項目とするものの、株主資本とそれ以外の項目とでは一会計期間における変動事由ごとの金額に関する情報の有用性が異なること、及び株主資本以外の各項目を変動事由ごとに表示することに対する事務負担の増大などを考慮し、表示方法に差異を設けることとしています。具体的には、株主資本の各項目については、変動事由ごとにその金額を表示し、株主資本以外の各項目は、原則として、当期変動額を純額で表示します（変動計算書基準21）。

株主資本等変動計算書の様式例は、次の通りです。

〔純資産の各項目を縦に並べる様式例〕

株主資本
    資本金　　　　　　当期首残高　　　　　　　　　　　　　　　×××
    　　　　　　　　　　当期変動額　　　新株の発行　　　　　×××
    　　　　　　　　　　当期末残高　　　　　　　　　　　　　　　×××

    資本剰余金
    資本準備金　　　　当期首残高　　　　　　　　　　　　　　　×××
    　　　　　　　　　　当期変動額　　　新株の発行　　　　　×××
    　　　　　　　　　　当期末残高　　　　　　　　　　　　　　　×××
    その他資本剰余金　当期首残高及び当期末残高　　　　　×××
    資本剰余金合計　　当期首残高　　　　　　　　　　　　　　　×××
    　　　　　　　　　　当期変動額　　　　　　　　　　　　　　　×××
    　　　　　　　　　　当期末残高　　　　　　　　　　　　　　　×××

    利益剰余金
    利益準備金　　　　当期首残高　　　　　　　　　　　　　　　×××
    　　　　　　　　　　当期変動額　　　剰余金の配当に伴う積立　×××
    　　　　　　　　　　当期末残高　　　　　　　　　　　　　　　×××
    その他利益剰余金
    ××積立金　　　　当期首残高及び当期末残高　　　　　×××
    繰越利益剰余金　　当期首残高　　　　　　　　　　　　　　　×××
    　　　　　　　　　　当期変動額　　　剰余金の配当　　　△×××
    　　　　　　　　　　　　　　　　　　当期純利益　　　　×××
    　　　　　　　　　　当期末残高　　　　　　　　　　　　　　　×××
    利益剰余金合計　　当期首残高　　　　　　　　　　　　　　　×××
    　　　　　　　　　　当期変動額　　　　　　　　　　　　　　　×××
    　　　　　　　　　　当期末残高　　　　　　　　　　　　　　　×××
    自己株式　　　　　当期首残高　　　　　　　　　　　　　　　×××
    　　　　　　　　　　当期変動額　　　　　　　　　　　　　　　×××
    　　　　　　　　　　当期末残高　　　　　　　　　　　　　　　×××

株主資本合計	当期首残高	×××
	当期変動額	×××
	当期末残高	×××
評価・換算差額合計等		
その他有価証券評価差額金	当期首残高	×××
	当期変動額（純額）	×××
	当期末残高	×××
繰延ヘッジ損益	当期首残高	×××
	当期変動額（純額）	×××
	当期末残高	×××
評価・換算差額等合計	当期首残高	×××
	当期変動額	×××
	当期末残高	×××
新株引受権	当期首残高	×××
	当期変動額（純額）	×××
	当期末残高	×××
新株予約権	当期首残高	×××
	当期変動額（純額）	×××
	当期末残高	×××
純資産合計	当期首残高	×××
	当期変動額	×××
	当期末残高	×××

〔純資産の各項目を横に並べる様式例〕

	株主資本									
		資本剰余金			利益剰余金					
						その他利益剰余金				
	資本金	資本準備金	その他資本剰余金	資本剰余金合計	利益準備金	××積立金	繰越利益剰余金	利益剰余金合計	自己株式	株主資本合計
当期首残高	×××	×××	×××	×××	×××	×××	×××	×××	△×××	×××
当期変動額										
新株の発行	×××	×××		×××						×××
剰余金の配当					×××		△×××	△×××		△×××
当期純利益								×××		
自己株式取得									△×××	△×××
株主資本以外の当期変動額										
当期変動額合計	×××	×××	―	×××	×××	―	×××	×××	△×××	×××
当期末残高	×××	×××	×××	×××	×××	×××	×××	×××	△×××	×××

| | 評価・換算差額等 | | | | 新株引受権 | 新株予約権 | 純資産合計 |
	その他有価証券評価差額金	繰延ヘッジ損益	土地再評価差額金	評価・換算差額等合計			
当期首残高	×××	×××	×××	×××	×××	×××	×××
当期変動額							
新株の発行							×××
剰余金の配当							△×××
当期純利益							×××
自己株式取得							△×××
株主資本以外の当期変動額	×××	×××	×××	×××	×××	×××	×××
当期変動額合計	×××	×××	×××	×××	×××	×××	×××
当期末残高	×××	×××	×××	×××	×××	×××	×××

⑷ **注 記**

株主資本等変動計算書には、次の事項を注記します（変動計算書基準９）。

⑴ 連結株主資本等変動計算書の注記事項

　① 発行済株式の種類及び総数に関する事項

　② 自己株式の種類及び株式数に関する事項

　③ 新株予約権及び自己新株予約権に関する事項

　④ 配当に関する事項

⑵ 個別株主資本等変動計算書の注記事項

　自己株式の種類及び株式数に関する事項

　個別株主資本等変動計算書には、上記の事項に加え、上記⑴①、③及び④に準ずる事項を注記することもできます（変動計算書基準９）。

　また、連結財務諸表を作成しない会社においては、上記⑵の事項に代えて、上記⑴に準ずる事項を個別株主資本等変動計算書に注記します（変動計算書基準９）。

4　企業再編

⑴　企業再編

　経営の効率化のために企業グループを再編することを企業再編といいます。企業再編には、「事業譲渡」、「株式取得」、「合併」、「株式交換」、「株式移転」、「会社分割」などの手法があります。

①　事業譲渡

　「事業譲渡」とは、会社の事業の一部又は全部を他の会社に承継させる取引のことをいいます。事業譲渡の形態を図表で示すと、次の通りです。

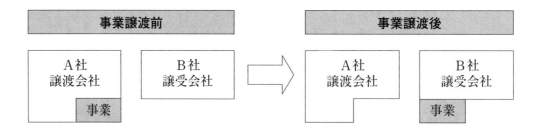

②　株式取得

　「株式取得」とは、買収会社が被買収会社の株式を取得する方法です。株式取得の形態を図表で示すと、次の通りです。

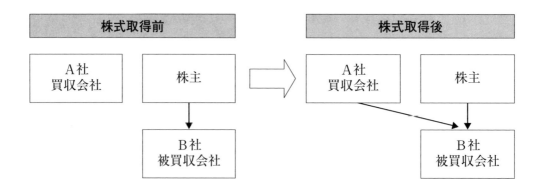

　被買収会社の株式を取得することにより、経営支配権を獲得することができます。

③　合併

　「合併」とは、複数の会社が合体して単一の会社になる組織法上の行為です。会社法では、「吸収合併」と「新設合併」の２種類の形態を規定しています。「吸収合併」とは、他の会社を吸収して１つの会社になる合併のことであり、「新設合併」とは、複数の会社が１つの会社を設立する合併のことをいいます。

　吸収合併の形態を図表で示すと、次の通りです。

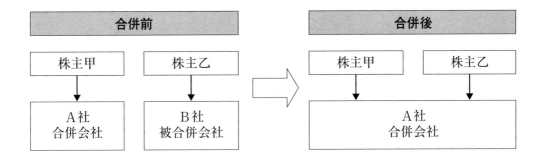

　新設合併の形態を図表で示すと、次の通りです。

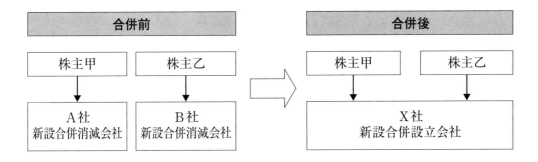

　新設合併は手続が煩雑であるために用いられることは少なく、実務上は吸収合併の形態がほとんどです。

④　株式交換

　「株式交換」とは、完全子会社の株式を完全親会社が新たに発行する株式と交換することにより、完全親子会社関係を創設する制度です。ここで、「完全親会社」とは、ある会社の発行済株式のすべてを所有する会社のことをいい、「完全子会社」とは、ある会社によって発行済株式のすべてを所有されている会社のことをいいます。

　株式交換の形態を図表で示すと、次の通りです。

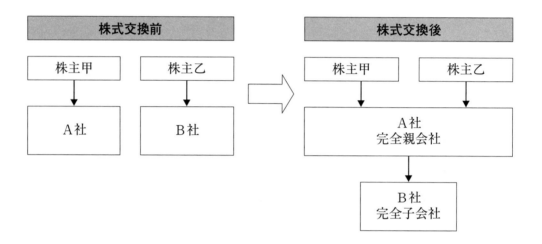

　上記の表では、B社の株式をA社が新たに発行する株式と交換することにより、完全親子会社関係を創設する行為を表しています。株式交換により、B社はA社の支配下に入ります。

⑤ 株式移転

　「株式移転」とは、完全子会社の株式を完全親会社が設立に際して発行する株式と交換することにより、完全親子会社関係を創設する制度です。

　株式移転の形態を図表で示すと、次の通りです。

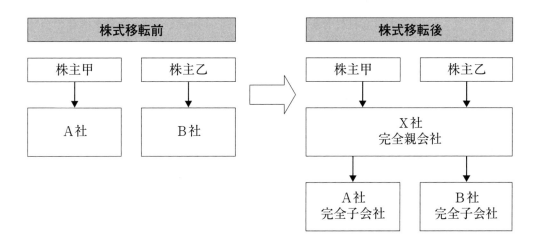

　上記の表では、A社及びB社の株式を、X社が設立に際して発行する株式と交換することにより、完全親子会社関係を創設する行為を表しています。株式移転により、A社とB社は同じ企業グループの会社になります。

⑥　会社分割

　「会社分割」とは、会社の営業の一部又は全部を他の会社に承継させる組織法上の行為のことをいいます。

　会社分割手続により営業を他の会社へ移転する会社を「分割会社」といい、営業を他の会社から承継する会社を「承継会社」といいます。

　営業を新たに設立する会社に移転する会社分割を「新設分割」、営業を既存の会社に移転する会社分割を「吸収分割」といいます。

　また、分割に際して発行する株式を分割会社に対して割り当てる会社分割を「分社型」、分割に際して発行する株式を分割会社の株主に対して割り当てる会社分割を「分割型」ともいいます。

　会社分割の形態を図表で示すと、次の通りです。

〔分社型の吸収分割〕

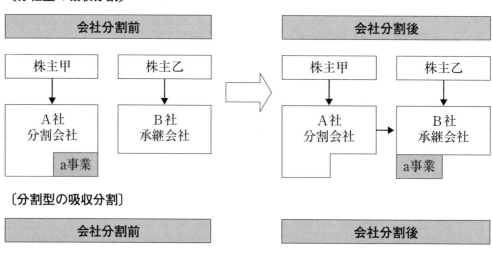

〔分割型の吸収分割〕

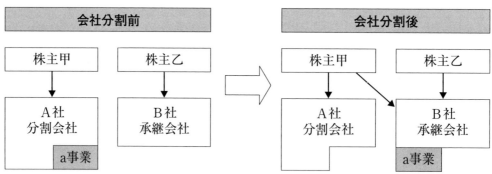

　単独の会社が分割会社となって吸収分割することを「単独吸収分割」、複数の会社が分割会社となって共同で吸収分割することを「共同吸収分割」といいます。

〔分社型の新設分割〕

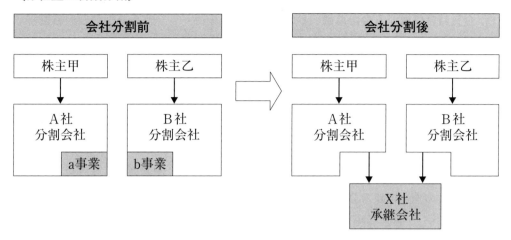

〔分割型の新設分割〕

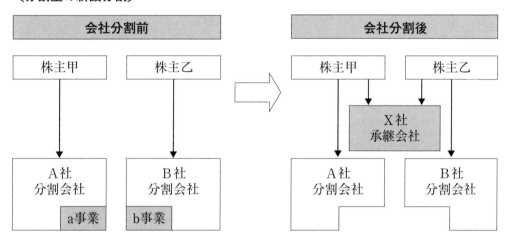

　単独の会社が分割会社となって新設分割することを「単独新設分割」、複数の会社が分割会社となって共同で新設分割することを「共同新設分割」といいます。

⑵　**会計基準**

①　企業結合に関する会計基準

　企業結合に関する会計処理及び開示を定めることを目的として、「企業結合に関する会計基準（企業会計基準第21号）」が定められています。

②　事業分離等に関する会計基準

　会社分割や事業譲渡などの場合における事業を分離する企業（分離元企業）の会計処理（移転損益を認識するかどうか）や、合併や株式交換などの企業結合における結合当事企業の株主に係る会計処理（交換損益を認識するかどうか）などを定めることを目的として、「事業分離等に関する会計基準（企業会計基準第 7 号）」が定められています。

③　用語の定義

　用語の定義は、次の通りです（企業結合基準 4 ～16、事業分離基準 2 - 2 ～ 8 ）。

用　語	定　義
企　業	会社及び会社に準ずる事業体をいい、会社、組合その他これらに準ずる事業体（外国におけるこれらに相当するものを含む。）を指す。
企業結合	ある企業又はある企業を構成する事業と他の企業又は他の企業を構成する事業とが１つの報告単位に統合されること 　（複数の取引が１つの企業結合を構成している場合には、それらを一体として取り扱う。）
事　業	企業活動を行うために組織化され、有機的一体として機能する経営資源
支　配	ある企業又は企業を構成する事業の活動から便益を享受するために、その企業又は事業の財務及び経営方針を左右する能力を有していること
共同支配	複数の独立した企業が契約等に基づき、ある企業を共同で支配すること
取　得	ある企業が他の企業又は企業を構成する事業に対する支配を獲得すること
取得企業	ある企業又は企業を構成する事業を取得する企業
被取得企業	ある企業又は企業を構成する事業を取得される企業
共同支配企業	複数の独立した企業により共同で支配される企業
共同支配企業の形成	複数の独立した企業が契約等に基づき、当該共同支配企業を形成する企業結合
共同支配投資企業	共同支配企業を共同で支配する企業
結合当事企業	企業結合に係る企業
結合企業	結合当事企業のうち、他の企業又は他の企業を構成する事業を受け入れて対価（現金等の財産や自社の株式）を支払う企業
被結合企業	結合当事企業のうち、自らの企業又は自らの企業を構成する事業を譲り渡して対価（現金等の財産や自社の株式）を受け取る企業

結合後企業	企業結合によって統合された1つの報告単位となる企業
時　価	公正な評価額 通常、それは観察可能な市場価格をいい、市場価格が観察できない場合には、合理的に算定された価額をいう。
企業結合日	被取得企業若しくは取得した事業に対する支配が取得企業に移転した日、又は結合当事企業の事業のすべて若しくは事実上すべてが統合された日
企業結合年度	企業結合日の属する事業年度
共通支配下の取引	結合当事企業（又は事業）のすべてが、企業結合の前後で同一の株主により最終的に支配され、かつ、その支配が一時的ではない場合の企業結合 （親会社と子会社の合併及び子会社同士の合併は、共通支配下の取引に含まれる。）
事業分離	ある企業を構成する事業を他の企業（新設される企業を含む）に移転すること （複数の取引が1つの事業分離を構成している場合には、それらを一体として取り扱う。）
分離元企業	事業分離において、当該企業を構成する事業を移転する企業
分離先企業	事業分離において、分離元企業からその事業を受け入れる企業（新設される企業を含む）
事業分離日	分離元企業の事業が分離先企業に移転されるべき日 （通常、事業分離を定める契約書等に記載され、会社分割の場合は分割期日、事業譲渡の場合は譲渡期日となる）
事業分離年度	事業分離日の属する事業年度

④　会計処理

　「企業結合に関する会計基準」及び「事業分離等に関する会計基準」において、「事業譲渡」、「合併」、「株式交換」、「株式移転」、「会社分割」についての会計処理方法が定められています。

　企業再編の様態に応じた会計処理方法の概要は、次の通りです。

		事業譲渡	合併	株式交換	株式移転	会社分割	会計基準
取得	取得	○	○	○	○	○	企業結合基準17～33
	逆取得		○	○		○	企業結合基準34～36
取得における被結合企業の株主	投資清算		○	○	○	○	事業分離基準32(1)、35～37、41
	投資継続		○	○	○	○	事業分離基準32(2)、38～40、42～44
共同支配企業の形成			○	○	○	○	企業結合基準37～39
共通支配下の取引		○	○	○	○	○	企業結合基準40～46
分離元企業	投資清算	○				○	事業分離基準10(1)、14～16、23
	投資継続					○	事業分離基準10(2)、17～22

(3)　取得の会計処理

①　企業結合における会計手法

　企業結合における会計手法には、「パーチェス法」「持分プーリング法」「フレッシュ・スタート法」があります。

会計手法	意　義	論　拠	制度上の取扱い
パーチェス法	被結合企業の資産及び負債を公正価値で評価し、純資産との差額をのれんとして計上する手法	企業統合による包括継承を事業の一括購入とみなす考え方に基づく。	○
持分プーリング法	被結合企業の資産、負債及び純資産を、それぞれの適正な帳簿価額で引き継ぐ手法	企業結合後も企業の継続性は断たれておらず、持分が継続しているという考え方に基づく。	△
フレッシュ・スタート法	全ての企業結合当事企業の資産及び負債を公正価値で評価する手法	企業結合当事企業が結合後企業に新たに拠出するという考え方に基づく。	×

　「企業結合に関する会計基準」では、「取得」の場合における会計処理は「パーチェス法」によることとし（企業結合基準17）、「持分プーリング法」を廃止しています（企業結合基準70）。

　ただし、持分の結合の考え方は存在しているため、「共同支配企業の形成」の会計処理において「持分プーリング法」と同様の会計処理を行うことまでも否定しているわけではありません（企業結合基準71）。

　なお、「フレッシュ・スタート法」は採用しないこととしています（企業結合基準72）。

② 取得企業の決定方法

取得とされた企業結合においては、いずれかの結合当事企業を取得企業として決定します（企業結合基準18）。

どの結合当事企業が取得企業となるかが明確ではない場合には、次の要素を考慮して取得企業を決定します（企業結合基準18～22）。

> 現金若しくは他の資産を引き渡す又は負債を引き受けることとなる企業結合の場合には、その現金若しくは他の資産を引き渡す又は負債を引き受ける企業（結合企業）が取得企業となる。

> 株式を交付する企業結合の場合には、当該株式を交付する企業（結合企業）が取得企業となる。
>
> ただし、必ずしも株式を交付した企業が取得企業にならないとき（逆取得）もあるため、次のような要素を総合的に勘案しなければならない。
> * 総体としての株主が占める相対的な議決権比率の大きさ
> * 最も大きな議決権比率を有する株主の存在
> * 取締役等を選解任できる株主の存在
> * 取締役会等の構成
> * 株式の交換条件

> 結合当事企業のうち、いずれかの企業の相対的な規模（例えば、総資産額、売上高あるいは純利益）が著しく大きい場合には、その相対的な規模が著しく大きい結合当事企業が取得企業となる。

> 結合当事企業が3社以上である場合の取得企業の決定にあたっては、いずれの企業がその企業結合を最初に提案したかについても考慮する。

③　取得原価の算定

取得原価は、次のように算定します（企業結合基準23）。

区　分	算　定　方　法
原則	支払対価となる財の企業結合日における時価で算定する。
支払対価が現金以外の場合	支払対価となる財の時価と被取得企業又は取得した事業の時価のうち、より高い信頼性をもって測定可能な時価で算定する。

取得とされた企業結合に直接要した支出額のうち、取得の対価性が認められる外部のアドバイザー等に支払った特定の報酬・手数料等は取得原価に含め、それ以外の支出額は発生時の事業年度の費用として処理します（企業結合基準26）。

取得原価は、被取得企業から受け入れた資産及び引き受けた負債のうち企業結合日時点において識別可能なもの（識別可能資産及び負債）の企業結合日時点の時価を基礎として、その資産及び負債に対して企業結合日以後1年以内に配分します（企業結合基準28）。「配分」とは、資産及び負債を時価に置き換えることを意味します。

④　のれん

取得原価と、受け入れた資産及び引き受けた負債の時価との差額は「のれん」又は「負ののれん」として処理します（企業結合基準31）。

会計処理方法は、次の通りです（企業結合基準32、33、47、48）。

区　分	勘定科目	貸借対照表	損益計算書
取得原価＞資産及び負債の時価	のれん	無形固定資産	20年以内で規則的に償却（販売費及び一般管理費）
取得原価＜資産及び負債の時価	負ののれん		生じた事業年度の利益（特別利益）

「のれん」は資産として計上されるべき要件を満たしていますが、「負ののれん」は負債として計上されるべき要件を満たしていないため、生じた事業年度の利益として処理します（企業結合基準111）。

⑤　取得の会計処理

　組織再編の形態ごとに取得の会計処理を仕訳で示すと、次の通りです。

〔**事業譲渡**〕

　事業譲渡における**取得**のイメージを図示すると、次の通りです。

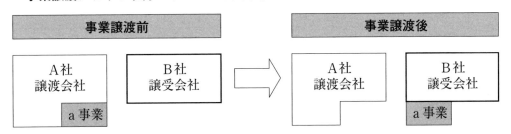

　会計処理は、次の通りです。

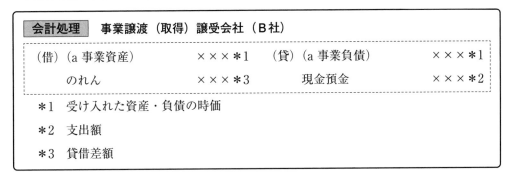

会計処理　事業譲渡（取得）譲受会社（B社）			
（借）（a 事業資産）	×××＊1	（貸）（a 事業負債）	×××＊1
のれん	×××＊3	現金預金	×××＊2

＊1　受け入れた資産・負債の時価

＊2　支出額

＊3　貸借差額

〔合併〕

（吸収合併）

　合併（吸収合併）における**取得**のイメージを図示すると、次の通りです。

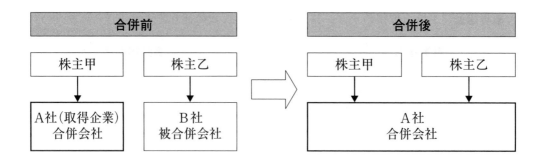

　会計処理は、次の通りです。

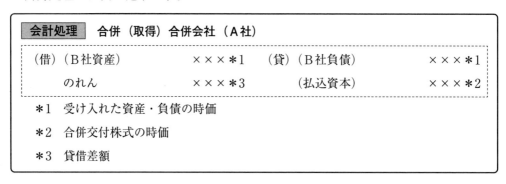

〔株式交換〕

株式交換における**取得**のイメージを図示すると、次の通りです。

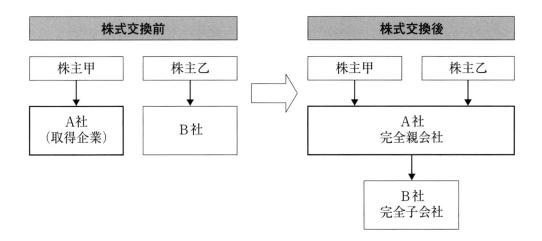

会計処理は、次の通りです。

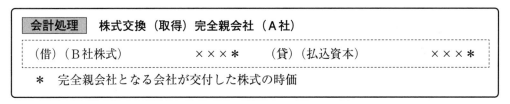

会計処理	株式交換（取得）完全親会社（A社）			
（借）（B社株式）	×××*	（貸）（払込資本）	×××*

* 完全親会社となる会社が交付した株式の時価

〔株式移転〕

株式移転における**取得**のイメージを図示すると、次の通りです。

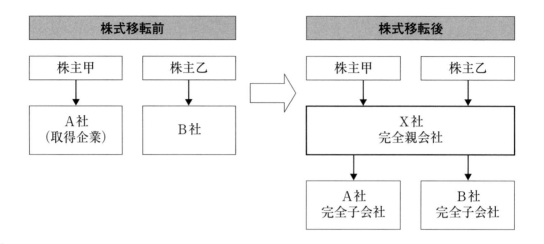

会計処理は、次の通りです。

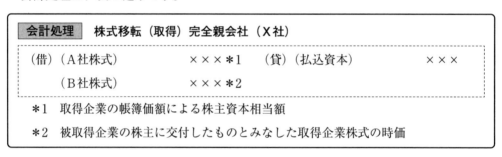

会計処理 株式移転（取得）完全親会社（X社）
（借）（A社株式）　　　×××＊1　　（貸）（払込資本）　　　×××
（B社株式）　　　×××＊2
＊1　取得企業の帳簿価額による株主資本相当額
＊2　被取得企業の株主に交付したものとみなした取得企業株式の時価

〔**会社分割**〕

（分社型の吸収分割）

　分社型の吸収分割における**取得**のイメージを図示すると、次の通りです。

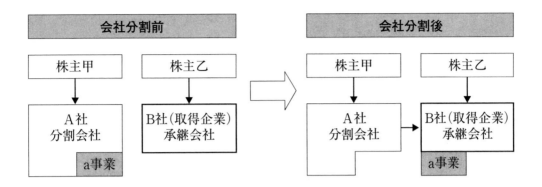

　会計処理は、次の通りです。

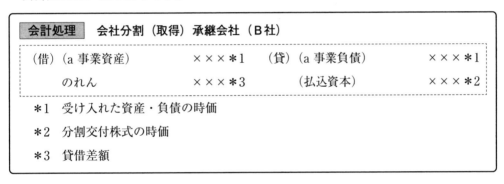

⑥　逆取得

　逆取得（株式を交付した企業が取得企業にならない場合）の会計処理は、次のように行います（企業結合基準34～36）。

組織再編	取得企業	会　計　処　理
吸収合併	消滅会社	存続会社の個別財務諸表では、消滅会社の資産及び負債を合併直前の適正な帳簿価額により計上する。
吸収分割	吸収分割会社	取得企業の個別財務諸表では、移転した事業に係る株主資本相当額に基づいて、被取得企業株式の取得原価を算定する。
株式交換	完全子会社	完全親会社の個別財務諸表では、完全子会社の株式交換直前における適正な帳簿価額による株主資本の額に基づいて、完全子会社株式の取得原価を算定する。

⑦　逆取得の会計処理

　組織再編の形態ごとに取得の会計処理を仕訳で示すと、次の通りです。

〔合併〕

（吸収合併）

　合併（吸収合併）における**逆取得**のイメージを図示すると、次の通りです。

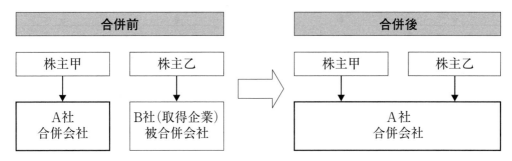

合併前	合併後

会計処理は、次の通りです。

会計処理	合併（逆取得）合併会社（Ａ社）			
（借）（Ｂ社資産）	××××＊	（貸）（Ｂ社負債）	××××＊
		（払込資本）	×××

　＊　受け入れた資産・負債の帳簿価額

〔**株式交換**〕

株式交換における**逆取得**のイメージを図示すると、次の通りです。

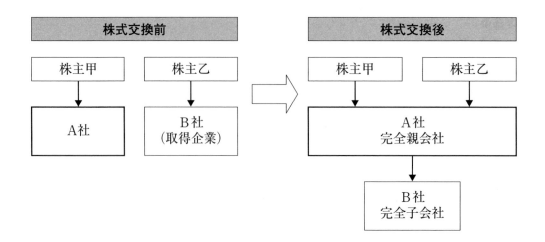

会計処理は、次の通りです。

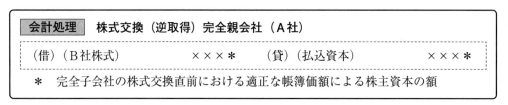

〔会社分割〕

（分社型の吸収分割）

　分社型の吸収分割における**逆取得**のイメージを図示すると、次の通りです。

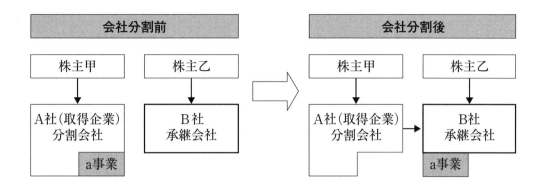

　会計処理は、次の通りです。

⑧　注記

　企業結合年度において、取得とされた企業結合に係る重要な取引がある場合には、次の事項を注記します（企業結合基準49〜51）。重要な後発事象に該当する場合も同様です（企業結合基準55）。

注記事項		連結財務諸表を作成する場合	連結財務諸表を作成しない場合	
			逆取得に係る注記	段階取得に係る注記
企業結合の概要		○	○	○
財務諸表に含まれている被取得企業又は取得した事業の業績の期間		○	○	○
取得原価の算定に関する事項	取得原価の内訳、株式交付の状況	○	○	○
	条件付取得対価に関する事項	○	○	○
	連結財務諸表における段階取得による損益の額	○	○	
取得原価の配分に関する事項	受入資産・引受負債に関する事項	○	○	○
	無形固定資産への配分に関する事項	○	○	○
	取得原価の配分が未完了である場合の事項	○	○	○
	のれん、負ののれんに関する事項	○	○	○
比較損益情報		○	○	
パーチェス法適用を仮定した場合の影響額			○	
個別財務諸表における段階取得による損益に関する事項				○

⑷ 取得における被結合企業の株主に係る会計処理

① 会計処理

被結合企業の株主は、企業結合日に、次のように会計処理します（事業分離基準32、53）。

> 被結合企業に関する投資が清算されたとみる場合には、被結合企業の株式と引き換えに受け取った対価となる財の時価と、被結合企業の株式に係る企業結合直前の適正な帳簿価額との差額を交換損益として認識するとともに、改めてその受取対価の時価にて投資を行ったものとする。
>
> 交換損益は、原則として、特別損益に計上する。

現金など、被結合企業の株式と明らかに異なる資産を対価として受け取る場合には、投資が清算されたとみなします。ただし、企業結合後においても、被結合企業の株主の継続的関与（被結合企業の株主が、結合後企業に対して、企業結合後も引き続き関与すること）があり、それが重要であることによって、交換した株式に係る成果の変動性を従来と同様に負っている場合には、投資が清算されたとみなされず、交換損益は認識しません（事業分離基準32⑴）。

> 被結合企業に関する投資がそのまま継続しているとみる場合、交換損益を認識せず、被結合企業の株式と引き換えに受け取る資産の取得原価は、被結合企業の株式に係る適正な帳簿価額に基づいて算定するものとする。

被結合企業が子会社や関連会社の場合において、その被結合企業の株主が、子会社株式や関連会社株式となる結合企業の株式のみを対価として受け取る場合には、その引き換えられた結合企業の株式を通じて、被結合企業（子会社や関連会社）に関する事業投資を引き続き行っていると考えられることから、その被結合企業に関する投資が継続しているとみなします（事業分離基準32⑵）。

　組織再編の形態ごとに被結合企業の株主の会計処理を仕訳で示すと、次の通りです。

＊　被結合企業に関する投資が清算されたとみる場合

〔合併〕

（吸収合併）

　合併（吸収合併）によって**被結合企業に関する投資が清算されたとみる場合**、被結合企業の株主の会計処理のイメージを図示すると、次の通りです。

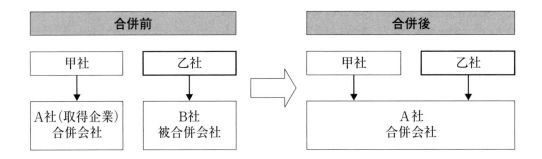

　会計処理は、次の通りです。

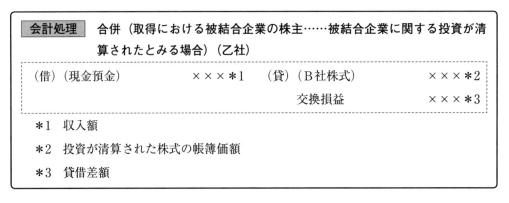

　＊1　収入額

　＊2　投資が清算された株式の帳簿価額

　＊3　貸借差額

〔株式交換〕

　株式交換によって**被結合企業に関する投資が清算されたとみる場合**、被結合企業の株主の会計処理のイメージを図示すると、次の通りです。

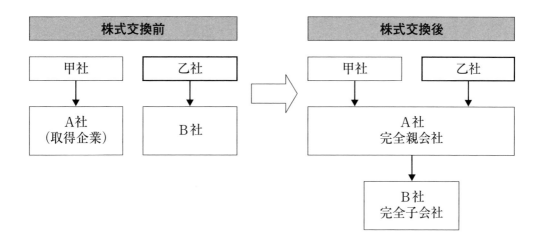

　会計処理は、次の通りです。

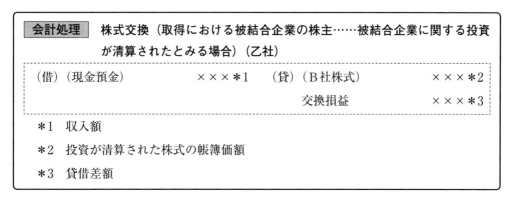

会計処理	株式交換（取得における被結合企業の株主……被結合企業に関する投資が清算されたとみる場合）（乙社）
（借）（現金預金）　　　×××＊1　（貸）（B社株式）　　　　×××＊2	
交換損益　　　　　×××＊3	

　＊1　収入額

　＊2　投資が清算された株式の帳簿価額

　＊3　貸借差額

〔株式移転〕

　株式移転によって被結合企業に関する投資が清算されたとみる場合、被結合企業の株主の会計処理のイメージを図示すると、次の通りです。

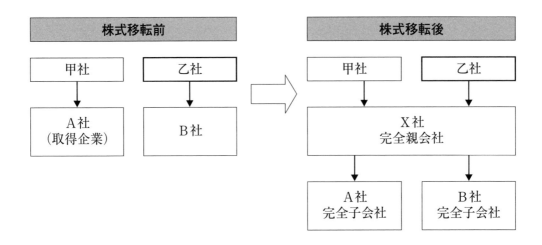

　会計処理は、次の通りです。

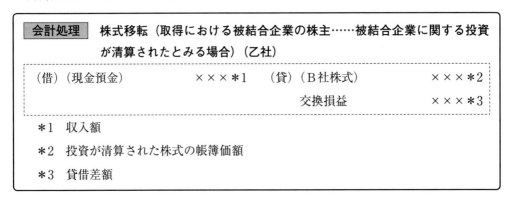

〔会社分割〕

（分割型の新設分割）

　分割型の新設分割によって**被結合企業に関する投資が清算されたとみる場合**、被結合企業の株主の会計処理のイメージを図示すると、次の通りです。

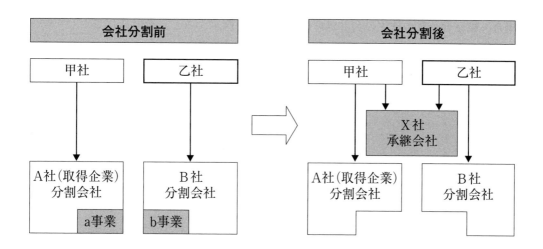

　会計処理は、次の通りです。

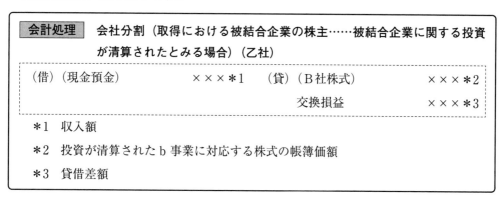

会計処理	会社分割（取得における被結合企業の株主……被結合企業に関する投資が清算されたとみる場合）（乙社）

（借）（現金預金）	×××＊1	（貸）（B社株式）	×××＊2
		交換損益	×××＊3

＊1　収入額

＊2　投資が清算されたb事業に対応する株式の帳簿価額

＊3　貸借差額

＊ 被結合企業に関する投資がそのまま継続しているとみる場合

〔合併〕

（吸収合併）

　合併（吸収合併）によって**被結合企業に関する投資がそのまま継続しているとみる場合**、被結合企業の株主の会計処理のイメージを図示すると、次の通りです。

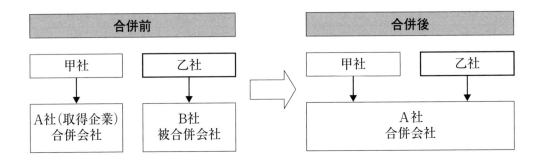

　会計処理は、次の通りです。

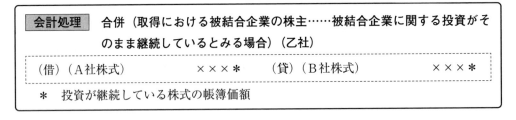

〔株式交換〕

株式交換によって**被結合企業に関する投資がそのまま継続しているとみる場合**、被結合企業の株主の会計処理のイメージを図示すると、次の通りです。

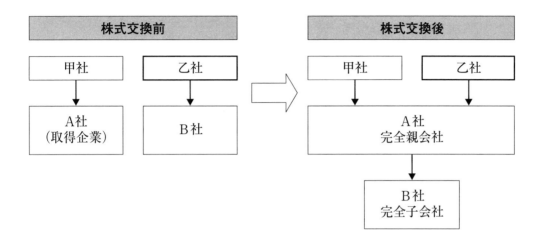

会計処理は、次の通りです。

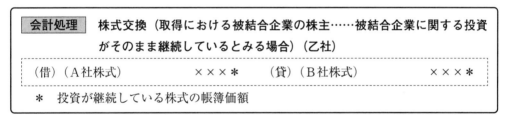

会計処理	**株式交換（取得における被結合企業の株主……被結合企業に関する投資がそのまま継続しているとみる場合）（乙社）**
（借）（A社株式） ××××*	（貸）（B社株式） ××××*
＊ 投資が継続している株式の帳簿価額	

〔株式移転〕

株式移転によって**被結合企業に関する投資がそのまま継続しているとみる場合**、被結合企業の株主の会計処理のイメージを図示すると、次の通りです。

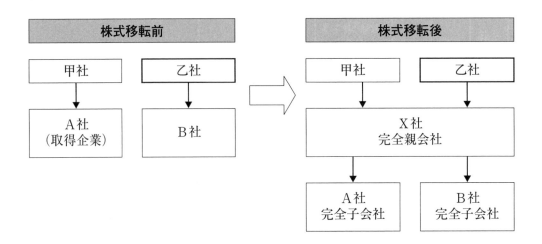

会計処理は、次の通りです。

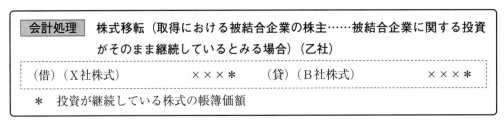

会計処理	株式移転（取得における被結合企業の株主……被結合企業に関する投資がそのまま継続しているとみる場合）（乙社）
（借）（X社株式）　　　　　×××＊　　（貸）（B社株式）　　　　　×××＊	
＊　投資が継続している株式の帳簿価額	

〔**会社分割**〕

（分割型の新設分割）

　分割型の新設分割によって**被結合企業に関する投資がそのまま継続しているとみる場合**、被結合企業の株主の会計処理のイメージを図示すると、次の通りです。

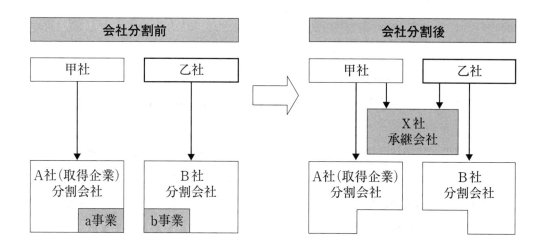

　会計処理は、次の通りです。

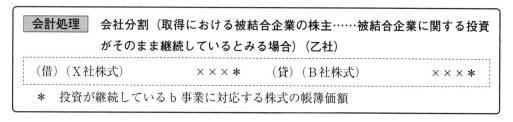

② 注記

　子会社を結合当事企業とする株主（親会社）は、結合当事企業（子会社）の企業結合により、子会社に該当しなくなった場合には、その企業結合日の属する連結会計年度において、連結財務諸表上、その企業結合に関する次の事項を注記します（事業分離基準54）。重要な後発事象に該当する場合も同様です（事業分離基準56）。

---

(1) 子会社が行った企業結合の概要

(2) 実施した会計処理の概要

(3) セグメント情報の開示において、その結合当事企業が含まれていた区分の名称

(4) 当期の連結損益計算書に計上されている結合当事企業に係る損益の概算額

(5) 結合後企業の株式を関連会社株式として保有すること以外で結合当事企業の株主の継続的関与があるにもかかわらず、交換損益を認識した場合、当該継続的関与の主な概要

---

(5)　共同支配企業の形成の会計処理

①　共同支配企業の形成の判定

　ある企業結合を共同支配企業の形成と判定するためには、次の要件を満たすことが必要です（企業結合基準37）。

> (1)　共同支配投資企業となる企業が、複数の独立した企業から構成されていること
>
> (2)　共同支配となる契約等を締結していること
>
> (3)　企業結合に際して支払われた対価のすべてが、原則として、議決権のある株式であること
>
> (4)　支配関係を示す一定の事実が存在しないこと

②　会計処理

　共同支配企業の形成は持分の結合であるため、「持分プーリング法」と同様の会計処理を行います。

　共同支配企業の会計処理は、次の通りです（企業結合基準38）。

> 　共同支配企業の形成において、共同支配企業は、共同支配投資企業から移転する資産及び負債を、移転直前に共同支配投資企業において付されていた適正な帳簿価額により計上する。

　共同支配投資企業の会計処理は、次の通りです（企業結合基準39(1)）。

> 　共同支配企業の形成において、共同支配企業に事業を移転した共同支配投資企業は、個別財務諸表上、その共同支配投資企業が受け取った共同支配企業に対する投資の取得原価を、移転した事業に係る株主資本相当額に基づいて算定する。

　組織再編の形態ごとに共同支配企業の形成の会計処理を仕訳で示すと、次の通りです。

〔合併〕

（吸収合併）

　合併（吸収合併）における**共同支配企業の形成**のイメージを図示すると、次の通りです。

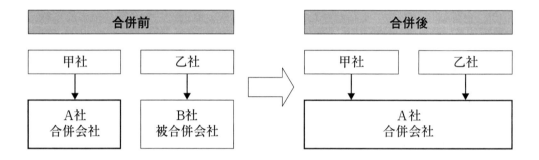

　会計処理は、次の通りです。

〔株式交換〕

　株式交換における共同支配企業の形成のイメージを図示すると、次の通りです。

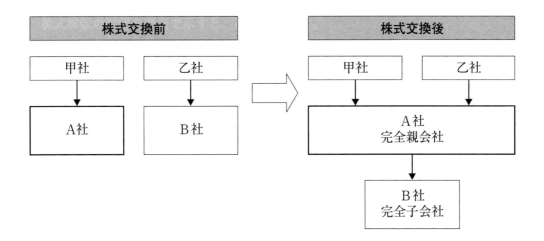

　会計処理は、次の通りです。

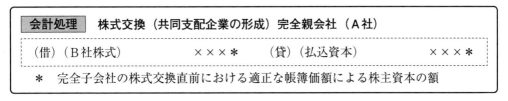

会計処理　株式交換（共同支配企業の形成）完全親会社（A社）
（借）（B社株式）　　　　×××＊　　（貸）（払込資本）　　　　×××＊
＊　完全子会社の株式交換直前における適正な帳簿価額による株主資本の額

〔株式移転〕

株式移転における**共同支配企業の形成**のイメージを図示すると、次の通りです。

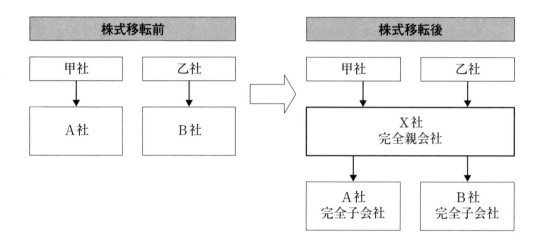

会計処理は、次の通りです。

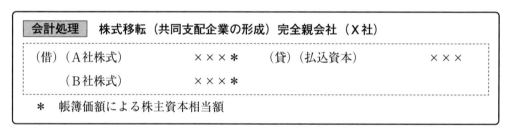

〔会社分割〕

（分社型の新設分割）

　分社型の新設分割における**共同支配企業の形成**のイメージを図示すると、次の通りです。

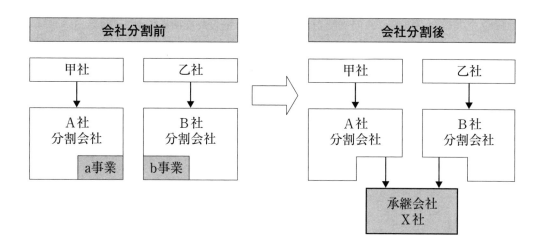

　会計処理は、次の通りです。

会計処理	会社分割（共同支配企業の形成）承継会社（X社）		
（借）（a 事業資産）	×××＊	（貸）（a 事業負債）	×××＊
（b 事業資産）	×××＊	（b 事業負債）	×××＊
		（払込資本）	×××
＊　受け入れた資産・負債の帳簿価額			

③　注記

　　共同支配投資企業は、企業結合年度において重要な共同支配企業の形成がある場合には、次の事項を注記します（企業結合基準52(1)(2)、54）。重要な後発事象に該当する場合も同様です（企業結合基準55）。

---

(1)　企業結合の概要（共同支配企業の形成と判定した理由を併せて注記）

(2)　実施した会計処理の概要

⑹ 共通支配下の取引の会計処理

① 会計処理

　企業集団内における企業結合である共通支配下の取引は、次の会計処理を行います（企業結合基準40〜43）。

　⑴　共通支配下の取引により企業集団内を移転する資産及び負債は、原則として、移転直前に付されていた適正な帳簿価額により計上する。

　⑵　移転された資産及び負債の差額は、純資産として処理する。

　⑶　移転された資産及び負債の対価として交付された株式の取得原価は、その資産及び負債の適正な帳簿価額に基づいて算定する。

　共通支配下の取引とは、結合当事企業（又は事業）のすべてが、企業結合の前後で同一の株主により最終的に支配され、かつ、その支配が一時的ではない場合の企業結合であり、共通支配下の取引は、親会社の立場からは企業集団内における純資産等の移転取引として内部取引と考えられます。このため、連結財務諸表と同様に、個別財務諸表の作成にあたっても、基本的には、企業結合の前後でその純資産等の帳簿価額が相違することにならないよう、企業集団内における移転先の企業は移転元の適正な帳簿価額により計上します（企業結合基準119）。

　組織再編の形態ごとに共通支配下の取引の会計処理を仕訳で示すと、次の通りです。

〔事業譲渡〕

　事業譲渡における**共通支配下の取引**（譲受会社）のイメージを図示すると、次の通りです。

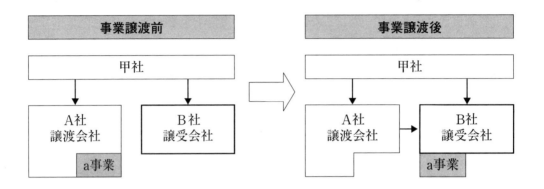

　会計処理は、次の通りです。

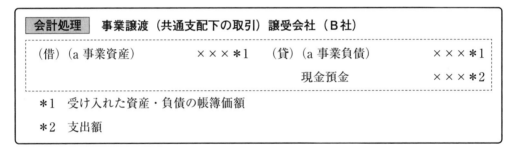

会計処理	事業譲渡（共通支配下の取引）譲受会社（B社）
（借）（a事業資産）　　　　×××＊1	（貸）（a事業負債）　　　　×××＊1
	現金預金　　　　×××＊2

　＊1　受け入れた資産・負債の帳簿価額

　＊2　支出額

　事業譲渡における**共通支配下の取引**（譲渡会社）のイメージを図示すると、次の通りです。

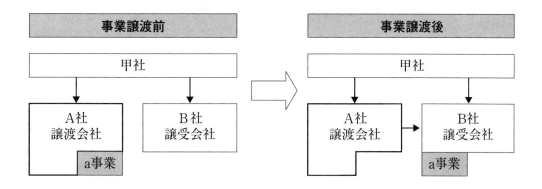

　会計処理は、次の通りです。

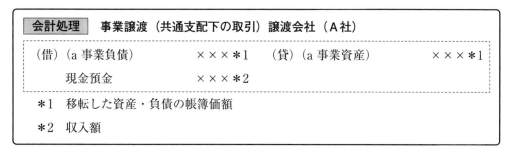

〔合併〕

（吸収合併）

　吸収合併における**共通支配下の取引**のイメージを図示すると、次の通りです。

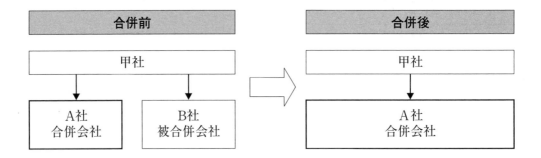

　会計処理は、次の通りです。

会計処理　合併（共通支配下の取引）合併会社（Ａ社）			
（借）（Ｂ社資産）	××××＊	（貸）（Ｂ社負債）	××××＊
		（払込資本）	×××
＊　受け入れた資産・負債の帳簿価額			

〔株式交換〕

　株式交換における**共通支配下の取引**のイメージを図示すると、次の通りです。

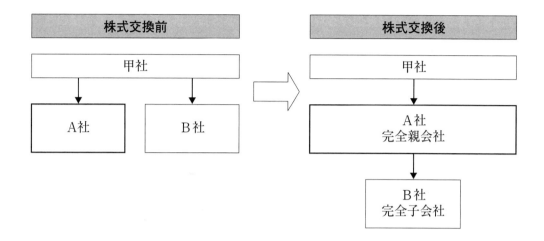

　会計処理は、次の通りです。

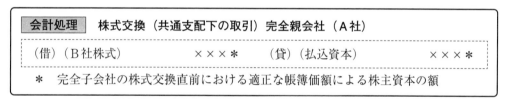

〔**株式移転**〕

株式移転における**共通支配下の取引**のイメージを図示すると、次の通りです。

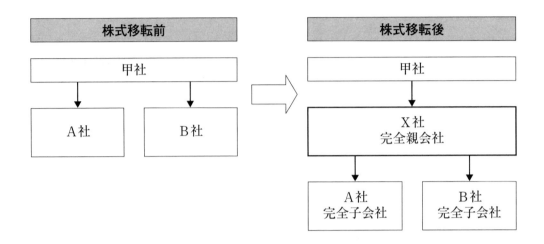

会計処理は、次の通りです。

会計処理	株式移転（共通支配下の取引）完全親会社（Ｘ社）			
（借）（A社株式）	××××＊	（貸）（払込資本）	×××
（B社株式）	××××＊		
＊　帳簿価額による株主資本相当額				

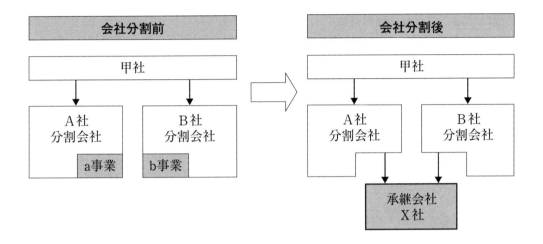

〔会社分割〕

（分社型の新設分割）

　分社型の新設分割における**共通支配下の取引**のイメージを図示すると、次の通りです。

会社分割前

　会計処理は、次の通りです。

会計処理　会社分割（共通支配下の取引）承継会社（Ｘ社）			
（借）（a 事業資産）	×××＊	（貸）（a 事業負債）	×××＊
（b 事業資産）	×××＊	（b 事業負債）	×××＊
		（払込資本）	×××
＊　受け入れた資産・負債の帳簿価額			

② 注記

　企業結合年度において、共通支配下の取引等に係る重要な取引がある場合には、次の事項を注記します（企業結合基準52、53）。重要な後発事象に該当する場合も同様です（企業結合基準55）。

（1）　企業結合の概要

（2）　実施した会計処理の概要

（3）　子会社株式を追加取得した場合における取得原価の算定に関する事項

（4）　非支配株主との取引に係る親会社の持分変動に関する事項

---

(7)　分離元企業の会計処理

①　会計処理

　分離元企業は、事業分離日に、次のように会計処理します（事業分離基準10、27）。

> 　移転した事業に関する投資が清算されたとみる場合には、その事業を分離先企業に移転したことにより受け取った対価となる財の時価と、移転した事業に係る株主資本相当額との差額を移転損益として認識するとともに、改めて当該受取対価の時価にて投資を行ったものとする。
>
> 　移転損益は、原則として、特別損益に計上する。

　現金など、移転した事業と明らかに異なる資産を対価として受け取る場合には、投資が清算されたとみなします。ただし、事業分離後においても、分離元企業の継続的関与（分離元企業が、移転した事業又は分離先企業に対して、事業分離後も引き続き関与すること）があり、それが重要であることによって、移転した事業に係る成果の変動性を従来と同様に負っている場合には、投資が清算されたとみなさず、移転損益は認識されません（事業分離基準10(1)）。

> 　移転した事業に関する投資がそのまま継続しているとみる場合、移転損益を認識せず、その事業を分離先企業に移転したことにより受け取る資産の取得原価は、移転した事業に係る株主資本相当額に基づいて算定するものとする。

　子会社株式や関連会社株式となる分離先企業の株式のみを対価として受け取る場合には、その株式を通じて、移転した事業に関する事業投資を引き続き行っていると考えられることから、その事業に関する投資が継続しているとみなします（事業分離基準10(2)）。

分離元企業の会計処理を仕訳で示すと、次の通りです。

a．移転した事業に関する投資が清算されたとみる場合

〔事業譲渡〕

事業譲渡によって**被結合企業に関する投資が清算されたとみる場合**、被結合企業の株主の会計処理のイメージを図示すると、次の通りです。

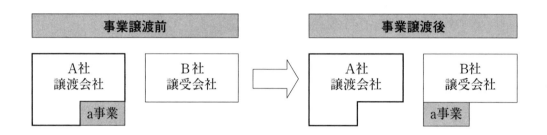

会計処理は、次の通りです。

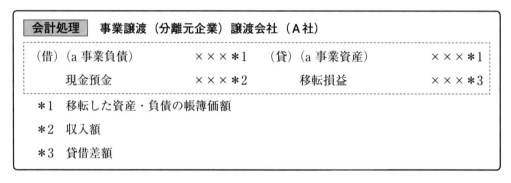

会計処理　事業譲渡（分離元企業）譲渡会社（A社）			
（借）（a事業負債）	×××＊1	（貸）（a事業資産）	×××＊1
現金預金	×××＊2	移転損益	×××＊3

＊1　移転した資産・負債の帳簿価額

＊2　収入額

＊3　貸借差額

〔**会社分割**〕

（分割型の新設分割）

　分割型の新設分割によって**被結合企業に関する投資が清算されたとみる場合**、被結合企業の株主の会計処理のイメージを図示すると、次の通りです。

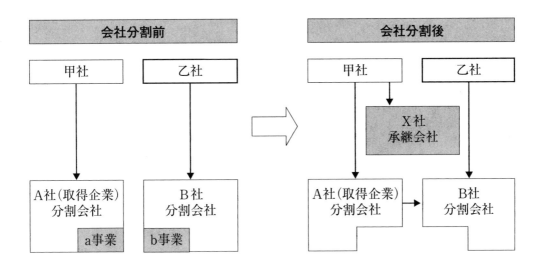

　会計処理は、次の通りです。

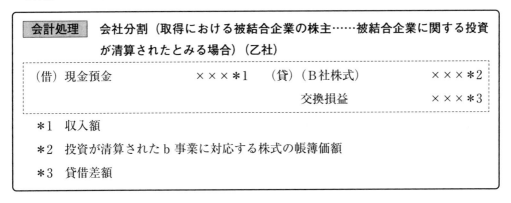

| **会計処理** | **会社分割（取得における被結合企業の株主……被結合企業に関する投資が清算されたとみる場合）（乙社）** |

b．移転した事業に関する投資がそのまま継続しているとみる場合

〔会社分割〕

（分割型の新設分割）

　分割型の新設分割によって**被結合企業に関する投資がそのまま継続しているとみる場合**、被結合企業の株主の会計処理のイメージを図示すると、次の通りです。

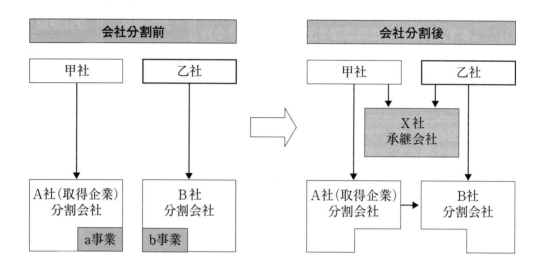

　会計処理は、次の通りです。

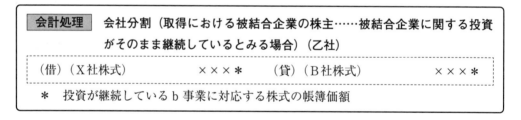

② 注記

　事業分離年度において、共通支配下の取引や共同支配企業の形成に該当しない重要な事業分離を行った場合、分離元企業は次の事項を注記します（事業分離基準28）。重要な後発事象に該当する場合も同様です（事業分離基準30）。

---

(1) 事業分離の概要

(2) 実施した会計処理の概要

(3) セグメント情報の開示において、その分離した事業が含まれていた区分の名称

(4) 当期の損益計算書に計上されている分離した事業に係る損益の概算額

(5) 分離先企業の株式を子会社株式又は関連会社株式として保有すること以外で分離元企業の継続的関与があるにもかかわらず、移転損益を認識した場合、当該継続的関与の主な概要

第6章　損益計算書

第1　総　論

1　意義及び本質
(1)　意　義

　損益計算書は、企業が一定期間内に行った利益獲得活動の状況（経営成績）を示した一覧表です。企業会計原則では、次のように規定しています（企原・P/L原則一）。

> 　損益計算書は、企業の経営成績を明らかにするために、一会計期間に属するすべての収益とこれに対応するすべての費用とを記載して経常利益を表示し、これに特別損益に属する項目を加減して当期純利益を表示しなければならない。

(2)　当期業績主義と包括主義

　損益計算書にどのような収益及び費用を収容するのかという観点から、「当期業績主義」と「包括主義」という2つの考え方があります。

考え方	損益計算書における利益	収容する収益・費用の範囲
当期業績主義	企業の正常な収益力に求める。	毎期経常的に生ずる収益及び費用のみを損益計算書に収容する。
包括主義	企業の処分可能利益に求める。	毎期経常的に生ずる収益及び費用のみならず、臨時損益及び前期損益修正項目を含めた全ての費用及び収益を損益計算書に収容する。

　企業会計原則は、損益計算書の様式に包括主義を採用していますが、経常利益を示すことによって、当期業績主義の利益も示すことができるよう配慮されています。

2　定　義

⑴　収　益

　「討議資料　財務会計の概念フレームワーク」では、次のように規定しています（フレームワーク・第3章13）。

> 　収益とは、純利益又は少数株主損益を増加させる項目であり、特定期間の期末までに生じた資産の増加や負債の減少に見合う額のうち、投資のリスクから解放された部分である。

　収益は、投資の産出要素、すなわち、投資から得られるキャッシュ・フローに見合う会計上の尺度です。投入要素に投下された資金は、将来得られるキャッシュ・フローが不確実であるというリスクにさらされています。キャッシュが獲得されることにより、投資のリスクがなくなり、又は得られたキャッシュの分だけ投資のリスクが減少します。一般に、キャッシュとは現金及びその同等物をいいますが、投資の成果がリスクから解放されるという判断においては、実質的にキャッシュの獲得とみなされる事態も含まれます。収益は、投下資金が投資のリスクから解放されたときに把握されます（フレームワーク・第3章13）。

　収益を生み出す資産の増加は、事実としてのキャッシュ・インフローの発生という形を通ります。キャッシュ・インフローについては、投資のリスクからの解放に基づいて、収益としての期間帰属を決める必要があります。なお、事業に拘束されている資産については、現実とは異なる売却取引等を仮定し、キャッシュ・インフローを擬制して、収益が把握されるわけではありません（フレームワーク・第3章14）。

　収益は、多くの場合、同時に資産の増加や負債の減少を伴いますが、そうでないケースには、純資産を構成する項目間の振替と同時に収益が計上される場合（例えば、新株予約権が失効した場合や過年度の包括利益をリサイクリングした場合など）があります（フレームワーク・第3章脚注⑿）。

(2)　費　用

　「討議資料　財務会計の概念フレームワーク」では、次のように規定しています（フレームワーク・第3章15）。

　費用とは、純利益又は少数株主損益を減少させる項目であり、特定期間の期末までに生じた資産の減少や負債の増加に見合う額のうち、投資のリスクから解放された部分である。

　費用は、投資によりキャッシュを獲得するために費やされた（犠牲にされた）投入要素に見合う会計上の尺度です。投入要素に投下された資金は、キャッシュが獲得されたとき、又は、もはやキャッシュを獲得できないと判断されたときに、その役割を終えて消滅し、投資のリスクから解放されます。費用は、投下資金が投資のリスクから解放されたときに把握されます（フレームワーク・第3章15）。

　費用についても、投入要素の取得に要するキャッシュ・アウトフローとの関係が重視されます。キャッシュ・アウトフローについては、投資のリスクからの解放に基づいて、費用としての期間帰属を決める必要があります（フレームワーク・第3章16）。

　費用は、多くの場合、同時に資産の減少や負債の増加を伴いますが、そうでないケースには、純資産を構成する項目間の振替と同時に費用が計上される場合（例えば、過年度の包括利益をリサイクリングした場合など）があります（フレームワーク・第3章脚注(13)）。

⑶　純利益

「討議資料　財務会計の概念フレームワーク」では、次のように規定しています（フレームワーク・第3章9、11）。

　純利益とは、特定期間の期末までに生じた純資産の変動額（報告主体の所有者である株主、子会社の少数株主、及び前項にいうオプションの所有者との直接的な取引による部分を除く。）のうち、その期間中にリスクから解放された投資の成果であって、報告主体の所有者に帰属する部分をいう。純利益は、純資産のうちもっぱら株主資本だけを増減させる。

　純利益は、収益から費用を控除した後、少数株主損益を控除して求められる。ここでいう少数株主損益とは、特定期間中にリスクから解放された投資の成果のうち、子会社の少数株主に帰属する部分をいう。

　企業の投資の成果は、最終的には、投下した資金と回収した資金の差額にあたるネット・キャッシュ・フローであり、各期の利益の合計がその額に等しくなることが、利益の測定にとって基本的な制約であり、純利益はこの制約を満たします。純利益はリスクから解放された投資の成果です（フレームワーク・第3章10）。

　投資に関する期待の内容は、投資の実態や本質に応じて異なります。したがって、投資の成果のリスクからの解放のタイミングをどのように捉えるかも、投資の実態や本質に応じて異なり得ます（フレームワーク・第3章脚注⑼）。

3　測　定

収益及び費用の金額を決定することを「測定」といいます。

企業会計原則では、次のように規定しています（企原・P/L 原則一 A）。

> すべての費用及び収益は、その支出及び収入に基づいて計上し、その発生した期間に正しく割当てられるように処理しなければならない。

このように、収益を収入額、費用を支出額に基づいて「測定」する考え方を「収支額基準」といいます。この場合の収入額及び支出額は、当期の収入額及び支出額だけでなく、過去及び将来の収入額及び支出額も含みます。

「収支額基準」を採用する論拠は、次の通りです。

測定方法	採用する論拠
現金の収入及び支出に基づく	利益の分配可能性が確保される。
	会計数値の検証可能性が確保される。
	期間損益計算の客観性が確保される。
	期間損益計算の確実性が確保される。

4　認　識

収益及び費用の計上時期を決定することを「認識」といいます。

(1)　現金主義と発生主義

収益及び費用の「認識」については、「現金主義」と「発生主義」という考え方があります。

考え方	収益及び費用の認識	長　所	短　所
現金主義	現金収支に基づいて認識する。	確実な損益計算が可能である。	正しい期間業績の把握ができない。
発生主義	経済価値の増減に基づいて認識する。	正しい期間業績の把握が可能である。	確実な損益計算ができない。

　棚卸資産や固定資産が存在し、信用取引が発達した今日では、「現金主義」では正しい期間業績の把握ができないため、費用については「発生主義」が採用されています。

(2)　**実現主義**

　上記(1)で述べた「発生主義」は、確実な損益計算ができないという欠点があります。この欠点を補うために、収益については、原則として「実現主義」という方法で認識しています。

　「実現主義」は、財貨又は用役が移転し、それに対応する現金又は現金同等物を取得した時点、すなわち、財貨又は用役を販売した時点で収益を認識する考え方です。

　「実現主義」を採用する論拠は、次の通りです。

認識要件	採用する論拠
貨幣性資産の裏付けがある。	利益の分配可能性が確保される。
販売の事実がある。	期間損益計算の客観性が確保される。
	期間損益計算の確実性が確保される。

　企業会計原則では、次のように規定しています（企原・P/L原則一 A、三 B－A）。

　売上高は、実現主義の原則に従い、商品等の販売又は役務の給付によって実現したものに限る……。

　……未実現収益は、原則として、当期の損益計算に計上してはならない。

5　費用収益対応の原則

⑴　意義

　費用は発生主義によって認識され、収益は実現主義によって認識されます。期間利益をより適切に算出するためには、両者を対応させる必要があります。

　当期の発生費用を当期の収益に対応する部分と次期以降の収益に対応する部分とに区分することを要請する原則が「費用収益対応の原則」です。

⑵　費用と収益の対応形態

　費用と収益の対応形態は、次の通りです。

対応形態	内　　　容	例　　　　　示
個別的対応	棚卸資産を媒介とする直接的な対応	売上高と売上原価の対応関係
期間的対応	会計期間を媒介とする間接的な対応	売上高と一般管理費の対応関係

6　表示原則

(1)　総額主義の原則

企業会計原則では、次のように規定しています（企原・P/L 原則一 B）。

> 費用及び収益は、総額によって記載することを原則とし、費用の項目と収益の項目とを直接に相殺することによってその全部又は一部を損益計算書から除去してはならない。

(2)　費用収益対応表示の原則

企業会計原則では、次のように規定しています（企原・P/L 原則一 C）。

> 費用及び収益は、その発生源泉に従って明瞭に分類し、各収益項目とそれに関連する費用項目とを損益計算書に対応表示しなければならない。

(3)　区分表示の原則

企業会計原則では、次のように規定しています（企原・P/L 原則二 A〜C）。

> 損益計算書には、営業損益計算、経常損益計算及び純損益計算の区分を設けなければならない。
> A　営業損益計算の区分は、当該企業の営業活動から生ずる費用及び収益を記載して、営業利益を計算する。
> 　2つ以上の営業を目的とする企業にあっては、その費用及び収益を主要な営業別に区分して記載する。
> B　経常損益計算の区分は、営業損益計算の結果を受けて、利息及び割引料、有価証券売却損益その他営業以外の原因から生ずる損益であって特別損益に属しないものを記載し、経常利益を計算する。
> C　純損益計算の区分は、経常損益計算の結果を受けて、前期損益修正額、固定資産売却損益等の特別損益を記載し、当期純利益を計算する。

区分表示を図示すると、次の通りです。

区　分	項　　目	内　　容
営業損益計算	売上高 売上原価 販売費及び一般管理費	主たる営業目的に基づく活動により生じた損益
	営業利益	主たる営業目的に基づく活動の成果
経常損益計算	営業外収益 営業外費用	主たる営業目的に基づく活動において副次的に生じた経常的な損益
	経常利益	正常な収益力
純損益計算	特別利益 特別損失	臨時損益等
	当期純利益	期間的な処分可能利益

第2　各　論

1　収益認識

⑴　収益認識に関する会計基準

　収益に関する会計処理及び開示について定めることを目的として、「収益認識に関する会計基準（企業会計基準第29号）」が定められています。

　なお、収益に関する会計処理及び開示については、「企業会計原則」にも定めがありますが、収益認識基準が優先して適用されます（収益認識基準1）。

　収益認識基準は、次に掲げる取引を除き、顧客との契約から生じる収益に関する会計処理及び開示に適用されます（収益認識基準3）。

収益認識基準の適用外となる取引
金融基準の範囲に含まれる金融商品に係る取引
リース基準の範囲に含まれるリース取引
保険法（平成20年法律第56号）における定義を満たす保険契約
顧客又は潜在的な顧客への販売を容易にするために行われる同業他社との商品又は製品の交換取引（例えば、2つの企業の間で、異なる場所における顧客からの需要を適時に満たすために商品又は製品を交換する契約）
金融商品の組成又は取得に際して受け取る手数料
日本公認会計士協会 会計制度委員会報告第15号「特別目的会社を活用した不動産の流動化に係る譲渡人の会計処理に関する実務指針」の対象となる不動産（不動産信託受益権を含む）の譲渡
資金決済に関する法律における定義を満たす暗号資産及び金融商品取引法における定義を満たす電子記録移転権利に関連する取引

　顧客との契約の一部が収益認識基準の適用外となる取引に該当する場合には、収益認識基準の適用外となる取引に適用される方法で処理する額を除いた取引価格について、収益認識基準を適用します（収益認識基準4）。

⑵　用語の定義

用語の定義は、次の通りです（収益認識基準5〜15）。

用　　語	定　　　　義
契約	法的な強制力のある権利及び義務を生じさせる複数の当事者間における取決め
顧客	対価と交換に企業の通常の営業活動により生じたアウトプットである財又はサービスを得るために当該企業と契約した当事者
履行義務	顧客との契約において、別個の財又はサービス（あるいは別個の財又はサービスの束）又は一連の別個の財又はサービス（特性が実質的に同じであり、顧客への移転のパターンが同じである複数の財又はサービス）のいずれかを顧客に移転する約束
取引価格	財又はサービスの顧客への移転と交換に企業が権利を得ると見込む対価の額（ただし、第三者のために回収する額を除く）
独立販売価格	財又はサービスを独立して企業が顧客に販売する場合の価格
契約資産	企業が顧客に移転した財又はサービスと交換に受け取る対価に対する企業の権利（ただし、顧客との契約から生じた債権を除く。）
契約負債	財又はサービスを顧客に移転する企業の義務に対して、企業が顧客から対価を受け取ったもの又は対価を受け取る期限が到来しているもの
債権	企業が顧客に移転した財又はサービスと交換に受け取る対価に対する企業の権利のうち無条件のもの（すなわち、対価に対する法的な請求権）
工事契約	仕事の完成に対して対価が支払われる請負契約のうち、土木、建築、造船や一定の機械装置の製造等、基本的な仕様や作業内容を顧客の指図に基づいて行うもの
受注制作のソフトウェア	契約の形式にかかわらず、特定のユーザー向けに制作され、提供されるソフトウェア
原価回収基準	履行義務を充足する際に発生する費用のうち、回収することが見込まれる費用の金額で収益を認識する方法

(3) 収益を認識するための5つのステップ

　収益認識基準の基本となる原則は、約束した財又はサービスの顧客への移転をその財又はサービスと交換に企業が権利を得ると見込む対価の額で描写するように、収益を認識することです（収益認識基準16）。この原則に従って収益を認識するために、次の5つのステップを適用します（収益認識基準17）。

Step 1	Step 2	Step 3	Step 4	Step 5
契約の識別	履行義務の識別	取引価格の算定	取引価格の配分	収益の認識

　商品の販売と複数年間の保守サービスを提供する1つの契約に5つのステップを適用した場合のフローを示すと、次の通りです。

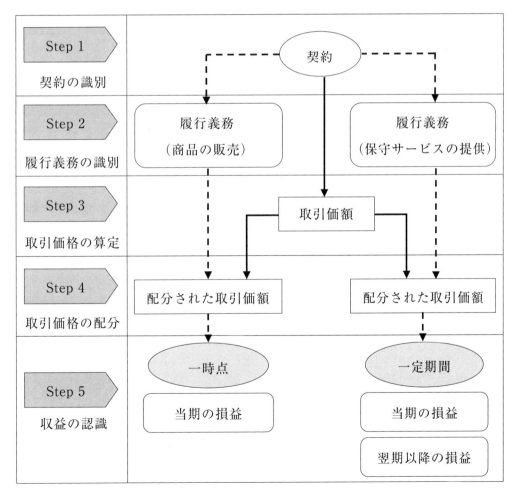

⑷　契約の識別〔Step 1〕

①　契約の識別

次の要件のすべてを満たす顧客との契約を識別して、収益認識基準を適用します（収益認識基準19）。

収益認識基準を適用する契約の要件
当事者が、書面、口頭、取引慣行等により契約を承認し、それぞれの義務の履行を約束していること
移転される財又はサービスに関する各当事者の権利を識別できること
移転される財又はサービスの支払条件を識別できること
契約に経済的実質があること（すなわち、契約の結果として、企業の将来キャッシュ・フローのリスク、時期又は金額が変動すると見込まれること）
顧客に移転する財又はサービスと交換に企業が権利を得ることとなる対価を回収する可能性が高いこと

対価を回収する可能性の評価にあたっては、対価の支払期限到来時における顧客が支払う意思と能力を考慮します（収益認識基準19）。

会計処理は、次の通りです。

会計処理　対価を回収する可能性の評価			
〔販売時〕			
（借）売掛金	×××＊1	（貸）売上高	×××＊1
＊1　回収する可能性が高いと見積った額			

　契約の当事者のそれぞれが、他の当事者に補償することなく完全に未履行の契約を解約する一方的で強制力のある権利を有している場合には、その契約に収益認識基準を適用しません（収益認識基準22）。

　完全に未履行の契約とは、次の要件をいずれも満たす契約です。

収益認識基準を適用しない契約の要件
企業が約束した財又はサービスを顧客に未だ移転していない。
企業が、約束した財又はサービスと交換に、対価を未だ受け取っておらず、対価を受け取る権利も未だ得ていない。

　収益認識基準を適用する契約の要件を満たさない場合において、顧客から対価を受け取った際には、次のいずれかに該当するときに、受け取った対価を収益として認識します（収益認識基準25）。

収益認識基準の適用要件を満たさない場合に受領対価を収益として認識する要件
財又はサービスを顧客に移転する残りの義務がなく、約束した対価のほとんどすべてを受け取っており、顧客への返金は不要であること
契約が解約されており、顧客から受け取った対価の返金は不要であること

　顧客から受け取った対価については、上記の要件のいずれかに該当するまで、あるいは、収益認識基準を適用する契約の要件が事後的に満たされるまで、将来における財又はサービスを移転する義務又は対価を返金する義務として、負債を認識します（収益認識基準26）。

② 契約の結合

　同一の顧客（その顧客の関連当事者を含みます。）と同時又はほぼ同時に締結した複数の契約について、次のいずれかに該当する場合には、その複数の契約を結合し、単一の契約とみなして処理します（収益認識基準27）。

複数の契約を結合し、単一の契約とみなして処理する要件
その複数の契約が同一の商業的目的を有するものとして交渉されたこと
1つの契約において支払われる対価の額が、他の契約の価格又は履行により影響を受けること
その複数の契約において約束した財又はサービスが、履行義務の識別において単一の履行義務となること

③ 契約変更

　契約変更は、契約の当事者が承認した契約の範囲又は価格（あるいはその両方）の変更であり、契約の当事者が、契約の当事者の強制力のある権利及び義務を新たに生じさせる変更又は既存の強制力のある権利及び義務を変化させる変更を承認した場合に生じるものです。契約の当事者が契約変更を承認していない場合には、契約変更が承認されるまで、本会計基準を既存の契約に引き続き適用します（収益認識基準28）。

〔契約変更を独立した契約として処理する場合〕

　契約変更について、次の要件のいずれも満たす場合には、その契約変更を独立した契約として処理します（収益認識基準30）。

契約変更を独立した契約として処理する要件
別個の財又はサービスの追加により、契約の範囲が拡大されること
変更される契約の価格が、追加的に約束した財又はサービスに対する独立販売価格に特定の契約の状況に基づく適切な調整を加えた金額分だけ増額されること

〔契約変更を独立した契約として処理しない場合〕

a．　新しい契約を締結したものと仮定して処理する場合

　未だ移転していない財又はサービスが契約変更日以前に移転した財又はサービスと別個のものである場合には、その変更を既存の契約を解約して新しい契約を締結したものと仮定して処理します。残存履行義務に配分すべき対価の額は、次の合計額です（収益認識基準31(1)）。

　＊　顧客が約束した対価（顧客から既に受け取った額を含む。）のうち、取引価格の見積りに含まれているが収益として認識されていない額

　＊　契約変更の一部として約束された対価

会計処理は、次の通りです。

会計処理　契約変更を新しい契約を締結したものと仮定して処理する場合
〔契約時〕
仕訳なし
〔販売時〕
（借）売掛金　　　　　　　×××＊1　　（貸）売上高　　　　　　　×××＊1
＊1　残存履行義務に配分すべき対価の額

---

b．　契約変更を既存の契約の一部であると仮定して処理する場合

　未だ移転していない財又はサービスが契約変更日以前に移転した財又はサービスと別個のものではなく、契約変更日において部分的に充足されている単一の履行義務の一部を構成する場合には、契約変更を既存の契約の一部であると仮定して処理すします。これにより、完全な履行義務の充足に向けて財又はサービスに対する支配を顧客に移転する際の企業の履行を描写する進捗度及び取引価格が変更される場合は、契約変更日において収益の額を累積的な影響に基づき修正します（収益認識基準31(2)）。

　工事契約において、収益の額を累積的な影響に基づき修正する場合の会計処理は、次の通りです。

会計処理　　累積的な影響に基づき収益を修正する契約変更

〔契約時〕

（借）契約資産　　　　　　　×××＊1　　（貸）工事収益　　　　　　　×××＊1

　＊1　累積的な影響に基づき修正した収益の額

⑸　履行義務の識別〔Step 2〕

　契約における取引開始日に、顧客との契約において約束した財又はサービスを評価し、次のいずれかを顧客に移転する約束のそれぞれについて履行義務として識別します（収益認識基準32）。

　＊　別個の財又はサービス（あるいは別個の財又はサービスの束）

　＊　一連の別個の財又はサービス（特性が実質的に同じであり、顧客への移転のパターンが同じである複数の財又はサービス）

　上記の「一連の別個の財又はサービス」は、次の要件のいずれも満たす場合には、顧客への移転のパターンが同じであるものとします（収益認識基準33）。

顧客への移転のパターンが同じであるものとして取り扱う要件
一連の別個の財又はサービスのそれぞれが、一定の期間にわたり充足される履行義務の要件を満たすこと
履行義務の充足に係る進捗度の見積りに、同一の方法が使用されること

　顧客に約束した財又はサービスは、次の要件のいずれも満たす場合には、別個のものとします（収益認識基準34）。

別個の財又はサービスとして取り扱う要件
その財又はサービスから単独で顧客が便益を享受することができること、あるいは、その財又はサービスと顧客が容易に利用できる他の資源を組み合わせて顧客が便益を享受することができること（すなわち、その財又はサービスが別個のものとなる可能性があること）
その財又はサービスを顧客に移転する約束が、契約に含まれる他の約束と区分して識別できること（すなわち、その財又はサービスを顧客に移転する約束が契約の観点において別個のものとなること）

⑹　取引価格の算定〔Step 3〕

①　取引価格

　履行義務を充足した時に又は充足するにつれて、取引価格のうち、その履行義務に配分した額について収益を認識します（収益認識基準46）。

　取引価格は、他社ポイントや消費税等などの第三者のために回収する額は除きます（収益認識基準8、47）。

　他社ポイントの会計処理は、次の通りです。

会計処理　他社ポイントの付与
〔販売時〕
（借）（諸勘定）　　×××＊1　（貸）売上高　　×××＊2
未払金　　×××＊3
〔他社ポイント相当額支払時〕
（借）未払金　　×××＊3　（貸）（諸勘定）　　×××＊3
＊1　顧客の購入額
＊2　顧客の購入額−他社ポイント相当額
＊3　他社ポイント相当額

消費税等の会計処理は、次の通りです。

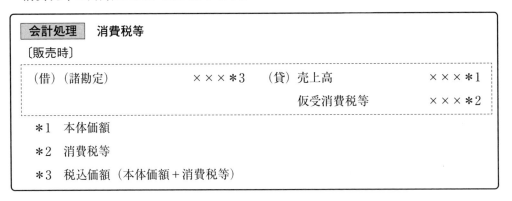

〔参考：消費税等〕

　消費税は、財貨の販売や役務の提供などの取引に対して課税される税金です。

　消費税を負担するのは消費者ですが、消費税を納付するのは事業者です。消費税は、税の負担者（消費者）と納税者（事業者）が異なる「間接税」として分類されます。

　我が国では、国税である「消費税」と地方税である「地方消費税」があり、両者を「消費税等」と総称します。

　消費税等の仕組みを図示すると、次の通りです。

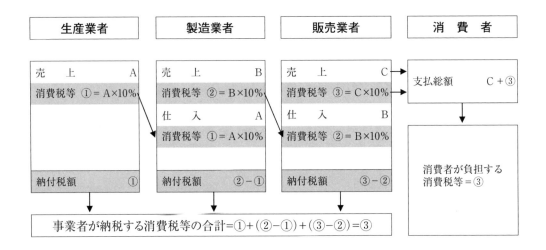

　顧客により約束された対価の性質、時期及び金額は、取引価格の見積りに影響を与えます。取引価格を算定する際には、次のすべての影響を考慮します（収益認識基準48）。

---

* ＊　変動対価
* ＊　契約における重要な金融要素
* ＊　現金以外の対価
* ＊　顧客に支払われる対価

---

②　変動対価

　顧客と約束した対価のうち変動する可能性のある部分を「変動対価」といいます。契約において、顧客と約束した対価に変動対価が含まれる場合、財又はサービスの顧客への移転と交換に企業が権利を得ることとなる対価の額を見積ります（収益認識基準50）。

　変動対価の額の見積りにあたっては、発生し得ると考えられる対価の額における最も可能性の高い単一の金額（最頻値）による方法又は発生し得ると考えられる対価の額を確率で加重平均した金額（期待値）による方法のいずれかのうち、企業が権利を得ることとなる対価の額をより適切に予測できる方法を用います（収益認識基準51）。

　顧客から受け取った又は受け取る対価の一部あるいは全部を顧客に返金すると見込む場合、受け取った又は受け取る対価の額のうち、企業が権利を得ると見込まない額について、「返金負債」を認識します。返金負債の額は、各決算日に見直します（収益認識基準53）。

　変動帯かが含まれる取引の例として、価格の引下げや返品権付きの販売などがあります。

　価格の引き下げの会計処理は、次の通りです。

| 会計処理 | 価格の引下げ |

〔販売時〕

| （借）売掛金 | ×××＊1 | （貸）売上高 | ×××＊1 |

＊1　契約価格－価格の引下げ見積額

返品権付きの販売の会計処理は、次の通りです。

会計処理　返品権付きの販売

〔販売時〕

| (借)（諸勘定) | ×××＊1 | (貸) 売上高 | ×××＊2 |
| | | 返金負債 | ×××＊3 |

＊1　契約価額

＊2　契約価額－返品されると見込まれる財の額

＊3　返品されると見込まれる財の額

---

③　契約における重要な金融要素

　契約の当事者が明示的又は黙示的に合意した支払時期により、財又はサービスの顧客への移転に係る信用供与についての重要な便益が顧客又は企業に提供される場合には、顧客との契約は重要な金融要素を含むものとします（収益認識基準56）。

　顧客との契約に重要な金融要素が含まれる場合、取引価格の算定にあたっては、約束した対価の額に含まれる金利相当分の影響を調整します。収益は、約束した財又はサービスが顧客に移転した時点で（又は移転するにつれて）、その財又はサービスに対して顧客が支払うと見込まれる現金販売価格を反映する金額で認識します（収益認識基準57）。

④　現金以外の対価

　契約における対価が現金以外の場合に取引価格を算定するにあたっては、その対価を時価により算定します（収益認識基準59）。

　現金以外の対価の時価を合理的に見積ることができない場合には、その対価と交換に顧客に約束した財又はサービスの独立販売価格を基礎としてその対価を算定します（収益認識基準60）。

⑤　顧客に支払われる対価

　顧客に支払われる対価は、企業が顧客（あるいは顧客から企業の財又はサービスを購入する他の当事者）に対して支払う又は支払うと見込まれる現金の額や、顧客が企業（あるいは顧客から企業の財又はサービスを購入する他の当事者）に対する債務額に充当できるもの（例えば、クーポン）の額を含みます。顧客に支払われる対価は、顧客から受領する別個の財又はサービスと交換に支払われるものである場合を除き、取引価格から減額します（収益認識基準63）。

　顧客に支払われる対価を取引価格から減額する場合には、次のいずれか遅い方が発生した時点で（又は発生するにつれて）、収益を減額します（収益認識基準64）。

＊　関連する財又はサービスの移転に対する収益を認識する時

＊　企業が対価を支払うか又は支払を約束する時（その支払が将来の事象を条件とする場合も含む。また、支払の約束は、取引慣行に基づくものも含む。）

　顧客に支払われる対価の会計処理は、次の通りです。

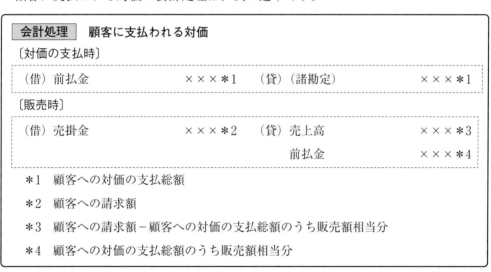

会計処理　顧客に支払われる対価

〔対価の支払時〕

（借）前払金　　　×××＊1　　（貸）（諸勘定）　　×××＊1

〔販売時〕

（借）売掛金　　　×××＊2　　（貸）売上高　　　×××＊3
　　　　　　　　　　　　　　　　　前払金　　　×××＊4

＊1　顧客への対価の支払総額
＊2　顧客への請求額
＊3　顧客への請求額－顧客への対価の支払総額のうち販売額相当分
＊4　顧客への対価の支払総額のうち販売額相当分

⑺　履行義務への取引価格の配分〔Step 4〕

　それぞれの履行義務（あるいは別個の財又はサービス）に対する取引価格の配分は、財又はサービスの顧客への移転と交換に企業が権利を得ると見込む対価の額を描写するように行います（収益認識基準65）。

　契約において識別したそれぞれの履行義務に、原則として、財又はサービスの独立販売価格の比率に基づき、取引価格を配分します（収益認識基準66）。

①　独立販売価格に基づく配分

　財又はサービスの独立販売価格の比率に基づき取引価格を配分する際には、契約におけるそれぞれの履行義務の基礎となる別個の財又はサービスについて、契約における取引開始日の独立販売価格を算定し、取引価格をその独立販売価格の比率に基づいて配分します（収益認識基準68）。

　財又はサービスの独立販売価格を直接観察できない場合には、市場の状況、企業固有の要因、顧客に関する情報等、合理的に入手できるすべての情報を考慮し、観察可能な入力数値を最大限利用して、独立販売価格を見積ります。類似の状況においては、見積方法を首尾一貫して適用します（収益認識基準69）。

②　値引きの配分

　契約における約束した財又はサービスの独立販売価格の合計額がその契約の取引価格を超える場合には、契約における財又はサービスの束について顧客に値引きを行っているものとして、その値引きについて、契約におけるすべての履行義務に対して比例的に配分します（収益認識基準70）。

ただし、次の要件のすべてを満たす場合には、契約における履行義務のうち1つ又は複数（ただし、すべてではありません。）に値引きを配分します（収益認識基準71）。

契約における履行義務の一部にのみ値引きを配分する要件
契約における別個の財又はサービス（あるいは別個の財又はサービスの束）のそれぞれを、通常、単独で販売していること
その別個の財又はサービスのうちの一部を束にしたものについても、通常、それぞれの束に含まれる財又はサービスの独立販売価格から値引きして販売していること
上記の財又はサービスの束のそれぞれに対する値引きが、その契約の値引きとほぼ同額であり、それぞれの束に含まれる財又はサービスを評価することにより、その契約の値引き全体がどの履行義務に対するものかについて観察可能な証拠があること

③ 変動対価の配分

次の要件のいずれも満たす場合には、変動対価及びその事後的な変動のすべてを、1つの履行義務あるいは単一の履行義務に含まれる1つの別個の財又はサービスに配分します（収益認識基準72）。

変動対価などのすべてを1つの履行義務などに配分する要件
変動性のある支払の条件が、その履行義務を充足するための活動やその別個の財又はサービスを移転するための活動（あるいはその履行義務の充足による特定の結果又はその別個の財又はサービスの移転による特定の結果）に個別に関連していること
契約における履行義務及び支払条件のすべてを考慮した場合、変動対価の額のすべてをその履行義務あるいはその別個の財又はサービスに配分することが、企業が権利を得ると見込む対価の額を描写すること

④　取引価格の変動

　取引価格の事後的な変動については、契約における取引開始日後の独立販売価格の変動を考慮せず、契約における取引開始日と同じ基礎により契約における履行義務に配分します。取引価格の事後的な変動のうち、すでに充足した履行義務に配分された額については、取引価格が変動した期の収益の額を修正します（収益認識基準74）。

(8)　履行義務の充足による収益の認識〔Step 5〕

　企業は、約束した財又はサービス（資産）を顧客に移転することにより、履行義務を充足した時に又は充足するにつれて、収益を認識します。資産が移転するのは、顧客がその資産に対する支配を獲得した時又は獲得するにつれてです（収益認識基準35）。

　資産に対する支配とは、その資産の使用を指図し、その資産からの残りの便益のほとんどすべてを享受する能力（他の企業が資産の使用を指図して資産から便益を享受することを妨げる能力を含みます。）をいいます（収益認識基準37）。

①　一定の期間にわたり充足される履行義務

　次の要件のいずれかを満たす場合、資産に対する支配を顧客に一定の期間にわたり移転することにより、一定の期間にわたり履行義務を充足し収益を認識します（収益認識基準38）。

一定の期間にわたり履行義務を充足し収益を認識する要件	
企業が顧客との契約における義務を履行するにつれて、顧客が便益を享受すること	
企業が顧客との契約における義務を履行することにより、資産が生じる又は資産の価値が増加し、その資産が生じる又はその資産の価値が増加するにつれて、顧客がその資産を支配すること	
右の要件のいずれも満たすこと	企業が顧客との契約における義務を履行することにより、別の用途に転用することができない資産が生じること
	企業が顧客との契約における義務の履行を完了した部分について、対価を収受する強制力のある権利を有していること

②　一時点で充足される履行義務

　履行義務が一定の期間にわたり充足されるものではない場合には、一時点で充足さ

れる履行義務として、資産に対する支配を顧客に移転することによりその履行義務が
充足される時に、収益を認識します（収益認識基準39）。

　また、支配の移転を検討する際には、例えば、次の指標を考慮します（収益認識基
準40）。

＊　企業が顧客に提供した資産に関する対価を収受する現在の権利を有してい
　ること
＊　顧客が資産に対する法的所有権を有していること
＊　企業が資産の物理的占有を移転したこと
＊　顧客が資産の所有に伴う重大なリスクを負い、経済価値を享受していること
＊　顧客が資産を検収したこと

---

③　履行義務の充足に係る進捗度

　一定の期間にわたり充足される履行義務については、履行義務の充足に係る進捗度
を見積り、その進捗度に基づいて収益を一定の期間にわたり認識します（収益認識基
準41）。

　一定の期間にわたり充足される履行義務については、単一の方法で履行義務の充足
に係る進捗度を見積り、類似の履行義務及び状況に首尾一貫した方法を適用します
（収益認識基準42）。

(9)　契約資産、契約負債及び顧客との契約から生じた債権

　顧客から対価を受け取る前又は対価を受け取る期限が到来する前に、財又はサービ
スを顧客に移転した場合は、収益を認識し、「契約資産」又は「顧客との契約から生
じた債権」を貸借対照表に計上します。収益認識基準に定めのない契約資産の会計処
理は、金融基準における債権の取扱いに準じて処理します。また、外貨建ての契約資
産に係る外貨換算については、外貨基準の外貨建金銭債権債務の換算の取扱いに準じ
て処理します（収益認識基準77）。

　財又はサービスを顧客に移転する前に顧客から対価を受け取る場合、顧客から対価
を受け取った時又は対価を受け取る期限が到来した時のいずれか早い時点で、顧客か
ら受け取る対価について「契約負債」を貸借対照表に計上します（収益認識基準78）。

⑽　特定の状況又は取引における取扱い

①　本人と代理人の区分

　顧客への財又はサービスの提供に他の当事者が関与している場合において、顧客との約束がその財又はサービスを企業が自ら提供する履行義務であると判断され、企業が本人に該当するときには、その財又はサービスの提供と交換に企業が権利を得ると見込む対価の総額を収益として認識します（収益認識に関する会計基準の適用指針39）。

　顧客への財又はサービスの提供に他の当事者が関与している場合において、顧客との約束がその財又はサービスを当該他の当事者によって提供されるように企業が手配する履行義務であると判断され、企業が代理人に該当するときには、他の当事者により提供されるように手配することと交換に企業が権利を得ると見込む報酬又は手数料の金額（あるいは他の当事者が提供する財又はサービスと交換に受け取る額から他の当事者に支払う額を控除した純額）を収益として認識します（収益認識に関する会計基準の適用指針40）。

　企業が本人に該当する場合の会計処理は、次の通りです。

会計処理　企業が本人に該当する場合
〔販売時〕
（借）売掛金　　　　×××＊1　　（貸）営業収益　　　　×××＊1
＊1　顧客に提供する財又はサービスと交換に顧客から権利を得る対価の総額

　企業が代理人に該当する場合の会計処理は、次の通りです。

会計処理　企業が代理人に該当する場合
〔販売時〕
（借）売掛金　　　　×××＊1　　（貸）手数料収入　　　×××＊1
＊1　自らが権利を得る手数料の総額

②　追加の財又はサービスを取得するオプションの付与

　顧客との契約において、既存の契約に加えて追加の財又はサービスを取得するオプションを顧客に付与する場合には、そのオプションがその契約を締結しなければ顧客が受け取れない重要な権利を顧客に提供するときにのみ、そのオプションから履行義務が生じます。この場合には、将来の財又はサービスが移転する時、あるいはそのオプションが消滅する時に収益を認識します（収益認識に関する会計基準の適用指針48）。

　カスタマー・ロイヤルティ・プログラムの提供により顧客にポイントを付与する場合の会計処理は、次の通りです。

会計処理　**企業が代理人に該当する場合**

〔販売時〕

（借）（諸勘定）	×××＊1	（貸）売上高	×××＊2
		契約負債	×××＊3

＊1　取引価格

＊2　取引価格×取引価格÷（取引価格＋将来使用されるポイント総数の見積額）

＊3　取引価格×将来使用されるポイント総数の見積額÷

　（取引価格＋将来使用されるポイント総数の見積額）

〔決算時〕

（借）契約負債	×××＊4	（貸）売上高	×××＊4

＊4　年度末までに使用されたポイント÷将来使用されるポイント総数×契約負債（＊3）

---

③　工事契約等から損失が見込まれる場合の取扱い

工事契約について、工事原価総額等（工事原価総額のほか、販売直接経費がある場合にはその見積額を含めた額）が工事収益総額を超過する可能性が高く、かつ、その金額を合理的に見積ることができる場合には、その超過すると見込まれる額（工事損失）のうち、その工事契約に関してすでに計上された損益の額を控除した残額を、工事損失が見込まれた期の損失として処理し、工事損失引当金を計上します（収益認識に関する会計基準の適用指針90）。

工事損失引当金の会計処理は、次の通りです。

> **会計処理**　工事損失引当金
>
> 〔工事損失が見込まれることとなった期の決算日〕
>
> | （借）売上原価 | ××× | （貸）工事損失引当金 | ××× |
> |---|---|---|---|
>
> 〔工事損失が確定した場合又は工事損失の今後の発生見込額が減少した場合〕
>
> | （借）工事損失引当金 | ××× | （貸）売上原価 | ××× |
> |---|---|---|---|

⑴ 開 示

① 表示

表示については、以下の通りです（収益認識基準78－2、78－3、79）。

顧客との契約から生じる収益を、適切な科目をもって損益計算書に表示します。なお、顧客との契約から生じる収益については、それ以外の収益と区分して損益計算書に表示します。

ケース	表 示
顧客との契約から生じる収益以外の収益と区分して損益計算書に表示しない場合	顧客との契約から生じる収益の額を注記します。
顧客との契約に重要な金融要素が含まれる場合	顧客との契約から生じる収益と金融要素の影響（受取利息又は支払利息）を損益計算書において区分して表示します。
契約のいずれかの当事者が履行している場合等	企業の履行と顧客の支払との関係に基づき、契約資産、契約負債又は顧客との契約から生じた債権を計上し、適切な科目をもって貸借対照表に表示します。 契約資産と顧客との契約から生じた債権のそれぞれについて、貸借対照表に他の資産と区分して表示しない場合には、それぞれの残高を注記する。 また、契約負債を貸借対照表において他の負債と区分して表示しない場合には、契約負債の残高を注記します。

② 注記事項

　企業は顧客との契約から生じる収益及びキャッシュ・フローの性質、金額、時期及び不確実性を財務諸表利用者が理解できるようにするための十分な情報を開示します（収益認識基準80－4）。

　注記事項については、以下の通りです（収益認識基準80－5、80－10、80－12、80－20〜21）。

項　　目	注　記　内　容	
重要な会計方針の注記	(1)　企業の主要な事業における主な履行義務の内容 (2)　企業が当該履行義務を充足する通常の時点	
収益認識に関する注記	収益の分解情報	当期に認識した顧客との契約から生じる収益を、収益及びキャッシュ・フローの性質、金額、時期及び不確実性に影響を及ぼす主要な要因に基づく区分に分解して注記します。
	収益を理解するための基礎となる情報	(1)　契約及び履行義務に関する情報 (2)　取引価格の算定に関する情報 (3)　履行義務への配分額の算定に関する情報 (4)　履行義務の充足時点に関する情報 (5)　本会計基準の適用における重要な判断
	当期及び翌期以降の収益の金額を理解するための情報	(1)　契約資産及び契約負債の残高等 (2)　残存履行義務に配分した取引価格

2　役員賞与

(1)　役員賞与に関する会計基準

　取締役、会計参与、監査役及び執行役に対する賞与の会計処理を定めることを目的として、「役員賞与に関する会計基準（企業会計基準第4号）」が定められています。

(2)　用語の定義

　用語の定義は、次の通りです（役員賞与基準1）。

用　語	定　義
役員	取締役、会計参与、監査役及び執行役
役員賞与	役員に対する賞与

(3)　会計処理

　役員賞与は、発生した会計期間の費用として処理します（役員賞与基準3）。

　発生した会計期間の費用として処理する理由は次の通りです（役員賞与基準12）。

〔役員賞与と役員報酬の類似性〕

　役員賞与は、確定報酬及び業績連動型報酬ともに職務執行の対価として支給されることにかわりはなく、経済的実態としては費用として処理される業績連動型報酬と同様の性格であると考えられるため、費用として処理することが適当です。

〔役員賞与と役員報酬の支給手続〕

　役員賞与と役員報酬は職務執行の対価として支給されますが、職務執行の対価としての性格は、本来、支給手続の相違により影響を受けるものではないと考えられるため、その性格に従い、費用として処理することが適当です。

　当期の役員の職務に対する賞与支給を期末日後に開催される株主総会の決議によって確定する場合、決議事項とする額又は見込額を役員賞与引当金として計上します。

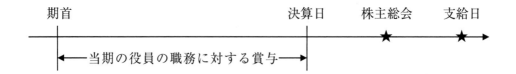

　会計処理は、次の通りです。

> **会計処理**　**役員賞与引当金**
>
> 〔決算時〕
>
> （借）役員賞与引当金繰入　×××　　　（貸）役員賞与引当金　　　×××
>
> 〔翌期支給時〕
>
> （借）役員賞与引当金　　　×××　　　（貸）現金預金　　　　　　×××

3　ストック・オプション

(1)　ストック・オプション等に関する会計基準

　ストック・オプション取引の会計処理及び開示を明らかにすることを目的として、「ストック・オプション等に関する会計基準（企業会計基準第8号）」が定められています。

(2)　用語の定義

　用語の定義は、次の通りです（ストック・オプション基準2）。

用　語	定　　　　　義
自社株式オプション	自社の株式（財務諸表を報告する企業の株式）を原資産とするコール・オプション（一定の金額の支払により、原資産である自社の株式を取得する権利） （例）新株予約権
ストック・オプション	自社株式オプションのうち、特に企業がその従業員等に、報酬として付与するもの ストック・オプションには、権利の確定につき勤務条件や業績条件などの条件が付されているものが多い。
従業員等	企業と雇用関係にある使用人のほか、企業の取締役、会計参与、監査役及び執行役並びにこれに準ずる者
報　酬	企業が従業員等から受けた労働や業務執行等のサービスの対価として、従業員等に給付されるもの
行使価格	ストック・オプションの権利行使にあたり、払い込むべきものとして定められたストック・オプションの単位当たりの金額
付与日	ストック・オプションが付与された日（会社法第238条第1項第4号に規定する募集新株予約権の割当日）

権利確定日	権利の確定した日 権利確定日が明らかではない場合には、原則として、権利行使期間の開始日の前日を権利確定日とみなす。
権利行使日	ストック・オプションを付与された者がその権利を行使したことにより、行使価格に基づく金額が払い込まれた日
対象勤務期間	ストック・オプションと報酬関係にあるサービスの提供期間（付与日から権利確定日までの期間）
勤務条件	ストック・オプションのうち、条件付きのものにおいて、従業員等の一定期間の勤務や業務執行に基づく条件
業績条件	ストック・オプションのうち、条件付きのものにおいて、一定の業績（株価を含む）の達成又は不達成に基づく条件
公正な評価額	市場価格に基づく価額 市場価格がない場合には、ストック・オプションの原資産である自社の株式の市場価格に基づいて合理的に算定された価額
公正な評価単価	単位当たりの公正な評価額
失　効	ストック・オプションが付与されたものの、権利行使されないことが確定すること
権利不確定 による失効	権利確定条件が達成されなかったことによる失効
権利不行使 による失効	権利行使期間中に行使されなかったことによる失効
公開企業	株式を証券取引所に上場している企業又はその株式が組織された店頭市場に登録されている企業
未公開企業	公開企業以外の企業
条件変更	付与したストック・オプションに係る条件を事後的に変更し、ストック・オプションの公正な評価単価、ストック・オプション数又は合理的な費用の計上期間のいずれか１つ以上を意図して変動させること

(3)　費用認識の要否

　ストック・オプションの費用認識について根拠がないとする考え方とあるとする考え方があり、費用認識の前提条件に疑問があるとする考え方とないとする考え方があります（ストック・オプション基準34〜38）。

費用認識に根拠がないとする論拠	費用認識に根拠があるとする論拠
ストック・オプションの付与によっても、新旧株主間で富の移転が生じるに過ぎない。 また、ストック・オプションを付与しても、企業には現金その他の会社財産の流出が生じない。	従業員等は、ストック・オプションを対価としてこれと引換えに企業にサービスを提供し、企業はこれを消費している。 財貨を消費した場合に費用認識が必要である以上、サービスを消費した場合にも費用を認識するのが整合的である。

前提条件に疑問があるとする論拠	前提条件に疑問がないとする論拠
従業員等に付与される自社株式オプションの価値は直接的には当該企業の株価と連動しており、サービスの提供と間接的な結び付きはあっても、必ずしもこれと十分に連動しているとはいえない。	合理的な経済活動を営んでいる企業が見返りもなく自社株式オプションを付与しているとは考えにくい。 従業員等に付与された自社株式オプションは、多かれ少なかれインセンティブ効果を有する。

　「ストック・オプション等に関する会計基準」は、ストック・オプションの費用認識に根拠があり、前提条件に疑問がないとする説に依っています（ストック・オプション基準39）。

⑷　会計処理

①　権利確定日以前の会計処理

　ストック・オプションの公正な評価額を、対象勤務期間を基礎とする方法その他の合理的な方法に基づき、各会計期間における費用として計上します。ストック・オプションの公正な評価額は、公正な評価単価にストック・オプション数を乗じて算定します。算定方法は次の通りです（ストック・オプション基準5〜7）。

$$\begin{array}{c}\text{各会計期間における}\\\text{費用計上額}\end{array} = \begin{array}{c}\text{ストック・オプションの}\\\text{公正な評価額}\end{array} \times \dfrac{\text{経過勤務期間}}{\text{対象勤務期間}} - \text{既費用計上額}$$

$$\begin{array}{c}\text{ストック・オプションの}\\\text{公正な評価額}\end{array} = \begin{array}{c}\text{ストック・オプションの}\\\text{公正な評価単価}\end{array} \times \text{ストック・オプション数}$$

$$= \begin{array}{c}\text{株式オプション価額見積りの合理}\\\text{的な算定技法を利用した評価単価}\end{array} \times (\text{付与数} - \text{失効見積数})$$

　会計処理は、次の通りです。

会計処理　ストック・オプション（権利確定日以前）			
（借）株式報酬費用	×××	（貸）新株予約権	×××

②　権利確定日後の会計処理

　権利行使により新株を発行した場合には、新株予約権の権利行使対応部分を払込資本に振り替えます（ストック・オプション基準8）。

　会計処理は、次の通りです。

会計処理　ストック・オプション（権利確定日後：新株発行）			
（借）現金預金	×××	（貸）資本金	×××
新株予約権	×××	資本準備金	×××

　また、新株予約権の行使に伴い、当該企業が自己株式を処分した場合には、自己株式の取得原価と、新株予約権の帳簿価額及び権利行使に伴う払込金額の合計額との差額を、自己株式処分差額として処理します（ストック・オプション基準8なお書）。

　会計処理は、次の通りです。

会計処理 　**ストック・オプション（権利確定日後：自己株式処分）**

〔自己株式処分差益の場合〕

（借）現金預金	×××＊1	（貸）自己株式	×××＊2
新株予約権	×××＊3	その他資本剰余金	×××

＊1 　権利行使に伴う払込金額

＊2 　自己株式の取得原価

＊3 　新株予約権の帳簿価額

〔その他資本剰余金の残高＞自己株式処分差損の場合〕

（借）現金預金	×××＊1	（貸）自己株式	×××＊2
新株予約権	×××＊3		
その他資本剰余金	×××		

＊1 　権利行使に伴う払込金額

＊2 　自己株式の取得原価

＊3 　新株予約権の帳簿価額

〔その他資本剰余金の残高＜自己株式処分差損の場合〕

（借）現金預金	×××＊1	（貸）自己株式	×××＊2
新株予約権	×××＊3		
その他資本剰余金	×××＊4		
繰越利益剰余金	×××		

＊1 　権利行使に伴う払込金額

＊2 　自己株式の取得原価

＊3 　新株予約権の帳簿価額

＊4 　その他資本剰余金の残高

権利不行使により失効が生じた場合には、新株予約権の失効対応部分を利益として計上します（ストック・オプション基準 9 ）。

会計処理は、次の通りです。

会計処理　ストック・オプション（権利確定日後：失効）

（借）新株予約権　　　　　　×××　　　　（貸）新株予約権戻入益　　　×××

⑸　条件変更

①　公正な評価単価を変動させる条件変更

ストック・オプションにつき、行使価格変更などの条件変更により、公正な評価単価を変動させた場合には、次のように会計処理します（ストック・オプション基準10）。

条件変更日の評価単価＞付与日の評価単価	条件変更日の評価単価≦付与日の評価単価
条件変更前から行われてきた費用計上を継続して行うとともに、条件変更日の評価単価が付与日の評価単価を上回る部分に見合う公正な評価額の増加額につき、以後追加的に費用計上を行う。	条件変更前から行われてきた費用計上を継続する。

②　ストック・オプション数を変動させる条件変更

ストック・オプションにつき、権利確定条件を変更する等の条件変更により、ストック・オプション数を変動させた場合には、条件変更前から行われてきた費用計上を継続して行うとともに、条件変更によるストック・オプション数の変動に見合う公正な評価額の変動額を、以後、合理的な方法に基づき、残存期間にわたって計上します（ストック・オプション基準11）。

③　費用の合理的な計上期間を変動させる条件変更

ストック・オプションにつき、対象勤務期間の延長又は短縮に結びつく勤務条件の変更等により、費用の合理的な計上期間を変動させた場合には、条件変更前の残存期間に計上すると見込んでいた金額を、以後、合理的な方法に基づき、新たな残存期間にわたって費用計上します（ストック・オプション基準12）。

(6) 未公開企業における取扱い

ストック・オプションの公正な評価単価に代えて、ストック・オプションの単位当たりの本源的価値の見積りを用いることができます。「単位当たりの本源的価値」とは、算定時点においてストック・オプションが権利行使されると仮定した場合の単位当たりの価値であり、その時点におけるストック・オプションの原資産である自社の株式の評価額と行使価格との差額をいいます（ストック・オプション基準13）。

(7) 開 示

財務諸表に次の事項を注記します（ストック・オプション基準16）。

(1) 本会計基準の適用による財務諸表への影響額

(2) 各会計期間において存在したストック・オプションの内容、規模（付与数等）及びその変動状況（行使数や失効数等）

(3) ストック・オプションの公正な評価単価の見積方法

(4) ストック・オプションの権利確定数の見積方法

(5) ストック・オプションの単位当たりの本源的価値による算定を行う場合には、当該ストック・オプションの各期末における本源的価値の合計額及び各会計期間中に権利行使されたストック・オプションの権利行使日における本源的価値の合計額

(6) ストック・オプションの条件変更の状況

(7) 自社株式オプション又は自社の株式に対価性がない場合には、その旨及びそのように判断した根拠

4　経過勘定項目

企業会計原則では、次のように規定しています（企原・P/L 原則一 A）。

　前払費用及び前受収益は、これを当期の損益計算から除去し、未払費用及び未収収益は、当期の損益計算に計上しなければならない。

経過勘定項目は、次の通りです（企原・注5）。

経過勘定項目	意　義	性　質	計上区分	区別すべき勘定科目
前払費用	一定の契約に従い、継続して役務の提供を受ける場合、いまだ提供されていない役務に対し支払われた対価	時間の経過とともに次期以降の費用となるもの	資産の部	継続した役務提供契約以外の契約等による前払金
前受収益	一定の契約に従い、継続して役務の提供を行う場合、いまだ提供していない役務に対し支払を受けた対価	時間の経過とともに次期以降の収益となるもの	負債の部	継続した役務提供契約以外の契約等による前受金
未払費用	一定の契約に従い、継続して役務の提供を受ける場合、既に提供された役務に対していまだその対価の支払が終らないもの	時間の経過に伴い既に当期の費用として発生しているもの	負債の部	継続した役務提供契約以外の契約等による未払金
未収収益	一定の契約に従い、継続して役務の提供を行う場合、既に提供した役務に対していまだその対価の支払を受けていないもの	時間の経過に伴い既に当期の収益として発生しているもの	資産の部	継続した役務提供契約以外の契約等による未収金

5　特別損益

企業会計原則では、次のように規定しています（企原・P/L 原則六）。

> 　特別損益は、固定資産売却益等の特別利益と固定資産売却損、災害による損失等の特別損失とに区分して表示する。

特別損益に属する項目としては次のようなものがあります（企原・注12）。

- ＊　固定資産売却損益
- ＊　転売以外の目的で取得した有価証券の売却損益
- ＊　災害による損失

なお、特別損益に属する項目であっても、金額の僅少なもの又は毎期経常的に発生するものは、経常損益計算に含めることができます。

6　法人税、住民税及び事業税等

(1)　表示

　企業会計原則では、次のように規定しています（企原・P/L 原則八、注13）。

> 　当期純利益は、税引前当期純利益から当期の負担に属する法人税額、住民税額等を控除して表示する。

> 　法人税等の更正決定等による追徴税額及び還付税額は、税引前当期純利益に加減して表示する。この場合、当期の負担に属する法人税額等とは区別することを原則とするが、重要性の乏しい場合には、当期の負担に属するものに含めて表示することができる。

(2)　会計的性格

　法人税の会計的性格については、費用説と利益処分説とがあります。

費用説	利益処分説
企業活動は、国家の社会的秩序の維持を前提に行われる。法人税の支出は、社会秩序の維持という国家サービスの対価である。	法人税が費用であるならば、企業の利益の有無にかかわらず負担すべきものである。法人税は利益額に応じて課されるから、費用ではなく利益処分である。

　後記7で述べる「税効果会計に係る会計基準」は費用説を採用しているものと考えられます。

(3) 確定申告と中間申告

法人税、住民税及び事業税の確定申告と中間申告の関係は、次の通りです。

確定申告における納付と還付の関係は、次の通りです。

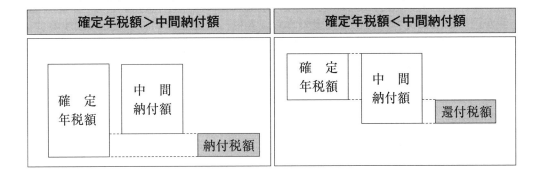

(4) 事業税（外形標準課税）

資本金が1億円以上の会社について適用される外形標準課税には、所得について課税される「所得割」のほかに、付加価値について課税される「付加価値割」と、資本金等について課税される「資本割」があります。

事業税（外形標準課税）のイメージを図示すると、次の通りです。

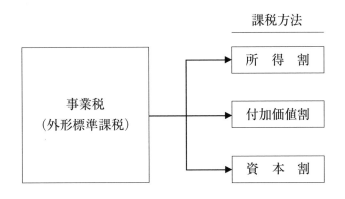

⑸　**法人税、住民税及び事業税等に関する会計基準**

　法人税、地方法人税、住民税及び事業税（以下「法人税、住民税及び事業税等」といいます。）に関する会計処理及び開示を定めることを目的として、「法人税、住民税及び事業税等に関する会計基準（企業会計基準第27号）」が定められています。

①　範囲

　法人税法等基準は、連結財務諸表及び個別財務諸表における次の事項に適用します（法人税法等基準2）。

連結財務諸表及び個別財務諸表における法人税法等基準の適用範囲
我が国の法令に従い納付する税金のうち法人税、住民税及び事業税等に関する会計処理及び開示
我が国の法令に従い納付する税金のうち受取利息及び受取配当金等に課される源泉所得税に関する開示
外国の法令に従い納付する税金のうち外国法人税に関する開示

② 用語の定義

　用語の定義は、次の通りです（法人税法等基準４）。なお、法人税法等基準において、更正及び修正申告を「更正等」といいます。

用　　語	定　　　　　　　義
法人税	法人税法（昭和40年法律第34号）の規定に基づく税金
地方法人税	地方法人税法（平成26年法律第11号）の規定に基づく税金
住民税	地方税法（昭和25年法律第226号）の規定に基づく税金のうち、道府県民税及び市町村民税　（注１）
事業税	地方税法の規定に基づく税金であり、法人の行う事業に対して都道府県が課すもの
受取利息及び受取配当金等に課される源泉所得税	所得税法（昭和40年法律第33号）第174条各号に規定する利子等、配当等、給付補てん金、利息、利益、差益、利益の分配又は賞金の支払を受ける場合に、同法の規定により課される所得税
外国法人税	外国の法令により課される法人税に相当する税金で政令に定めるもの（法人税法第69条及び法人税法施行令（昭和40年政令第97号）第141条）　（注２）
所得	法人税の関係法令又は事業税の関係法令の規定に基づき算定した各事業年度の益金の額から当該事業年度の損金の額を控除した金額
更正	法人税、住民税及び事業税等について、提出した納税申告書に記載された課税標準又は税額の計算が法令に従っていなかった場合やその他その課税標準又は税額が税務署長又は地方公共団体の長の調査したところと異なる場合に、その調査により、当該納税申告書に係る課税標準又は税額を変更すること
修正申告	法人税、住民税及び事業税等について、提出した納税申告書に納付すべきものとして記載した税額に不足額がある場合や提出した納税申告書に記載した純損失の金額が過大であった場合に、当該納税申告書に記載された課税標準又は税額を修正する納税申告書を税務署長又は地方公共団体の長に提出することにより、提出した納税申告書に係る課税標準又は税額を変更すること

（注1）　道府県に関する規定は都に、市町村に関する規定は特別区に準用することとされています（地方税法第1条第2項）。

（注2）　外国法人税には、法人税法等に基づき税額控除の適用を受けるものと税額控除の適用を受けないものがあります。

③　会計処理

a．当事業年度の所得等に対する法人税、住民税及び事業税等

　当事業年度の所得等に対する法人税、住民税及び事業税等については、次の通り処理します（法人税法等基準5）。なお、「所得等に対する法人税、住民税及び事業税等」には、所得に対する法人税、地方法人税、住民税及び事業税（所得割）のほかに、住民税（均等割）及び事業税（付加価値割及び資本割）を含みます。

区　　分	処　　理
当事業年度の所得等に対する法人税、住民税及び事業税等（次を除く）	法令に従い算定した額（税務上の欠損金の繰戻しにより還付を請求する法人税額及び地方法人税額を含みます。）を損益に計上します（法人税法等基準5）。
(1)　企業の純資産に対する持分所有者との直接的な取引のうち、損益に反映されないものに対して課される当事業年度の所得に対する法人税、住民税及び事業税等	(a)　当事業年度の所得に対する法人税、住民税及び事業税等については、純資産の部の株主資本の区分に計上します。具体的には、当該法人税、住民税及び事業税等を株主資本の対応する内訳項目から控除します（法人税法等基準5−2(1)）。
(2)　資産又は負債の評価替えにより生じた評価差額等（純資産表示基準に定める評価・換算差額等に区分されるもの）に対して課される当事業年度の所得に対する法人税、住民税及び事業税等	(b)　当事業年度の所得に対する法人税、住民税及び事業税等については、個別財務諸表上、純資産の部の評価・換算差額等の区分に計上し、連結財務諸表上、その他の包括利益で認識した上で純資産の部のその他の包括利益累計額の区分に計上します。具体的には、当該法人税、住民税及び事業税等を、個別財務諸表上は評価・換算差額等の対応する内訳項目から控除し、連結財務諸表上はその他の包括利益の対応する内訳項目から控除します（法人税法等基準5−2(2)）。

上記にかかわらず、次のいずれかの場合には、該当する法人税、住民税及び事業税等を損益に計上することができます（法人税法等基準5－3）。

(イ) (1)又は(2)の法人税、住民税及び事業税等の金額に重要性が乏しい場合

(ロ) 課税の対象となった取引や事象が、損益に加えて、(a)又は(b)の区分に関連しており、かつ、(1)又は(2)の法人税、住民税及び事業税等の金額を算定することが困難である場合

(a)又は(b)に従って計上する法人税、住民税及び事業税等については、課税の対象となった取引等について、株主資本、評価・換算差額等又はその他の包括利益に計上した額に、課税の対象となる企業の対象期間における法定実効税率を乗じて算定します。この場合、損益に計上する法人税、住民税及び事業税等の額は、法令に従い算定した額から、法定実効税率に基づいて算定した株主資本、評価・換算差額等又はその他の包括利益に計上する法人税、住民税及び事業税等の額を控除した額となります。

ただし、課税所得が生じていないことなどから法令に従い算定した額がゼロとなる場合に(a)又は(b)に従って計上する法人税、住民税及び事業税等についてもゼロとするなど、他の合理的な計算方法により算定することができます（法人税法等基準5－4）。

(b)に従って計上した法人税、住民税及び事業税等については、過年度に計上された資産又は負債の評価替えにより生じた評価差額等を損益に計上した時点で、これに対応する税額を損益に計上します（法人税法等基準5－5）。

b. 更正等による追徴及び還付

過年度の所得等に対する法人税、住民税及び事業税等について、更正等により追加で徴収される可能性が高く、当該追徴税額を合理的に見積ることができる場合、会計変更基準に定める誤謬に該当するときを除き、原則として、当該追徴税額を損益に計上します。なお、更正等による追徴に伴う延滞税、加算税、延滞金及び加算金については、当該追徴税額に含めて処理します（法人税法等基準6）。

過年度の所得等に対する法人税、住民税及び事業税等について、更正等により還付されることが確実に見込まれ、当該還付税額を合理的に見積ることができる場合、会計変更基準に定める誤謬に該当するときを除き、当該還付税額を損益に計上します（法人税法等基準7）。

過年度の所得等に対する法人税、住民税及び事業税等について、更正等により追徴税額を納付したが、当該追徴の内容を不服として法的手段を取る場合において、還付されることが確実に見込まれ、当該還付税額を合理的に見積ることができる場合、会

計変更基準に定める誤謬に該当するときを除き、当該還付税額を損益に計上します（法人税法等基準8）。

　過年度の所得に対する法人税、住民税及び事業税等のうち、損益に計上されない法人税、住民税及び事業税等については、会計変更基準に定める誤謬に該当する場合を除き、前述の「a. 当事業年度の所得等に対する法人税、住民税及び事業税等」に準じて処理します（法人税法等基準8－2）。

損益に計上する法人税、住民税及び事業税等の会計処理は、次の通りです。

会計処理 **法人税、住民税及び事業税等**

〔中間申告〕

（借）仮払法人税等　　　　×××　　　　（貸）（現金預金）　　　　×××

〔確定申告〕

(1) 確定年税額＞中間納付額

① 決算時

（借）法人税、住民税及び事業税 ×××＊1　（貸）仮払法人税等　　　×××＊2

　　　　　　　　　　　　　　　　　　　　　　未払法人税等　　　　×××

② 納付時

（借）未払法人税等　　　　×××　　　　（貸）（現金預金）　　　　×××

(2) 確定年税額＜中間納付額

① 決算時

（借）法人税、住民税及び事業税 ×××＊1　（貸）仮払法人税等　　　×××＊2

　　　法人税等還付未収金　×××

② 還付時

（借）（現金預金）　　　　×××　　　　（貸）法人税等還付未収金　×××

　＊1　確定年税額

　＊2　中間納付額

損益に計上する事業税（外形標準課税）の会計処理は、次の通りです。

会計処理 **事業税（外形標準課税）**

〔中間納付時〕

（借）仮払法人税等　　　　×××　　　　（貸）（現金預金）　　　　×××

〔決算時〕

（借）法人税等　　　　　×××＊1　　　（貸）仮払法人税等　　　×××

　　　租税公課　　　　　×××＊2　　　　　未払法人税等　　　×××

　＊1　所得割

　＊2　付加価値割＋資本割

---

④　開示

a．　当事業年度の所得等に対する法人税、住民税及び事業税等

　　損益に計上する法人税、地方法人税、住民税及び事業税（所得割）は、損益計算書の税引前当期純利益（又は損失）の次に、法人税、住民税及び事業税などその内容を示す科目をもって表示します（法人税法等基準9）。

　　事業税（付加価値割及び資本割）は、原則として、損益計算書の販売費及び一般管理費として表示します。ただし、合理的な配分方法に基づきその一部を売上原価として表示することができます（法人税法等基準10）。

　　法人税、住民税及び事業税等のうち納付されていない税額は、貸借対照表の流動負債の区分に、未払法人税等などその内容を示す科目をもって表示します（法人税法等基準11）。

　　法人税、住民税及び事業税等の税額が、中間申告により納付された税額を下回る場合等により還付されるとき、当該還付税額のうち受領されていない税額は、貸借対照表の流動資産の区分に、未収還付法人税等などその内容を示す科目をもって表示します（法人税法等基準12）。

b．　受取利息及び受取配当金等に課される源泉所得税

　　受取利息及び受取配当金等に課される源泉所得税のうち法人税法等に基づき税額控除の適用を受けない税額は、損益計算書の営業外費用として表示します。ただし、当該金額の重要性が乏しい場合、法人税、地方法人税、住民税及び事業税（所得割）に含めて表示することができます（法人税法等基準13）。

c．　外国法人税

　　外国法人税のうち法人税法等に基づき税額控除の適用を受けない税額は、その内容に応じて適切な科目に表示します。なお、外国子会社（法人税法第23条の2）からの受取配当金等に課される外国源泉所得税のうち法人税法等に基づき税額控除の適用を受けない税額は、法人税、地方法人税、住民税及び事業税（所得割）に含めて表示します（法人税法等基準14）。

d. 更正等による追徴及び還付

　損益に計上する法人税、地方法人税、住民税及び事業税（所得割）の更正等による追徴税額及び還付税額は、法人税、地方法人税、住民税及び事業税（所得割）を表示した科目の次に、その内容を示す科目をもって表示します。ただし、これらの金額の重要性が乏しい場合、法人税、地方法人税、住民税及び事業税（所得割）に含めて表示することができます（法人税法等基準15）。

　事業税（付加価値割及び資本割）の更正等による追徴税額及び還付税額は、原則として、損益計算書の販売費及び一般管理費として表示します。ただし、合理的な配分方法に基づきその一部を売上原価として表示することができます（法人税法等基準16）。

　法人税、住民税及び事業税等の更正等による追徴税額のうち納付されていない税額は、当事業年度の所得等に対する法人税、住民税及び事業税等のうち納付されていない税額に含めて表示します（法人税法等基準17）。

　法人税、住民税及び事業税等の更正等による還付税額のうち受領されていない税額は、当事業年度の所得等に対する法人税、住民税及び事業税等の還付税額のうち受領されていない税額に含めて表示します（法人税法等基準18）。

7　税効果会計

(1)　税効果会計に係る会計基準

　税引前当期純利益と法人税等を合理的に対応させることを目的として、「税効果会計に係る会計基準（企業会計審議会　平成10年10月30日）」が定められています。

(2)　税効果会計の意義及び対象

　税効果会計は、企業会計上の収益又は費用と課税所得計算上の益金又は損金の認識時点の相違等により、企業会計上の資産又は負債の額と課税所得計算上の資産又は負債の額に相違がある場合において、法人税その他利益に関連する金額を課税標準とする税金（法人税等）の額を適切に期間配分する手続です（税効果基準・第一）。

　企業会計上の資産又は負債の額と課税所得計算上の資産又は負債の額の相違には、「永久差異」と「一時差異」があります。

差異の名称	意　　　　義
永久差異	会計上と税務上の取扱いの差異が永久に解消しない差異
一時差異	会計上と税務上の取扱いの差異がいずれ解消される差異

　税効果会計の対象となるのは、上記のうち一時差異です。

　一時差異が生じる場合を例示すると、次の通りです（税効果基準・第二・一2）。

財務諸表上の一時差異	連結財務諸表固有の一時差異
＊　収益又は費用の帰属年度が相違する場合 ＊　資産の評価替えにより生じた評価差額が直接純資産の部に計上され、かつ、課税所得の計算に含まれていない場合	＊　資本連結に際し、子会社の資産及び負債の時価評価により評価差額が生じた場合 ＊　連結会社相互間の取引から生ずる未実現損益を消去した場合 ＊　連結会社相互間の債権債務相殺消去により貸倒引当金を減額修正した場合

一時差異の分類は、次の通りです（税効果基準・第二・一3、4）。

分 類		内 容	計上科目
一時差異等	一時差異 将来加算一時差異	一時差異が解消するときに課税所得を増額する効果を持つもの	繰延税金負債
	将来減算一時差異	一時差異が解消するときに課税所得を減額する効果を持つもの	繰延税金資産
	将来の課税所得と相殺可能な繰越欠損金等	一時差異と同様に取り扱う。	

　繰延税金資産は、将来の法人税等の支払額を減額する効果を有し、法人税等の前払額に相当するため、資産としての性格を有するものと考えられます。また、繰延税金負債は、将来の法人税等の支払額を増額する効果を有し、法人税等の未払額に相当するため、負債としての性格を有するものと考えられます（税効果基準・意見書二2）。

⑶　会計の方法
　税効果会計の方法には、繰延法と資産負債法があります。

	繰 延 法	資産負債法
定 義	会計上の損益と税務上の益金又は損金の期間帰属の相違に基づく差異について、発生年度の税金軽減額又は税金負担額を、貸借対照表上、繰延税金資産又は繰延税金負債として計上する方法	会計上の資産又は負債と税務上の資産又は負債の金額の相違に基づく差異について、解消年度の税金軽減額又は税金負担額を、貸借対照表上、繰延税金資産又は繰延税金負債として計上する方法
適用税率	期間差異の発生年度の税率	将来の差異解消年度の税率
税率変更	税率変更時に再計算を行わない。	税率変更時に再計算を行う。

　資産負債法は、繰延税金資産及び繰延税金負債の貸借対照表能力の点で優れていることから、「税効果会計に係る会計基準」では資産負債法が採用されています。

⑷　会計処理

① 　繰延税金資産及び繰延税金負債等の計上方法

　一時差異等に係る税金の額は、将来の会計期間において回収又は支払が見込まれない税金の額を控除し、繰延税金資産又は繰延税金負債として計上します（税効果基準・第二・二1）。

　繰延税金資産又は繰延税金負債の金額は、回収又は支払が行われると見込まれる期の税率に基づいて計算します（税効果基準・第二・二2）。

　繰延税金資産と繰延税金負債の差額を期首と期末で比較した増減額は、当期に納付すべき法人税等の調整額として計上します。ただし、資産の評価替えにより生じた評価差額が直接資本の部に計上される場合には、当該評価差額に係る繰延税金資産又は繰延税金負債を当該評価差額から控除して計上します（税効果基準・第二・二3）。

　会計処理は、次の通りです。

会計処理　将来減算一時差異

〔発生年度〕

| （借）繰延税金資産 | ××× | （貸）法人税等調整額 | ××× |

〔解消年度〕

| （借）法人税等調整額 | ××× | （貸）繰延税金資産 | ××× |

会計処理　将来加算一時差異

〔発生年度〕

| （借）法人税等調整額 | ××× | （貸）繰延税金負債 | ××× |

〔解消年度〕

| （借）繰延税金負債 | ××× | （貸）法人税等調整額 | ××× |

---

② 繰延税金資産の回収可能性

　繰延税金資産の回収可能性について、税効果基準を適用する際の指針として、「繰延税金資産の回収可能性に関する適用指針（企業会計基準適用指針第26号）」が定められています。

　繰延税金資産の回収可能性は、次の判断基準に基づいて、将来の税金負担額を軽減する効果を有するかどうかを判断します（税金資産適用指針6）。

判断基準		内　　容
収益力に基づく一時差異等加減算前課税所得	将来減算一時差異に係る繰延税金資産の回収可能性	将来減算一時差異の解消見込年度及びその解消見込年度を基準として税務上の欠損金の繰戻・繰越期間に、一時差異等加減算前課税所得が生じる可能性が高いと見込まれるかどうか。
	税務上の繰越欠損金に係る繰延税金資産の回収可能性	税務上の欠損金の繰越期間に、一時差異等加減算前課税所得が生じる可能性が高いと見込まれるかどうか。
タックス・プランニングに基づく一時差異等加減算前課税所得		将来減算一時差異の解消見込年度及び繰戻・繰越期間又は繰越期間に、含み益のある固定資産又は有価証券を売却する等のタックス・プランニングに基づく一時差異等加減算前課税所得が生じる可能性が高いと見込まれるかどうか。
将来加算一時差異	将来減算一時差異に係る繰延税金資産の回収可能性	将来減算一時差異の解消見込年度及び繰戻・繰越期間に、将来加算一時差異が解消されると見込まれるかどうか。
	税務上の繰越欠損金に係る繰延税金資産の回収可能性	繰越期間に税務上の繰越欠損金と相殺される将来加算一時差異が解消されると見込まれるかどうか。

　一時差異等加減算前課税所得が生じる可能性が高いと見込まれるかどうかを判断するためには、過去の業績や納税状況、将来の業績予測等を総合的に勘案し、将来の一時差異等加減算前課税所得を合理的に見積る必要があります。

　繰延税金資産の回収可能性を判断する際に、要件に基づき企業を（分類1）から（分類5）に分類し、その分類に応じて、回収が見込まれる繰延税金資産の計上額を決定します（税金資産適用指針15）。

　なお、（分類1）から（分類5）に示された要件をいずれも満たさない企業は、過去の課税所得又は税務上の欠損金の推移、当期の課税所得又は税務上の欠損金の見込み、将来の一時差異等加減算前課税所得の見込み等を総合的に勘案し、各分類の要件からの乖離度合いが最も小さいと判断されるものに分類します（税金資産適用指針16）。

（分類1）に該当する企業の取扱い

　次の要件をいずれも満たす企業は、（分類1）に該当します（税金資産適用指針17）。

要　　　　　　　　　　件
過去（3年）及び当期のすべての事業年度において、期末における将来減算一時差異を十分に上回る課税所得が生じている。
当期末において、近い将来に経営環境に著しい変化が見込まれない。

　（分類1）に該当する企業においては、繰延税金資産の全額について回収可能性があるものとします（税金資産適用指針18）。

（分類2）に該当する企業の取扱い

　次の要件をいずれも満たす企業は、（分類2）に該当します（税金資産適用指針19）。

要　　　　　　　　　　件
過去（3年）及び当期のすべての事業年度において、臨時的な原因により生じたものを除いた課税所得が、期末における将来減算一時差異を下回るものの、安定的に生じている。
当期末において、近い将来に経営環境に著しい変化が見込まれない。
過去（3年）及び当期のいずれの事業年度においても重要な税務上の欠損金が生じていない。

（分類2）に該当する企業においては、繰延税金資産の回収可能性は、次のように判断します（税金資産適用指針20、21）。

分　　　　　類	判　　断
スケジューリング可能な将来減算一時差異に係る繰延税金資産	回収可能性あり
スケジューリング不能な将来減算一時差異に係る繰延税金資産	回収可能性なし

　ただし、スケジューリング不能な将来減算一時差異のうち、税務上の損金の算入時期が個別に特定できないが将来のいずれかの時点で損金に算入される可能性が高いと見込まれるものについて、当該将来のいずれかの時点で回収できることを企業が合理的な根拠をもって説明する場合、当該スケジューリング不能な将来減算一時差異に係る繰延税金資産は回収可能性があるものとします（税金資産適用指針21）。

（分類3）に該当する企業の取扱い

　次の要件をいずれも満たす企業は、（分類3）に該当します（税金資産適用指針22）。

要　　　　　　　　　件
過去（3年）及び当期において、臨時的な原因により生じたものを除いた課税所得（負の値となる場合を含む）が大きく増減している。
過去（3年）及び当期のいずれの事業年度においても重要な税務上の欠損金が生じていない。

　ただし、後述する（分類4）の要件のうち、下記のいずれかの要件に該当する場合を除きます（税金資産適用指針22）。

除　外　要　件
過去（3年）において、重要な税務上の欠損金の繰越期限切れとなった事実がある。
当期末において、重要な税務上の欠損金の繰越期限切れが見込まれる。

　（分類3）に該当する企業においては、繰延税金資産の回収可能性は、次のように判断します（税金資産適用指針23）。

分　　　　　類	判　断
将来の合理的な見積可能期間（おおむね5年）以内の一時差異等加減算前課税所得の見積額に基づいて、当該見積可能期間の一時差異等のスケジューリングの結果見積もった繰延税金資産	回収可能性あり
上記以外の繰延税金資産	回収可能性なし

　（分類3）に該当する企業においては、臨時的な原因により生じたものを除いた課税所得が大きく増減している原因、中長期計画（おおむね3年から5年の計画）、過去における中長期計画の達成状況、過去（3年）及び当期の課税所得の推移等を勘案して、5年を超える見積可能期間においてスケジューリングされた一時差異等に係る繰延税金資産が回収可能であることを企業が合理的な根拠をもって説明する場合、当該繰延税金資産は回収可能性があるものとします（税金資産適用指針24）。

　将来の合理的な見積可能期間は、個々の企業の業績予測期間、業績予測能力、当該企業の置かれている経営環境等を勘案した結果、5年以内のより短い期間となる場合があります。その場合、当該期間を合理的な見積可能期間とします（税金資産適用指針25）。

（分類4）に該当する企業の取扱い

　次のいずれかの要件を満たし、かつ、翌期において一時差異等加減算前課税所得が生じることが見込まれる企業は、（分類4）に該当します（税金資産適用指針26）。

要　　　　　件
過去（3年）又は当期において、重要な税務上の欠損金が生じている。
過去（3年）において、重要な税務上の欠損金の繰越期限切れとなった事実がある。
当期末において、重要な税務上の欠損金の繰越期限切れが見込まれる。

（分類4）に該当する企業においては、繰延税金資産の回収可能性は、次のように判断します（税金資産適用指針27）。

分　　　　　類	判　　　断
翌期の一時差異等加減算前課税所得の見積額に基づいて、翌期の一時差異等のスケジューリングの結果見積った繰延税金資産	回収可能性あり
上記以外の繰延税金資産	回収可能性なし

この要件を満たす企業においては、重要な税務上の欠損金が生じた原因、中長期計画、過去における中長期計画の達成状況、過去（3年）及び当期の課税所得又は税務上の欠損金の推移等を勘案して、将来の一時差異等加減算前課税所得を見積る場合、将来において5年超にわたり一時差異等加減算前課税所得が安定的に生じることを企業が合理的な根拠をもって説明するときは（分類2）に該当するものとして取り扱います（税金資産適用指針28）。

また、この要件を満たす企業においては、重要な税務上の欠損金が生じた原因、中長期計画、過去における中長期計画の達成状況、過去（3年）及び当期の課税所得又は税務上の欠損金の推移等を勘案して、将来の一時差異等加減算前課税所得を見積る場合、将来においておおむね3年から5年程度は一時差異等加減算前課税所得が生じることを企業が合理的な根拠をもって説明するときは（分類3）に該当するものとして取り扱います（税金資産適用指針29）。

（分類5）に該当する企業の取扱い

次の要件をいずれも満たす企業は、（分類5）に該当します（税金資産適用指針30）。

要　　　　　　　　　件
過去（3年）及び当期のすべての事業年度において、重要な税務上の欠損金が生じている。
翌期においても重要な税務上の欠損金が生じることが見込まれる。

（分類5）に該当する企業においては、原則として、繰延税金資産の全額について回収可能性はないものとします（税金資産適用指針31）。

⑸　**表　示**

　繰延税金資産投資その他の資産の区分に表示し、繰延税金負債は固定負債の区分に表示します（税効果基準・第三1）。

　同一納税主体の繰延税金資産と繰延税金負債は、双方を相殺して表示します。異なる納税主体の繰延税金資産と繰延税金負債は、双方を相殺せずに表示します（税効果基準・第三2）。

　これを図示すると、次の通りです。

| 繰延税金資産 | 投資その他の資産 | 同一納税主体
← 相殺表示 → | 固定負債 | 繰延税金負債 |

　ただし、グループ通算制度を適用する場合の連結財務諸表における繰延税金資産と繰延税金負債の表示については、通算グループ全体の繰延税金資産の合計と繰延税金負債の合計を相殺して、連結貸借対照表の投資その他の資産の区分又は固定負債の区分に表示します（税効果基準・第三2）。

⑹　**注　記**

　財務諸表及び連結財務諸表については、次の事項を注記します（税効果基準・第四）。

⑴　繰延税金資産及び繰延税金負債の発生原因別の主な内訳

⑵　税引前当期純利益又は税金等調整前当期純利益に対する法人税等（法人税等調整額を含む）の比率と法定実効税率との間に重要な差異があるときは、当該差異の原因となった主要な項目別の内訳

⑶　税率の変更により繰延税金資産及び繰延税金負債の金額が修正されたときは、その旨及び修正額

⑷　決算日後に税率の変更があった場合には、その内容及びその影響

---

①　繰延税金資産の発生原因別の主な内訳を注記するにあたっては、繰延税金資産から控除された額（評価性引当額）（注5に係るもの）を併せて記載する。繰延税金資産の発生原因別の主な内訳として税務上の繰越欠損金を記載している場合であって、当該税務上の繰越欠損金の額が重要であるときは、繰延税金資産から控除され

た額（評価性引当額）は、税務上の繰越欠損金に係る評価性引当額と将来減算一時
差異等の合計に係る評価性引当額に区分して記載します。なお、将来減算一時差異
等の合計に係る評価性引当額の区分には、繰越外国税額控除や繰越可能な租税特別
措置法上の法人税額の特別控除等を含めます（税効果基準・注8(1)）。

② 繰延税金資産から控除された額（評価性引当額）に重要な変動が生じている場合、
当該変動の主な内容を記載します。なお、連結財務諸表を作成している場合、個別
財務諸表において記載する必要はありません（税効果基準・注8(2)）。

③ 繰延税金資産の発生原因別の主な内訳として税務上の繰越欠損金を記載している
場合であって、当該税務上の繰越欠損金の額が重要であるときは、次の事項を記載
します。なお、連結財務諸表を作成している場合、個別財務諸表において記載する
必要はありません（税効果基準・注9）。

---

(1) 繰越期限別の税務上の繰越欠損金に係る次の金額

　① 税務上の繰越欠損金の額に納税主体ごとの法定実効税率を乗じた額

　② 税務上の繰越欠損金に係る繰延税金資産から控除された額（評価性引当
　　額）

　③ 税務上の繰越欠損金に係る繰延税金資産の額

(2) 税務上の繰越欠損金に係る重要な繰延税金資産を計上している場合、当該
　繰延税金資産を回収可能と判断した主な理由

8　1株当たり当期純利益

(1)　1株当たり当期純利益に関する会計基準

　財務諸表において開示する1株当たり当期純利益及び潜在株式調整後1株当たり当期純利益の算定方法を定めることを目的として、「1株当たり当期純利益に関する会計基準（企業会計基準第2号）」が定められています。

(2)　用語の定義

　用語の定義は、次の通りです（1株当たり利益基準5～11）。

用　語	定　義
普通株式	株主としての権利内容に制限のない、標準となる株式
普通株主	普通株式を有する者
配当優先株式	普通株式よりも配当請求権（剰余金の配当を受ける権利）が優先的に認められる株式
優先配当	配当優先株式における優先的な剰余金の配当（留保利益から行われるもの）
潜在株式	保有者が普通株式を取得することができる権利若しくは普通株式への転換請求権又はこれらに準じる権利が付された証券又は契約 （例）ワラント、転換証券
ワラント	保有者が普通株式を取得することのできる権利又はこれに準じる権利 （例）新株予約権
転換証券	普通株式への転換請求権若しくはこれに準じる権利が付された金融負債又は普通株式以外の株式 （転換負債又は転換株式） （例）　一括法で処理されている新株予約権付社債、一定の取得請求権付株式

⑶　1株当たり当期純利益の算定

算定方法は、次の通りです（1株当たり利益基準12）。

$$1株当たり当期純利益 = \frac{普通株式に係る当期純利益}{普通株式の期中平均株式数}$$

$$= \frac{損益計算書上の当期純利益 - 普通株主に帰属しない金額}{普通株式の期中平均発行済株式数 - 普通株式の期中平均自己株式数}$$

当期純損失の場合にも、当期純利益の場合と同様に、1株当たり当期純損失を算定します。

「普通株主に帰属しない金額」とは、剰余金の配当に関連する項目で普通株主に帰属しない金額のことをいい、「優先配当額」などが含まれます（1株当たり利益基準14、15）。

「優先配当額」の内容は、次の通りです（1株当たり利益基準16）。

区　分	内　容
累積型配当優先株式	1株当たり当期純利益の算定対象となる会計期間に係る要支払額
非累積型配当優先株式	1株当たり当期純利益の算定対象となる会計期間に基準日が属する剰余金の配当を基礎として算定した額

優先株式で、優先株主に対して支払うべき株主配当額が優先株主配当金の額に達しない場合、その不足分が次期以降の優先株主配当金と合わせて支払われる株式を「累積型配当優先株式」、不足分を次年度以降には繰り越さない株式を「非累積型配当優先株式」といいます。

(4)　潜在株式調整後1株当たり当期純利益

　新株発行増資や株式分割などにより株式会社の発行する株式数が増えたために1株当たりの権利内容が小さくなることを「株式の希薄化」といいます。

　潜在株式が希薄化効果を有する場合の潜在株式調整後1株当たり当期純利益の算定方法は、次の通りです（1株当たり利益基準21）。

$$\text{潜在株式調整後} \atop \text{1株当たり当期純利益} = \frac{\text{普通株式に係る当期純利益＋当期純利益調整額}}{\text{普通株式の期中平均株式数＋普通株式増加数}}$$

　「当期純利益調整額」とは、希薄化効果を有する各々の潜在株式に係る当期純利益調整額のことをいいます。

　潜在株式が複数存在する場合は、最大希薄化効果を反映した潜在株式調整後1株当たり当期純利益を算定します（1株当たり利益基準22）。

　なお、以下の場合には、その旨を開示し、潜在株式調整後1株当たり当期純利益の開示は行いません（1株当たり利益基準23）。

(1)　潜在株式が存在しない場合
(2)　潜在株式が存在しても希薄化効果を有しない場合
(3)　1株当たり当期純損失の場合

　潜在株式の代表的な例として、「ワラントが存在する場合」と「転換証券が存在する場合」があります。

(5)　ワラントが存在する場合

　ワラントが希薄化効果を有する場合、上記(4)の「普通株式増加数」は、次の通りに算定します（1株当たり利益基準25、26）。

$$\text{普通株式増加数} = \text{希薄化効果を有するワラントが期首又は発行時においてすべて行使されたと仮定した場合に発行される普通株式数} - \text{期中平均株価にて普通株式を買い受けたと仮定した普通株式数}$$

⑹ 転換証券が存在する場合

　転換証券が希薄化効果を有する場合、上記⑷の「当期純利益調整額」は、次の通り
に算定します（1株当たり利益基準28、29）。

$$
\begin{array}{c}
当期純利\\
益調整額
\end{array}
=
\begin{array}{c}
転換負債に係る当期の支\\
払利息の金額、社債金額\\
よりも低い価額又は高い\\
価額で発行した場合にお\\
けるその差額に係る当期\\
償却額及び利払いに係る\\
事務手数料等の費用の合\\
計額
\end{array}
-
\begin{array}{c}
当該金額\\
に課税さ\\
れたと仮\\
定した場\\
合の税額\\
相当額
\end{array}
+
\begin{array}{c}
転換株式について、\\
1株当たり当期純\\
利益を算定する際\\
に当期純利益から\\
控除されたその株\\
式に関連する普通\\
株主に帰属しない\\
金額
\end{array}
$$

　「普通株式増加数」は、次の通りに算定します（1株当たり利益基準30）。

$$
普通株式増加数
=
\begin{array}{c}
転換証券が期首に存在す\\
る場合の、期首において\\
すべて転換されたと仮定\\
した場合に発行される普\\
通株式数
\end{array}
+
\begin{array}{c}
転換証券が期中に発行さ\\
れた場合の、発行時にお\\
いてすべて転換されたと\\
仮定し算定した当該発行\\
時から期末までの期間に\\
応じた普通株式数
\end{array}
$$

⑺ 株式併合又は株式分割が行われた場合

　「普通株式の期中平均株式数」及び「普通株式増加数」は、表示する財務諸表のう
ち、最も古い期間の期首に株式併合又は株式分割が行われたと仮定して算定します。
また、当期の貸借対照表日後に株式併合又は株式分割が行われた場合も、同様に仮定
して算定します（1株当たり利益基準30－2、30－3）。

(8)　会計方針の変更又は過去の誤謬の訂正が行われた場合

　会計方針の変更又は過去の誤謬の訂正により財務諸表に遡及適用又は修正再表示が行われた場合は、表示期間の1株当たり当期純利益及び潜在株式調整後1株当たり当期純利益を、遡及適用後又は修正再表示後の金額により算定します（1株当たり利益基準30-4）。

　なお、過去の期間の財務諸表に注記された潜在株式調整後1株当たり当期純利益は、その後の期間の転換証券の普通株式への転換又は普通株式の株価の変動などにより、潜在株式に係る権利の行使の際に仮定した事項が変化した場合であっても、遡及的に修正しません（1株当たり利益基準30-5）。

(9)　開示

　当期に株式併合又は株式分割が行われた場合には、その旨及び表示期間の1株当たり当期純利益及び潜在株式調整後1株当たり当期純利益を「1株当たり当期純利益に関する会計基準（企業会計基準第2号）」第30-2項及び第30-3項に従い算定している旨を注記します。当期の貸借対照表日後に株式併合又は株式分割が行われた場合も、同様の注記を行います（1株当たり利益基準31）。

　財務諸表において、1株当たり当期純利益又は潜在株式調整後1株当たり当期純利益を開示する場合には、金額の算定上の基礎も注記します（1株当たり利益基準33）。

9　会計上の変更及び誤謬の訂正

(1)　会計上の変更及び誤謬の訂正に関する会計基準

　会計上の変更及び過去の誤謬の訂正に関する会計上の取扱い（開示を含みます。）を定めることを目的として、「会計上の変更及び誤謬の訂正に関する会計基準（企業会計基準第24号）」が定められています。

(2)　用語の定義

　用語の定義は、次の通りです（会計変更基準4、7(1)）。

用　　語	定　　　　　義
会計方針	財務諸表の作成にあたって採用した会計処理の原則及び手続
表示方法	財務諸表の作成にあたって採用した表示の方法（注記による開示も含む）をいい、財務諸表の科目分類、科目配列及び報告様式が含まれる。
会計上の見積り	資産及び負債や収益及び費用等の額に不確実性がある場合において、財務諸表作成時に入手可能な情報に基づいて、その合理的な金額を算出すること
会計上の変更	会計方針の変更、表示方法の変更及び会計上の見積りの変更（過去の財務諸表における誤謬の訂正は、会計上の変更には該当しない。）
会計方針の変更	従来採用していた一般に公正妥当と認められた会計方針から他の一般に公正妥当と認められた会計方針に変更すること
表示方法の変更	従来採用していた一般に公正妥当と認められた表示方法から他の一般に公正妥当と認められた表示方法に変更すること
会計上の見積りの変更	新たに入手可能となった情報に基づいて、過去に財務諸表を作成する際に行った会計上の見積りを変更すること
誤　　謬	原因となる行為が意図的であるか否かにかかわらず、財務諸表作成時に入手可能な情報を使用しなかったことによる、又はこれを誤用したことによる、次のような誤り ①　財務諸表の基礎となるデータの収集又は処理上の誤り ②　事実の見落としや誤解から生じる会計上の見積りの誤り ③　会計方針の適用の誤り又は表示方法の誤り
遡及適用	新たな会計方針を過去の財務諸表に遡って適用していたかのように会計処理すること

財務諸表の組替え	新たな表示方法を過去の財務諸表に遡って適用していたかのように表示を変更すること
修正再表示	過去の財務諸表における誤謬の訂正を財務諸表に反映すること
表示期間	当期の財務諸表及びこれに併せて過去の財務諸表が表示されている場合の、その表示期間

(3) 原則的な取扱い

原則的な取扱いは、次の通りです（会計変更基準 6、13、14、17、21）。

区 分				取扱い
会 計 上 の変更	会計方針 の変更	会計基準等の改 正に伴う場合	会計基準等に特定 の経過的な取扱い の規定あり	その経過的な取扱 いに従う。
			会計基準等に特定 の経過的な取扱い の規定なし	新たな会計方針を 過去の期間のすべ てに遡及適用する。
		会計基準等の改正以外の正当な理由に よる場合		
	表示方法 の変更	表示方法を定めた会計基準又は法令等 の改正による場合		表示する過去の財 務諸表について、 新たな表示方法に 従い財務諸表の組 替えを行う。
		会計事象等を財務諸表により適切に反 映するために行う場合		
	会計上の 見積りの 変更	変更期間のみに影響する場合		変更期間に会計処 理を行う。
		将来の期間にも影響する場合		将来にわたり会計 処理を行う。
過去の誤謬の訂正				遡及して修正再表 示する。

原則的な取扱いを図示すると、次の通りです。

〔会計方針の変更〕

＊　新たな会計方針を過去の期間のすべてに遡及適用する場合

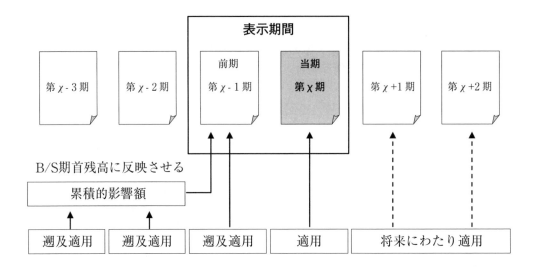

〔表示方法の変更〕

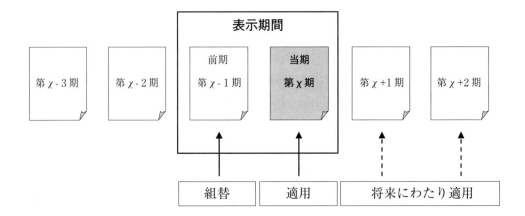

〔会計上の見積りの変更〕

＊ 変更期間のみに影響する場合

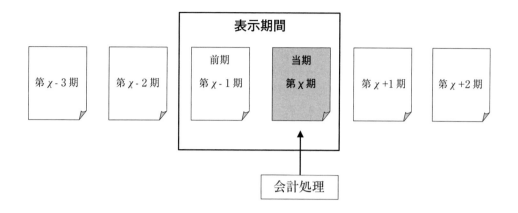

＊ 将来の期間にも影響する場合

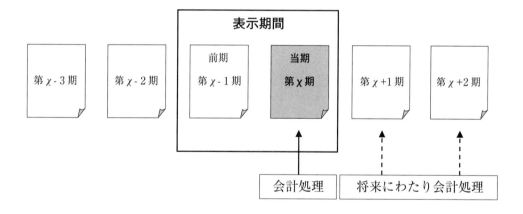

〔過去の誤謬の訂正〕

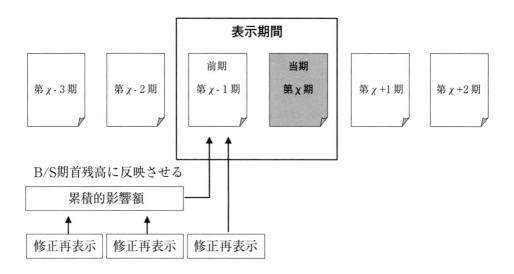

⑷ 原則的な取扱いが実務上不可能な場合の取扱い

① 遡及適用が実務上不可能な場合

遡及適用が実務上不可能な場合とは、次のような状況が該当します（会計変更基準8）。

---

* 過去の情報が収集・保存されておらず、合理的な努力を行っても、遡及適用による影響額を算定できない場合

* 遡及適用にあたり、過去における経営者の意図について仮定することが必要な場合

* 遡及適用にあたり、会計上の見積りを必要とするときに、会計事象等が発生した時点の状況に関する情報について、対象となる過去の財務諸表が作成された時点で入手可能であったものと、その後判明したものとに、客観的に区別することが時の経過により不可能な場合

---

② 原則的な取扱いが実務上不可能な場合の取扱い

遡及適用の原則的な取扱いが実務上不可能な場合の取扱いは、次の通りです（会計変更基準9、15)。

会計方針の変更		表示方法の変更
表示期間のいずれかにおいて影響額を算定することが実務上不可能な場合	過去のすべての期間の累積的影響額を算定することが実務上不可能な場合	財務諸表の組替えが実行可能な最も古い期間から新たな表示方法を適用する。
遡及適用が実行可能な最も古い期間の期首時点で累積的影響額を算定し、当該期首残高から新たな会計方針を適用する。	期首以前の実行可能な最も古い日から将来にわたり新たな会計方針を適用する。	

「遡及適用が実行可能な最も古い期間」が「当期」となる場合も認められています。

⑸　**会計方針の変更を会計上の見積りの変更と区別することが困難な場合の取扱い**

　会計方針の変更を会計上の見積りの変更と区別することが困難な場合については、会計上の見積りの変更と同様に取り扱い、遡及適用は行いません（会計変更基準19）。

　有形固定資産等の減価償却方法及び無形固定資産の償却方法は、会計方針に該当しますが、その変更については、会計上の見積りの変更と同様に取り扱います（会計変更基準20）。

⑹　開　示

①　会計方針の変更

注記事項は、次の通りです（会計変更基準10、11、22－2）。

会計基準等の改正に伴う場合	会計基準等の改正以外の正当な理由による場合	未適用の会計基準等に関する注記
会計基準等の名称		新しい会計基準等の名称及び概要
会計方針の変更の内容		
	会計方針の変更を行った正当な理由	
経過的な取扱いに従って会計処理を行った場合、その旨及び当該経過的な取扱いの概要		新しい会計基準等の適用による影響に関する記述
経過的な取扱いが将来に影響を及ぼす可能性がある場合には、その旨及び将来への影響		
表示期間のうち過去の期間について、影響を受ける財務諸表の主な表示科目に対する影響額及び1株当たり情報に対する影響額		
表示されている財務諸表のうち、最も古い期間の期首の純資産の額に反映された、表示期間より前の期間に関する会計方針の変更による遡及適用の累積的影響額		
原則的な取扱いが実務上不可能な場合には、その理由、会計方針の変更の適用方法及び適用開始時期		
		適用予定日（早期適用する場合には早期適用予定日）に関する記述

②　表示方法の変更

注記事項は、次の通りです（会計変更基準16）。

---

(1)　財務諸表の組替えの内容

(2)　財務諸表の組替えを行った理由

(3)　組替えられた過去の財務諸表の主な項目の金額

(4)　原則的な取扱いが実務上不可能な場合（前項参照）には、その理由

---

③　会計上の見積りの変更

注記事項は、次の通りです（会計変更基準18）。

---

(1)　会計上の見積りの変更の内容

(2)　会計上の見積りの変更が、当期に影響を及ぼす場合は当期への影響額

　　　当期への影響がない場合でも将来の期間に影響を及ぼす可能性があり、かつ、

　　その影響額を合理的に見積ることができるときには、その影響額

　　　ただし、将来への影響額を合理的に見積ることが困難な場合には、その旨

---

④　過去の誤謬

注記事項は、次の通りです（会計変更基準22）。

---

(1)　過去の誤謬の内容

(2)　表示期間のうち過去の期間について、影響を受ける財務諸表の主な表示科目

　　に対する影響額及び1株当たり情報に対する影響額

(3)　表示されている財務諸表のうち、最も古い期間の期首の純資産の額に反映さ

　　れた、表示期間より前の期間に関する修正再表示の累積的影響額

10　包括利益

(1)　包括利益の表示に関する会計基準

　平成22年6月30日に、財務諸表における包括利益及びその他の包括利益の表示について定めることを目的として、「包括利益の表示に関する会計基準（企業会計基準第25号）」が公表されました。

(2)　用語の定義

　用語の定義は、次の通りです（包括利益基準4、5）。

用　　語	定　　　　義
包括利益	企業の特定期間の財務諸表において認識された純資産の変動額のうち、企業の純資産に対する持分所有者との直接的な取引によらない部分 企業の純資産に対する持分所有者には、企業の株主のほか企業の発行する新株予約権の所有者が含まれ、連結財務諸表においては、企業の子会社の非支配株主も含まれる。
その他の包括利益	包括利益のうち当期純利益に含まれない部分 連結財務諸表におけるその他の包括利益には、親会社株主に係る部分と非支配株主に係る部分が含まれる。

　包括利益とその他の包括利益との関係は、次の通りです。

　　　　　当期純利益　＋　その他の包括利益　＝　包括利益

(3)　計算の内訳表示

　その他の包括利益の内訳項目は、その内容に基づいて、その他有価証券評価差額金、繰延ヘッジ損益、為替換算調整勘定、退職給付に係る調整額等に区分して表示します。持分法を適用する被投資会社のその他の包括利益に対する投資会社の持分相当額は、一括して区分表示します（包括利益基準7）。

　その他の包括利益の内訳項目は、その他の包括利益に関する、法人税その他利益に

関連する金額を課税標準とする税金及び税効果を控除した後の金額で表示します。ただし、各内訳項目について法人税等及び税効果を控除する前の金額で表示して、それらに関連する法人税等及び税効果の金額を一括して加減する方法で記載することもできます（包括利益基準8）。

(4)　注記

　注記事項は、次の通りです。注記は、連結財務諸表作成会社の個別財務諸表及び四半期財務諸表においては、省略することができます（包括利益基準8～10）。

---

(1)　その他の包括利益の各内訳項目別の税効果の金額を注記

(2)　当期純利益を構成する項目のうち、当期又は過去の期間にその他の包括利益に含まれていた部分は、組替調整額として、その他の包括利益の内訳項目ごとに注記（上記の注記と併記可）

---

(5)　計算書の形式

　包括利益を表示する計算書は、次のいずれかの形式によります。連結財務諸表においては、包括利益のうち親会社株主に係る金額及び少数株主に係る金額を付記します（包括利益基準11）。

形　　式	定　　　　義
2計算書方式	当期純利益を表示する「損益計算書」と、包括利益を表示する「包括利益計算書」からなる形式
1計算書方式	当期純利益の表示と包括利益の表示を1つの計算書（「損益及び包括利益計算書」）で行う形式

連結財務諸表における表示例は、次の通りです。

2計算書方式	
連結損益計算書	
売上高	×××
………	………
税金等調整前当期純利益	×××
法人税等	×××
当期純利益	×××
非支配株主に帰属する当期純利益	×××
親会社株主に帰属する当期純利益	×××
連結包括利益計算書	
当期純利益	×××
その他の包括利益：	
その他有価証券評価差額金	×××
繰延ヘッジ損益	×××
為替換算調整勘定	×××
持分法適用会社に対する持分相当額	×××
その他の包括利益合計	×××
包括利益	×××
（内訳）	
親会社株主に係る包括利益	×××
非支配株主に係る包括利益	×××

1計算書方式	
連結損益及び包括利益計算書	
売上高	×××
………	………
税金等調整前当期純利益	×××
法人税等	×××
当期純利益	×××
（内訳）	×××
非支配株主に帰属する当期純利益	×××
親会社株主に帰属する当期純利益	×××
その他の包括利益：	
その他有価証券評価差額金	×××
繰延ヘッジ損益	×××
為替換算調整勘定	×××
持分法適用会社に対する持分相当額	×××
その他の包括利益合計	×××
包括利益	×××
（内訳）	
親会社株主に係る包括利益	×××
非支配株主に係る包括利益	×××

第7章 キャッシュ・フロー計算書

第1 総 論

1 意義及び必要性

　キャッシュ・フロー計算書は、企業の一会計期間におけるキャッシュ・フローの状況を報告するために作成するものです。

　キャッシュ・フロー計算書は、次のような観点から必要とされます。

必 要 性	理 由
企業の資金情報の提供	損益計算書だけでは、企業におけるキャッシュ・フローを十分に把握することができない。
企業間の比較可能性の向上	キャッシュ・フロー計算は損益計算に比較して代替的方法が少ないため、比較可能性に優れている。

第2　各　論

1　キャッシュ・フロー計算書

⑴　連結キャッシュ・フロー計算書等の作成基準

連結キャッシュ・フロー計算書等の作成基準を定めることを目的として、「連結キャッシュ・フロー計算書等の作成基準（平成10年３月13日　企業会計審議会)」が定められています。

「連結キャッシュ・フロー計算書等の作成基準」は、「連結キャッシュ・フロー計算書作成基準」、個別ベースの「キャッシュ・フロー計算書作成基準」、「四半期連結キャッシュ・フロー計算書作成基準」及び個別ベースの「四半期キャッシュ・フロー計算書作成基準」を含むものですが、これらの作成基準は基本的には同一であるため、年度の「連結キャッシュ・フロー計算書作成基準」を示し、他はそれを準用する形態で規定されています（キャッシュ・フロー基準・意見書三１）。

⑵　資金の範囲

キャッシュ・フロー計算書が対象とする資金の範囲は、現金及び現金同等物です（キャッシュ・フロー基準第二・一、注解１、２）。

項　目	内　　容	例　　示
現　金	手許現金及び要求払預金	当座預金 普通預金 通知預金
現金同等物	容易に換金可能であり、かつ、価値の変動について僅少なリスクしか負わない短期投資	取得日から満期日又は償還日までの期間が３か月以内の定期預金 譲渡性預金 コマーシャル・ペーパー 売戻し条件付現先 公社債投資信託

(3)　表示区分

①　区分

　キャッシュ・フロー計算書には、「営業活動によるキャッシュ・フロー」、「投資活動によるキャッシュ・フロー」及び「財務活動によるキャッシュ・フロー」の区分を設けます（キャッシュ・フロー基準・第二・二1、注解3～5）。

区　分	内　容	例　示
営業活動によるキャッシュ・フロー	営業損益計算の対象となった取引のほか、投資活動及び財務活動以外の取引によるキャッシュ・フローを記載する。	＊　商品及び役務の販売収入 ＊　商品及び役務の購入支出 ＊　従業員及び役員に対する報酬の支出 ＊　災害による保険金収入 ＊　損害賠償金の支払
投資活動によるキャッシュ・フロー	固定資産の取得及び売却、現金同等物に含まれない短期投資の取得及び売却等によるキャッシュ・フローを記載する。	＊　有形・無形固定資産の取得支出 ＊　有形・無形固定資産の売却収入 ＊　投資有価証券等の取得支出 ＊　投資有価証券等の売却収入 ＊　貸付けによる支出 ＊　貸付金の回収による収入
財務活動によるキャッシュ・フロー	資産の調達及び返済によるキャッシュ・フローを記載する。	＊　株式の発行による収入 ＊　自己株式の取得による支出 ＊　配当金の支払 ＊　社債の発行及び借入れによる収入 ＊　社債の償還及び借入返済による支出

②　法人税等に係るキャッシュ・フロー

　「営業活動によるキャッシュ・フロー」の区分に記載します（キャッシュ・フロー基準・第二・二2）。

　法人税等は、「営業活動によるキャッシュ・フロー」の区分に一括して記載する方法と3つの区分に分けて記載する方法が考えられますが、それぞれの活動ごとに課税所得を分割することは困難であると考えられるため、「営業活動によるキャッシュ・フロー」の区分に一括して記載します（キャッシュ・フロー基準・意見書三3(5)）。

③　利息及び配当金に係るキャッシュ・フロー

　次のいずれかの方法により記載します（キャッシュ・フロー基準・第二・二3）。

科　目	方法1	方法2
受取利息	営業活動によるキャッシュ・フロー	投資活動によるキャッシュ・フロー
受取配当金		
支払利息		財務活動によるキャッシュ・フロー
支払配当金	財務活動によるキャッシュ・フロー	

④　連結範囲の変動を伴う子会社株式の取得又は売却に係るキャッシュ・フロー

　「投資活動によるキャッシュ・フロー」の区分の独立の項目として記載します。この場合、新たに連結子会社となった会社の現金及び現金同等物の額は株式の取得による支出額から控除し、連結子会社でなくなった会社の現金及び現金同等物の額は株式の売却による収入額から控除します（キャッシュ・フロー基準・第二・二4）。

　営業の譲受け又は譲渡に係るキャッシュ・フローについても、「投資活動によるキャッシュ・フロー」の区分に、同様に計算した額をもって、独立の項目として記載します（キャッシュ・フロー基準・第二・二4）。

⑷　**連結会社相互間のキャッシュ・フロー**

　連結キャッシュ・フロー計算書の作成にあたっては、連結会社相互間のキャッシュ・フローは相殺消去します（キャッシュ・フロー基準・第二・三）。

⑸　**在外子会社のキャッシュ・フロー**

　在外子会社における外貨によるキャッシュ・フローは、「外貨建取引等会計処理基準」における収益及び費用の換算方法に準じて換算します（キャッシュ・フロー基準・第二・四）。

⑹ 表示方法

① 「営業活動によるキャッシュ・フロー」

次のいずれかの方法により表示します（キャッシュ・フロー基準・第三・一）。

方法	内　　　　　容
直接法	主要な取引ごとにキャッシュ・フローを総額表示する方法
間接法	税金等調整前当期純利益に非資金損金項目、営業活動に係る資産及び負債の増減、「投資活動によるキャッシュ・フロー」及び「財務活動によるキャッシュ・フロー」の区分に含まれる損金項目を加減して表示する方法

「直接法」と「間接法」の長所及び短所は、次の通りです。

方法	長　　　所	短　　　所
直接法	＊　営業活動に係るキャッシュ・フローが総額で表示される。	＊　実務上手数を要する。 ＊　純利益と営業活動に係るキャッシュ・フローとの関係が明示されない。
間接法	＊　実務上簡便である。 ＊　純利益と営業活動に係るキャッシュ・フローとの関係が明示される。	＊　営業活動に係るキャッシュ・フローが総額で表示されない。

「直接法」と「間接法」のいずれの方法も一長一短があることから、継続適用を条件として、これらの方法の選択適用を認めています（キャッシュ・フロー基準・意見書三４）。

②　「投資活動によるキャッシュ・フロー」「財務活動によるキャッシュ・フロー」

　主要な取引ごとにキャッシュ・フローを総額表示します（キャッシュ・フロー基準・第三・二）。

　期間が短く、かつ、回転が速い項目に係るキャッシュ・フローについては、純額で表示することができます（キャッシュ・フロー基準・注解8）。

③　現金及び現金同等物に係る換算差額

　他と区別して表示します（キャッシュ・フロー基準・第三・三）。

第2　各　論

「営業活動によるキャッシュ・フロー」を直接法により表示すると、次の通りです。

I　営業活動によるキャッシュ・フロー	
営業収入	××××
原材料又は商品の仕入支出	△×××
人件費支出	△×××
その他の営業支出	△×××
小　　計	×××
利息及び配当金の受取額	×××
利息の支払額	△×××
‥‥‥‥‥‥‥‥‥	×××
法人税等の支払額	△×××
営業活動によるキャッシュ・フロー	×××

「営業活動によるキャッシュ・フロー」を間接法により表示すると、次の通りです。

I　営業活動によるキャッシュ・フロー	
税金等調整前当期純利益	×××
減価償却費	×××
貸倒引当金の増加額	×××
受取利息及び受取配当金	△×××
支払利息	×××
為替差損	×××
持分法による投資利益	△×××
有形固定資産売却益	△×××
売上債権の増加額	△×××
たな卸資産の減少額	×××
仕入債務の減少額	△×××
‥‥‥‥‥‥‥‥‥	×××
小　　計	×××
利息及び配当金の受取額	×××
利息の支払額	△×××
‥‥‥‥‥‥‥‥‥	×××
法人税等の支払額	△×××
営業活動によるキャッシュ・フロー	×××

　「投資活動によるキャッシュ・フロー」「財務活動によるキャッシュ・フロー」を表示すると、次の通りです。

Ⅱ	投資活動によるキャッシュ・フロー	
	有形固定資産の取得による支出	△×××
	有形固定資産の売却による収入	×××
	投資有価証券の取得による支出	△×××
	投資有価証券の売却による収入	×××
	連結範囲の変更を伴う子会社株式の取得	△×××
	連結範囲の変更を伴う子会社株式の売却	×××
	貸付けによる支出	△×××
	貸付金の回収による収入	×××
	………………	×××
	投資活動によるキャッシュ・フロー	×××
Ⅲ	財務活動によるキャッシュ・フロー	
	短期借入れによる収入	×××
	短期借入金の返済による支出	△×××
	長期借入れによる収入	×××
	長期借入金の返済による支出	△×××
	社債の発行による収入	×××
	社債の償還による支出	△×××
	株式の発行による収入	×××
	自己株式の取得による支出	△×××
	親会社による配当金の支払額	△×××
	少数株主への配当金の支払額	△×××
	………………	×××
	財務活動によるキャッシュ・フロー	×××
Ⅳ	現金及び現金同等物に係る換算差額	×××
Ⅴ	現金及び現金同等物の増加額	×××
Ⅵ	現金及び現金同等物期首残高	×××
Ⅶ	現金及び現金同等物期末残高	×××

(7)　キャッシュ・フロー計算書の作成（間接法）

　キャッシュ・フロー計算書を間接法で作成する場合、2期比較の貸借対照表をもとに作成します。本節では、キャッシュ・フロー計算書を間接法で作成する場合に必要となる 会計処理 を解説します。

貸 借 対 照 表

科　目	前期末	当期末	増　減		科　目	前期末	当期末	増　減	
現金及び預金	×××	××× ××	（＊27）		買掛金	×××	××× ××	（＊10）	
受取手形	×××	××× ××	（＊11）		短期借入金	×××	××× ××	（＊20）	
売掛金	×××	××× ××	（＊9）		未払金	×××	××× ××	（＊7）	
貸倒引当金	△×××	△××× ××	（＊8）		未払法人税等	×××	××× ××	（＊15）	
有価証券	×××	××× ××	（＊17）		未払消費税等	×××	××× ××	（＊6）	
たな卸資産	×××	××× ××	（＊5）		未払利息	×××	××× ××	（＊14）	
未収利息	×××	××× ××	（＊13）		社債	×××	××× ××	（＊19）	
有形固定資産	×××	××× ××	（＊3,19,23）		長期借入金	×××	××× ××	（＊21）	
減価償却累計額	△×××	△××× ××	（＊1,4）		リース債務	×××	××× ××	（＊22）	
関係会社株式	×××	××× ××	（＊18）		退職給付引当金	×××	××× ××	（＊2）	
					割引手形	×××	××× ××	（＊12）	
					資本金	×××	××× ××	（＊24）	
					利益剰余金	×××	××× ××	（＊16,25,26）	
合　　計	×××	××× ××			合　　計	×××	××× ××		

　なお、以下の 会計処理 において、仕訳科目に C/F を付した項目の内容は、次の通りです。

C/F が付されている科目	現金及び現金同等物への影響	税金等調整前当期純利益への影響
借方科目	支　　出	減　　算
貸方科目	収　　入	加　　算

① 非資金支出費用

　非資金支出費用は、キャッシュの減少を伴わない費用です。売上原価、販売費及び一般管理費に含まれる非資金支出費用に係る会計処理は、次の通りです。

```
┌─────────────────────────────────────────────────────────────┐
│  会計処理   非資金支出費用                                      │
│  〔減価償却費〕                                                 │
│  ┌─────────────────────────────────────────────────────────┐ │
│  │ （借）減価償却累計額　　×××＊1　（貸）C/F 減価償却費　×××＊│ │
│  └─────────────────────────────────────────────────────────┘ │
│  　＊　減価償却費合計                                            │
│  〔貸倒引当金増加額〕                                           │
│  ┌─────────────────────────────────────────────────────────┐ │
│  │ （借）貸倒引当金　　　×××＊8　（貸）C/F 貸倒引当金の増加額 ×××│ │
│  └─────────────────────────────────────────────────────────┘ │
│  〔退職給付引当金増加額〕                                        │
│  ┌─────────────────────────────────────────────────────────┐ │
│  │ （借）退職給付引当金　×××＊2　（貸）C/F 退職給付引当金の増加額 ×××│ │
│  └─────────────────────────────────────────────────────────┘ │
└─────────────────────────────────────────────────────────────┘
```

② 営業外損益項目・特別損益項目

　営業外損益項目・特別損益項目に含まれる非資金支出費用に係る会計処理は、次の通りです。

　為替差損益には、営業取引に係る債権債務によるものも含まれるため、その金額を考慮して処理します。

```
┌─────────────────────────────────────────────────────────────┐
│  会計処理   営業外損益項目・特別損益項目                          │
│  〔現金及び預金から発生した為替差損〕                             │
│  ┌─────────────────────────────────────────────────────────┐ │
│  │ （借）C/F 現金及び現金同等物に係る換算差額 ×××＊ （貸）C/F 為替差損 ×××│ │
│  └─────────────────────────────────────────────────────────┘ │
│  　＊　損益計算書計上額－売上債権に係る為替差損＋仕入債務に係る為替差損│
│  〔有形固定資産の除却〕                                          │
│  ┌─────────────────────────────────────────────────────────┐ │
│  │ （借）有形固定資産　×××＊3　（貸）減価償却累計額　×××＊4　│ │
│  │　　　　　　　　　　　　　　　　　C/F 有形固定資産除却損 ×××＊│ │
│  └─────────────────────────────────────────────────────────┘ │
│  　＊　損益計算書計上額                                          │
│  ＊3　除却損計上対象の固定資産取得価額                            │
└─────────────────────────────────────────────────────────────┘
```

③　営業活動に係る資産・負債の増減

　営業活動に係る資産・負債の増減に係る会計処理は、次の通りです。

　なお、資産科目の減少、負債科目の増加は「加算」、資産科目の増加、負債科目の減少は「減算」として処理します。

会計処理　営業活動に係る資産・負債の増減

〔売上債権の増加額〕

（借）	C/F 売上債権の増加額	×××	（貸）売掛金	×××＊9
			受取手形	×××＊11

〔たな卸資産の減少額〕

（借）たな卸資産　　　　×××＊5　　（貸）C/F たな卸資産の減少額 ×××

〔仕入債務の減少額〕

（借）C/F 仕入債務の減少額　×××　　（貸）買掛金　　　　　×××＊10

〔未払金の増加額〕

（借）未払金　　　　　　×××＊7　　（貸）C/F 未払金の増加額　×××

〔未払消費税等の増加額〕

（借）未払消費税等　　　×××＊6　　（貸）C/F 未払消費税等の増加額 ×××

〔割引手形の減少額〕

（借）C/F 割引手形の減少額　×××　　（貸）割引手形　　　×××＊12

---

④　利息・配当金に係る調整

　利息・配当金に係る調整の会計処理は、次の通りです。

会計処理　利息・法人税等に係る調整

〔利息受取に係る調整〕

（借）	C/F 受取利息及び配当金	××××＊	（貸）未収利息	×××＊13
			C/F 利息及び配当金の受取額	×××

　＊　損益計算書計上額

〔利息支払額に係る調整〕

（借）未払利息	×××＊14	（貸）	C/F 支払利息	××××＊
C/F 利息の支払額	×××			

　＊　損益計算書計上額

---

⑤　法人税等に係る調整

　法人税等に係る調整の会計処理は、次の通りです。

```
会計処理    法人税等に係る調整

〔法人税等の支払額〕

 （借）C/F 法人税等の支払額 ×××      （貸）未払法人税等        ×××＊15
                                         利益剰余金          ×××＊16
```

⑥　「投資活動によるキャッシュ・フロー」の区分に係る調整

　「投資活動によるキャッシュ・フロー」の区分に係る調整の会計処理は、次の通りです。

```
会計処理    投資活動に係る処理

〔定期預金の預入及び払戻に関する修正（自動継続の場合）〕

 （借）C/F 定期預金の預入による支出 ×××   （貸）C/F 定期預金の払戻による収入 ×××

〔有価証券及び子会社株式の取得に関する修正〕

 （借）C/F 有価証券の取得による支出 ×××    （貸）有価証券        ×××＊17
      C/F 関係会社株式の取得による支出 ×××       関係会社株式      ×××＊18

〔有形固定資産の取得に関する修正〕

 （借）C/F 有形固定資産の取得による支出 ×××  （貸）有形固定資産      ×××＊19
```

⑦　「財務活動によるキャッシュ・フロー」の区分に係る修正

　「財務活動によるキャッシュ・フロー」の区分に係る調整の会計処理は、次の通りです。

会計処理　　**財務活動（借入金）に係る修正**

〔借入金による資金調達に関する修正〕

（借）短期借入金　　　　　×××＊20　（貸）C/F 短期借入金の増加額　×××

　　　長期借入金　　　　　×××＊21　　　　C/F 長期借入れによる収入　×××

〔借入金の返済に関する修正〕

（借）C/F 長期借入金の返済による支出 ×××　（貸）長期借入金　　　　×××＊21

会計処理　　**財務活動（社債）に係る修正**

〔社債発行による資金調達に関する修正〕

（借）社債　　　　　　　×××＊19　（貸）C/F 社債利息　　　　　×××＊

　　　　　　　　　　　　　　　　　　　　C/F 社債の発行による収入 ×××

　＊　損益計算書計上額のうち償却に係る部分

会計処理　　**財務活動（ファイナンス・リース）に係る修正**

〔ファイナンス・リース契約に関する修正〕

（借）リース債務　　　　　×××＊22　（貸）有形固定資産　　　　×××＊23

　　　C/F リース債務の返済による支出 ×××＊　　　リース債務　　　　×××＊

　＊23　当期契約分

　＊　当期増減額（＊22）－当期契約分（＊23）

会計処理　　**財務活動（自己資本）に係る修正**

〔株式発行による資金調達に関する修正〕

（借）資本金　　　　　　×××＊24　（貸）C/F 株式の発行による収入×××＊

　＊　株主資本等変動計算書計上額（新株の発行）

〔配当金支払額に関する修正〕

（借）C/F 配当金の支払額　　×××＊　（貸）利益剰余金　　　　×××＊25

　＊　株主資本等変動計算書計上額（剰余金の配当）

⑧　当期純利益への振替、現金及び現金同等物への振替

当期純利益への振替、現金及び現金同等物への振替の会計処理は、次の通りです。

> **会計処理**　税金等調整前当期純利益への振替
>
> （借）利益剰余金　　　　×××＊26　　（貸）C/F 税金等調整前当期純利益　×××＊
>
> 　＊　損益計算書より

> **会計処理**　現金及び現金同等物への振替
>
> （借）現金及び預金　　　　×××＊27　　（貸）C/F 現金及び現金同等物の期首残高　×××＊
>
> 　　　C/F 現金及び現金同等物の期末残高 ×××
>
> 　＊　前期期末残高より

上記の①から⑧までの 会計処理 により作成したキャッシュ・フロー計算書（間接法）は、次の通りです。

キャッシュ・フロー計算書

Ⅰ営業活動によるキャッシュ・フロー

税金等調整前当期純利益	×××
減価償却費	×××
有形固定資産除却損	×××
貸倒引当金の増加額	×××
退職給付引当金の増加額	×××
受取利息及び受取配当金	×××
支払利息	×××
社債利息	×××
為替差損	×××
売上債権の増加額	×××
たな卸資産の減少額	×××
仕入債務の減少額	×××
未払金の増加額	×××
未払消費税等の増加額	×××
割引手形の減少額	×××
小計	×××
利息及び配当金の受取額	×××
利息の支払額	×××
法人税等の支払額	×××
営業活動によるキャッシュ・フロー	×××

Ⅱ投資活動によるキャッシュ・フロー

定期預金の預入による支出	×××
定期預金の払戻による収入	×××
有価証券の取得による支出	×××
関係会社株式の取得による支出	×××
有形固定資産の取得による支出	×××
投資活動によるキャッシュ・フロー	×××

Ⅲ財務活動によるキャッシュ・フロー

短期借入金の増加額	×××
長期借入れによる収入	×××
長期借入金の返済による支出	×××
社債の発行による収入	×××
株式の発行による収入	×××
リース債務の返済による支出	×××
配当金の支払額	×××
財務活動によるキャッシュ・フロー	×××
Ⅳ 現金及び現金同等物に係る換算差額	×××
Ⅴ現金及び現金同等物の増加（減少）額	×××
Ⅵ現金及び現金同等物の期首残高	×××
Ⅶ現金及び現金同等物の期末残高	×××

(8)　注　記

次の事項を注記します（キャッシュ・フロー基準・第四）。

---

(1)　資金の範囲に含めた現金及び現金同等物の内容並びにその期末残高の連結貸借対照表科目別の内訳

(2)　資金の範囲を変更した場合には、その旨、その理由及び影響額

(3)　①　株式の取得又は売却により新たに連結子会社となった会社の資産・負債又は連結子会社でなくなった会社の資産・負債に重要性がある場合には、その資産・負債の主な内訳

　　　②　営業の譲受け又は譲渡により増減した資産・負債に重要性がある場合には、その資産・負債の主な内訳

(4)　重要な非資金取引

(5)　各表示区分の記載内容を変更した場合には、その内容

注記すべき重要な非資金取引には、例えば、次のようなものがあります（キャッシュ・フロー基準・注解9）。

＊　転換社債の転換

＊　ファイナンス・リースによる資産の取得

＊　株式の発行による資産の取得又は合併

＊　現物出資による株式の取得又は資産の交換

第8章　連結財務諸表

第1　総　論

1　意義及び目的

　連結財務諸表とは、支配従属関係にある2つ以上の企業からなる集団（企業集団）を単一の組織体とみなして、親会社がその企業集団の財政状態、経営成績及びキャッシュ・フローの状況を総合的に報告するものです。

　連結財務諸表のイメージを図示すると、次の通りです。

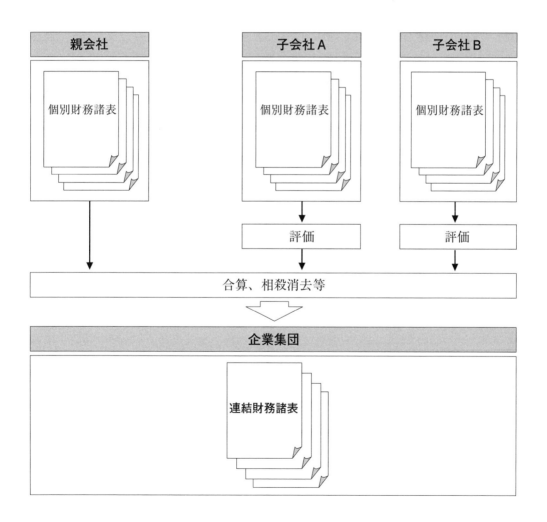

2　基本的な考え方

連結財務諸表作成の基本的な考え方には、「親会社説」と「経済的単一体説」という2つの異なる考え方があります。

	親会社説	経済的単一体説
考え方	親会社の株主の立場から連結財務諸表を作成すべきであるという考え方	親会社株主及び非支配株主の双方の立場から連結財務諸表を作成すべきであるという考え方
非支配株主持分	連結貸借対照表の株主資本を構成しない。	連結貸借対照表の株主資本を構成する。
純利益	連結損益計算書の純利益は、親会社の株主に帰属する損益を表示する。	連結損益計算書の純利益は、被支配株主に帰属する利益を含む利益を表示する。

「連結財務諸表に関する会計基準」では、次のような理由から、「親会社説」を基本としています（連結基準51）。

> ＊　連結財務諸表が提供する情報は主として親会社の投資者を対象とするものであると考えられる。
>
> ＊　親会社説による処理方法が企業集団の経営を巡る現実感覚をより適切に反映すると考えられる。

3　制度上の連結財務諸表

　「会社法会計」と「金融商品取引法会計」の連結財務諸表の体系を図示すると、次の通りです。なお、「会社法会計」では、連結財務諸表を「連結計算書類」と呼びます。

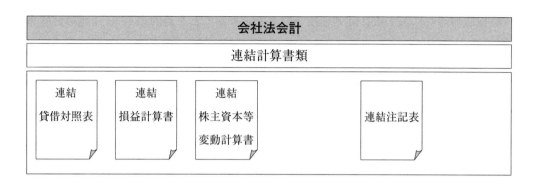

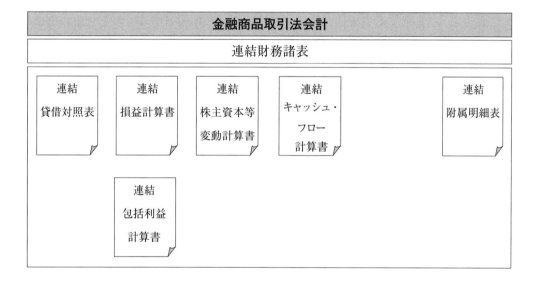

　「会社法会計」では、「連結キャッシュ・フロー計算書」及び「連結包括利益計算書」は連結財務諸表（連結計算書類）に含めない一方で、「注記」を独立した表として含めています。

　なお、「会社法会計」では、連結財務諸表（連結計算書類）の「附属明細書」については作成が求められていません。

第2　各　論

1　連結財務諸表

(1)　連結財務諸表に関する会計基準

　連結財務諸表に関する会計処理及び開示を定めることを目的として、「連結財務諸表に関する会計基準（企業会計基準第22号）」が定められています。

(2)　用語の定義

　用語の定義は、次の通りです（連結基準5、6、8）。

用　　語	定　　　　　義
企　業	会社及び会社に準ずる事業体をいい、会社、組合その他これらに準ずる事業体（外国におけるこれらに相当するものを含む）を指す。
意思決定機関	財務及び営業又は事業の方針を決定する機関 （株主総会その他これに準ずる機関）
親会社	他の企業の意思決定機関を支配している企業
子会社	自らの企業の意思決定機関を支配されている企業 親会社及び子会社又は子会社が、他の企業の意思決定機関を支配している場合における当該他の企業も、その親会社の子会社とみなす。
連結会社	親会社及び連結される子会社

第 2　各　論

他の企業の意思決定機関を支配している企業は、次の企業をいいます（連結基準 7 ）。

(1)　他の企業の議決権の過半数を自己の計算において所有している企業
(2)　他の企業の議決権の40％以上50％以下を自己の計算において所有している企業であって、かつ、次のいずれかの要件に該当する企業
　①　自己の計算において所有している議決権と、自己と出資、人事、資金、技術、取引等において緊密な関係があることにより自己の意思と同一の内容の議決権を行使すると認められる者及び自己の意思と同一の内容の議決権を行使することに同意している者が所有している議決権とを合わせて、他の企業の議決権の過半数を占めていること
　②　役員若しくは使用人である者、又はこれらであった者で自己が他の企業の財務及び営業又は事業の方針の決定に関して影響を与えることができる者が、当該他の企業の取締役会その他これに準ずる機関の構成員の過半数を占めていること
　③　他の企業の重要な財務及び営業又は事業の方針の決定を支配する契約等が存在すること
　④　他の企業の資金調達額の総額の過半について融資を行っていること
　⑤　その他他の企業の意思決定機関を支配していることが推測される事実が存在すること
(3)　自己の計算において所有している議決権と、自己と出資、人事、資金、技術、取引等において緊密な関係があることにより自己の意思と同一の内容の議決権を行使すると認められる者及び自己の意思と同一の内容の議決権を行使することに同意している者が所有している議決権とを合わせて、他の企業の議決権の過半数を占めている企業であって、かつ、上記(2)の②から⑤までのいずれかの要件に該当する企業

次の企業は、他の企業の意思決定機関を支配している企業から除きます（連結基準 7 ）。

(1)　財務上又は営業上若しくは事業上の関係からみて他の企業の意思決定機関を支配していないことが明らかであると認められる企業
(2)　更生会社、破産会社その他これらに準ずる企業であって、かつ、有効な支配従属関係が存在しないと認められる企業

(3)　一般原則

連結財務諸表作成における一般原則は、次の通りです（連結基準9～12）。

原　　則	内　　　　容
真実性の原則	連結財務諸表は、企業集団の財政状態、経営成績及びキャッシュ・フローの状況に関して真実な報告を提供するものでなければならない。
基準性の原則	連結財務諸表は、企業集団に属する親会社及び子会社が一般に公正妥当と認められる企業会計の基準に準拠して作成した個別財務諸表を基礎として作成しなければならない。
明瞭性の原則	連結財務諸表は、企業集団の状況に関する判断を誤らせないよう、利害関係者に対し必要な財務情報を明瞭に表示するものでなければならない。
継続性の原則	連結財務諸表作成のために採用した基準及び手続は、毎期継続して適用し、みだりにこれを変更してはならない。

「真実性の原則」「明瞭性の原則」「継続性の原則」は、企業会計原則の一般原則と同趣旨です。

「基準性の原則」は、連結財務諸表固有の原則です。

⑷ 一般基準

① 連結の範囲

連結の範囲は、次の通りです（連結基準13、14、（注 3 ））。

区　　分	内　　　容
原則（含める）	原則としてすべての子会社を連結の範囲に含める。
認容（含めないことができる）	子会社であって、重要性の乏しいものは、連結の範囲に含めないことができる。
例外（含めない）	子会社のうち次に該当するものは、連結の範囲に含めない。 (1) 支配が一時的であると認められる企業 (2) (1)以外の企業であって、連結することにより利害関係者の判断を著しく誤らせるおそれのある企業

② 連結決算日

連結財務諸表の作成に関する期間は 1 年とし、親会社の会計期間に基づき、年 1 回一定の日をもって連結決算日とします（連結基準15）。

決算期の異なる子会社がある場合の取扱いは、次の通りです（連結基準16、（注 4 ））。

区　　分	内　　　容
原則（仮決算）	子会社は、連結決算日に正規の決算に準ずる合理的な手続により決算を行う。
認容（差異が 3 か月以内の場合）	子会社の決算日と連結決算日の差異が 3 か月を超えない場合には、子会社の正規の決算を基礎として連結決算を行うことができる。ただし、この場合には、子会社の決算日と連結決算日が異なることから生じる連結会社間の取引に係る会計記録の重要な不一致について、必要な整理を行うものとする。

③ 親会社及び子会社の会計処理の原則及び手続

同一環境下で行われた同一の性質の取引等について、親会社及び子会社が採用する会計処理の原則及び手続は、原則として統一します（連結基準17）。

(5)　連結貸借対照表

①　基本原則

　連結貸借対照表は、親会社及び子会社の個別貸借対照表における資産、負債及び純資産の金額を基礎とし、子会社の資産及び負債の評価、連結会社相互間の投資と資本及び債権と債務の相殺消去等の処理を行って作成します（連結基準18）。

②　子会社の資産及び負債の評価

　連結貸借対照表の作成にあたっては、支配獲得日において、子会社の資産及び負債のすべてを支配獲得日の時価により評価する方法（全面時価評価法）により評価します（連結基準20）。

　子会社の資産及び負債の時価による評価額とその資産及び負債の個別貸借対照表上の金額との差額（評価差額）は、子会社の資本とします（連結基準21）。

　子会社の資本を算式で示すと、次の通りです（連結基準23(2)）。

$$子会社の資本 = \frac{子会社の個別 B/S の}{株 \ 主 \ 資 \ 本} + \frac{子会社の個別 B/S の}{評価・換算差額等} + 評価差額$$

　会計処理は、次の通りです。

会計処理　子会社の資産及び負債の時価評価			
（借）（諸勘定）	×××＊	（貸）評価差額	×××＊

　＊　支配獲得時における子会社の資産・負債の時価－子会社の帳簿価額

③　投資と資本の相殺消去

　親会社の子会社に対する投資とこれに対応する子会社の資本は、相殺消去します（連結基準23）。親会社の子会社に対する投資の金額は、支配獲得日の時価によります（連結基準23(1)）。

　親会社の子会社に対する投資とこれに対応する子会社の資本との相殺消去にあたり、差額が生じる場合には、その差額をのれん（又は負ののれん）とします（連結基準24）。

　子会社相互間の投資とこれに対応する他の子会社の資本とは、親会社の子会社に対する投資とこれに対応する子会社の資本との相殺消去に準じて相殺消去します（連結基準25）。

　会計処理は、次の通りです。

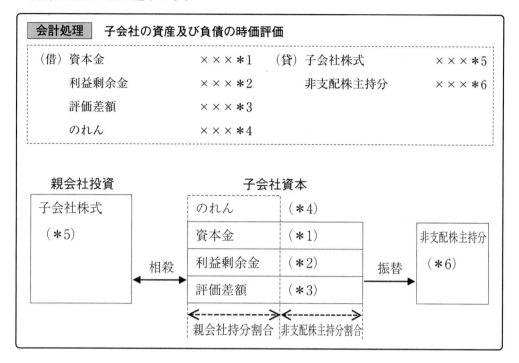

④　のれんの償却

　資産に計上したのれんは、20年以内のその効果の及ぶ期間にわたって、定額法その他の合理的な方法により規則的に償却します。負ののれんが生じている場合には、生じた事業年度の利益として処理します（連結基準64）。

　会計処理は、次の通りです。

会計処理　のれんの償却			
（借）のれん償却	×××	（貸）のれん	×××

⑤　非支配株主持分

　子会社の資本のうち親会社に帰属しない部分は、非支配株主持分とします（連結基準26）。

　非支配株主持分のイメージを図示すると、次の通りです。

子 会 社 の 資 本

親会社の子会社に対する投資に対応する 子会社の資本	非支配株主持分
◀── 子会社の資本×親会社の持株割合 ──▶	◀── 子会社の資本×（1－親会社の持株割合）──▶

　子会社の欠損のうち、その子会社に係る非支配株主持分に割り当てられる額がその非支配株主の負担すべき額を超える場合には、その超過額は、親会社の持分に負担させます。この場合において、その後その子会社に利益が計上されたときは、親会社が負担した欠損が回収されるまで、その利益の金額を親会社の持分に加算します（連結基準27）。

　支配獲得日後に子会社が計上した利益剰余金、評価・換算差額のうち、非支配株主に帰属する部分は非支配株主持分として処理します（連結基準注7）。

　会計処理は、次の通りです。

会計処理　**子会社において当期純利益が計上されている場合**

（借）非支配株主に帰属する当期純利益　××××＊　　　（貸）非支配株主持分　　　　××××＊

　＊　子会社の当期純利益×非支配株主持分割合

　子会社が少株主に対して支払った配当金は、連結会計上、利益剰余金の減少ではなく、非支配株主持分の減少として処理します。

　会計処理は、次の通りです。

会計処理　**剰余金の配当の修正 非支配株主分**

（借）非支配株主持分　　　　××××＊　　　（貸）利益剰余金　　　　××××＊

　＊　子会社の配当金×非支配株主持分割合

　子会社が親会社に対して支払った配当金については、連結会計上、企業グループ内での資金移動にすぎないため、連結相互間取引として相殺消去します。

　会計処理は、次の通りです。

会計処理 　剰余金の配当の修正 親会社分		
（借）受取配当金　　　　　　　××××＊	（貸）利益剰余金　　　　　　　××××＊	
＊　子会社の配当金×親会社持分割合		

⑥　子会社株式を追加取得した場合

　子会社株式を追加取得した場合には、追加取得した株式に対応する持分を非支配株主持分から減額し、追加取得により増加した親会社の持分（追加取得持分）を追加投資額と相殺消去します。追加取得持分と追加投資額との間に生じた差額は、資本剰余金として処理します（連結基準28）。

　会計処理は、次の通りです。

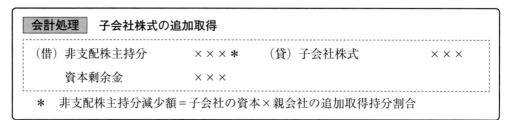

⑦　子会社株式を一部売却した場合（支配関係が継続している場合）

　売却した株式に対応する持分を親会社の持分から減額し、非支配株主持分を増額します。売却による親会社の持分の減少額（売却持分）と投資の減少額との間に生じた差額は、資本剰余金として処理します（連結基準29）。

　会計処理は、次の通りです。

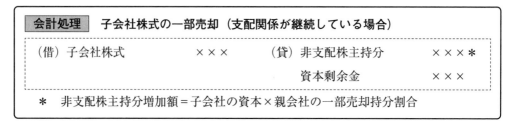

　なお、子会社株式の売却等により被投資会社が子会社及び関連会社に該当しなくなった場合には、連結財務諸表上、残存するその被投資会社に対する投資は、個別貸借対照表上の帳簿価額をもって評価します（連結基準29）。

　子会社の時価発行増資等に伴い、親会社の払込額と親会社の持分の増減額との間に差額が生じた場合には、その差額を資本剰余金として処理します（連結基準30）。ただし、資本剰余金の額が負の値となる場合には、連結会計年度末において資本剰余金を零とし、その負の値を利益剰余金から減額します（連結基準30−2）。

⑧　債権と債務の相殺消去

　連結会社相互間の債権と債務とは、相殺消去します（連結基準31）。

　連結会社相互間の商品売買取引による売上債権及び仕入債務がある場合、企業集団内部での取引によるものであるため、相殺消去します。また、消去対象となる売上債権に貸倒引当金を設定している場合、その貸倒引当金も戻入します。

会計処理　売上債権及び仕入債務の相殺消去（親会社の売上債権を消去）

（借）支払手形	×××	（貸）受取手形	×××
買掛金	×××	売掛金	×××
貸倒引当金	×××	貸倒引当金繰入	×××

会計処理　売上債権及び仕入債務の相殺消去（翌年度開始仕訳）

| （借）利益剰余金 | ×××＊ | （貸）貸倒引当金 | ×××＊ |

＊　前期消去額

　連結会社相互間の資金の貸借による貸付金及び借入金がある場合、企業集団内部での取引によるものであるため、相殺消去します。また、消去対象となる貸付金及び借入金から生ずる利息及びその経過勘定も企業集団内部で発生しているものであるため、相殺消去します。

会計処理　貸付金及び借入金の相殺消去（親会社の貸付金を消去）

（借）借入金	×××	（貸）貸付金	×××
貸倒引当金	×××	貸倒引当金繰入	×××
受取利息	×××	支払利息	×××
前受収益	×××	前払費用	×××
未払費用	×××	未収収益	×××

　連結会社が手形を振出し、他の連結会社がその手形を銀行に持ち込んで割り引いた場合、企業集団としては手形借入金に相当するため、支払手形を借入金として修正します。

会計処理　手形の割引及び裏書

（借）支払手形　　　　　　×××＊　　　（貸）借入金　　　　　　　×××＊

　＊　手形割引高のうち連結会社発行分

　また、企業集団外の会社が振出した手形を、企業集団内で裏書を行い、最終的に振出を受けた連結会社とは別の連結会社が銀行に持込み割り引いた場合、企業集団としても手形の割引を行ったのと変わりありません。そのため、連結上修正の必要はありません。

　手形の裏書の場合も、割引同様、企業集団外の会社が振出し、振出を受けた連結会社以外の会社が企業集団外の会社に裏書をしている場合と、連結会社が振出し、他の連結会社が企業集団外の会社に裏書している場合とが考えられますが、どちらの場合にも企業が裏書きしている実態があるため、連結上修正の必要はありません。

⑨ 表示方法

連結貸借対照表は、次のように表示します（連結基準32、純資産表示基準4、5、8）。

連結貸借対照表			
資産の部		負債の部	
流動資産	×××	流動負債	×××
固定資産		固定負債	×××
有形固定資産	×××		
無形固定資産	×××	純資産の部	
投資その他の資産	×××	株主資本	
繰延資産	×××	資本金	×××
		資本剰余金	×××
		利益剰余金	×××
		評価・換算差額等	×××
		新株予約権	×××
		非支配株主持分	×××

　流動資産、有形固定資産、無形固定資産、投資その他の資産、繰延資産、流動負債及び固定負債は、一定の基準に従い、その性質を示す適当な名称を付した科目に明瞭に分類して記載します。特に、非連結子会社及び関連会社に対する投資は、他の項目と区別して記載し、又は注記の方法により明瞭に表示します（連結基準33）。

　利益剰余金のうち、減債積立金等外部者との契約による特定目的のために積み立てられたものがあるときは、その内容及び金額を注記します（連結基準33）。

⑹　連結損益及び包括利益計算書又は連結損益計算書及び連結包括利益計算書

①　基本原則

　連結損益及び包括利益計算書又は連結損益計算書及び連結包括利益計算書は、親会社及び子会社の個別損益計算書等における収益、費用等の金額を基礎とし、連結会社相互間の取引高の相殺消去及び未実現損益の消去等の処理を行って作成します（連結基準34）。

②　連結会社相互間の取引高の相殺消去

　連結会社相互間における商品の売買その他の取引に係る項目は、相殺消去します（連結基準35）。

　会計処理は、次の通りです。

会計処理　**商品売買取引における未達取引**

（借）売上原価（当期商品仕入高）××××＊　　（貸）買掛金　　　　　　　　××××＊
　　　商品　　　　　　　　　××××＊　　　　　売上原価（期末商品棚卸高）××××＊

　＊　買手側への商品未達取引高

会計処理　**商品売買取引における売上高と売上原価の相殺消去**

（借）売上高　　　　　　　××××＊　　（貸）売上原価（当期商品仕入高）××××＊

　＊　買手側への商品未達取引高考慮後の連結会社間取引高

③　未実現損益の消去

　連結相互間取引のうち親会社から子会社への販売等をダウン・ストリーム、子会社から親会社への販売等をアップ・ストリームといいます。

　連結会社相互間の取引によって取得した棚卸資産、固定資産その他の資産に含まれる未実現損益は、その全額を消去します。ただし、未実現損失については、売手側の帳簿価額のうち回収不能と認められる部分は、消去しません（連結基準36）。

会計処理は、次の通りです。

会計処理 期末棚卸資産に係る未実現利益の消去（ダウン・ストリーム）

（借）売上原価（期末商品棚卸高）××××*　　（貸）商品　　　　　　　　　　　××××*

* 買手側への商品未達取引高考慮後の未実現利益

会計処理 期首棚卸資産に含まれる未実現利益の調整（ダウン・ストリーム）

（借）利益剰余金　　　　　　　××××*　　（貸）売上原価（期首商品棚卸高）××××*

* 前期末消去未実現利益

　未実現損益の金額に重要性が乏しい場合には、これを消去しないことができます（連結基準37）。

　売手側の子会社に少数株主が存在する場合には、未実現損益は、親会社と非支配株主の持分比率に応じて、親会社の持分と非支配株主持分に配分します（連結基準38）。

　会計処理は、次の通りです。

会計処理 期末棚卸資産に係る未実現利益の消去（アップ・ストリーム）

（借）売上原価（期末商品棚卸高）×××*1　　（貸）商品　　　　　　　　　　　×××*1
　　　非支配株主持分　　　　　　×××*2　　　　　非支配株主に帰属する当期純利益 ×××*2

*1 買手側への商品未達取引高考慮後の未実現利益

*2 未実現利益消去高 × 非支配株主持分割合

会計処理 期首棚卸資産に含まれる未実現利益の調整（アップ・ストリーム）

（借）利益剰余金　　　　　　　　×××*1　　（貸）売上原価（期首商品棚卸高）×××*1
　　　非支配株主に帰属する当期純利益 ×××*2　　　　利益剰余金　　　　　　　　×××*2

*1 前期末消去未実現利益

*2 未実現利益消去高 × 非支配株主持分割合

　連結会社相互間の取引によって取得した固定資産に含まれる未実現損益は、その全額を消去します。

　非償却資産（土地）の場合の会計処理は、次の通りです。

会計処理　**土地に係る未実現利益の消去（ダウン・ストリーム）**

（借）土地売却益　　　×××　　　（貸）土地　　　×××

会計処理　**土地に係る未実現利益の消去（ダウン・ストリーム）翌年度開始仕訳**

（借）利益剰余金　　　×××　　　（貸）土地　　　×××

会計処理　**土地に係る未実現利益の消去（アップ・ストリーム）**

（借）土地売却益　　　×××　　　（貸）土地　　　×××
　　　非支配株主持分　×××＊　　　非支配株主に帰属する当期純利益　×××＊

＊　土地売却益 × 非支配株主持分割合

会計処理　**土地に係る未実現利益の消去（アップ・ストリーム）翌年度開始仕訳**

（借）利益剰余金　　　×××　　　（貸）土地　　　×××
　　　非支配株主持分　×××＊　　　利益剰余金　　　×××＊

＊　土地売却益 × 非支配株主持分割合

減価償却資産の場合の会計処理は、次の通りです。

会計処理 減価償却資産に係る未実現利益の消去（ダウン・ストリーム）

（借）固定資産売却益	×××	（貸）固定資産	×××
減価償却累計額	××× *	減価償却費	××× *

＊ 個別上の減価償却費－連結上の減価償却費

会計処理 減価償却資産に係る未実現利益の消去（ダウン・ストリーム）翌年度開始仕訳

（借）利益剰余金	×××	（貸）固定資産	×××
減価償却累計額	××× *	利益剰余金	××× *

＊ 前期末までの累積額

会計処理 減価償却資産に係る未実現利益の消去（アップ・ストリーム）

（借）固定資産売却益	×××	（貸）固定資産	×××
減価償却累計額	××× *	減価償却費	××× *

＊ 個別上の減価償却費－連結上の減価償却費

（借）非支配株主持分	××× *1	（貸）非支配株主に帰属する当期純利益	××× *1
非支配株主に帰属する当期純利益 ××× *2		非支配株主持分	××× *2

＊1 固定資産売却益×非支配株主持分割合

＊2 減価償却費消去高×非支配株主持分割合

会計処理 減価償却資産に係る未実現利益の消去（アップ・ストリーム）翌年度開始仕訳

（借）利益剰余金	×××	（貸）固定資産	×××
減価償却累計額	××× *	利益剰余金	××× *

＊ 前期末までの累積額

（借）非支配株主持分	×××	（貸）利益剰余金	×××
利益剰余金	×××	非支配株主持分	×××

④　表示方法

連結損益計算書は、次のように表示します（連結基準39）。

1 計算書方式

連結損益及び包括利益計算書	
（営業損益計算）	
売上高	×××
売上原価	×××
売上総利益	×××
販売費及び一般管理費	×××
営業利益	×××
（経常損益計算）	
営業外収益	×××
営業外費用	×××
経常利益	×××
（純損益計算）	
特別利益	×××
特別損失	×××
税金等調整前当期純利益	×××
法人税額等	×××
当期純利益	×××
（内訳）	
親会社株主に係る包括利益	×××
非支配株主に係る包括利益	×××
その他包括利益	×××
包括利益	×××
（内訳）	
親会社株主に係る包括利益	×××
非支配株主に係る包括利益	×××

2 計算書方式

連結損益計算書

（営業損益計算）

売上高	×××
売上原価	×××
売上総利益	×××
販売費及び一般管理費	×××
営業利益	×××

（経常損益計算）

営業外収益	×××
営業外費用	×××
経常利益	×××

（純損益計算）

特別利益	×××
特別損失	×××
税金等調整前当期純利益	×××
法人税額等	×××
当期純利益	×××
非支配株主に帰属する当期純利益	×××
親会社株主に帰属する当期純利益	×××

連結包括利益計算書

当期純利益	×××
その他包括利益	×××
包括利益	×××

（内訳）

親会社株主に係る包括利益	×××
非支配株主に係る包括利益	×××

― 421 ―

　販売費及び一般管理費、営業外収益、営業外費用、特別利益及び特別損失は、一定の基準に従い、その性質を示す適当な名称を付した科目に明瞭に分類して記載します（連結基準40）。

　1計算書方式により「連結損益及び包括利益計算書」を作成する場合は、「包括利益の表示に関する会計基準」に従って、包括利益の計算を表示します（連結基準38－2）。また、2計算書方式による場合は、「包括利益の表示に関する会計基準」に従って、「連結包括利益計算書」を作成します（連結基準38－2）。

(7)　連結株主資本等変動計算書

　「株主資本等変動計算書に関する会計基準」に従い、連結株主資本等変動計算書を作成します（連結基準41）。

(8)　連結キャッシュ・フロー計算書

　「連結キャッシュ・フロー計算書等の作成基準」に従い、連結キャッシュ・フロー計算書を作成します（連結基準42）。

(9)　注記事項

　連結財務諸表には、次の事項を注記します（連結基準43）。

---

(1)　連結の範囲等
　　連結の範囲に含めた子会社、非連結子会社に関する事項その他連結の方針に関する重要な事項及びこれらに重要な変更があったときは、その旨及びその理由
(2)　決算期の異なる子会社
　　子会社の決算日が連結決算日と異なるときは、当該決算日及び連結のため当該子会社について特に行った決算手続の概要
(3)　会計処理の原則及び手続等
　①　重要な資産の評価基準及び減価償却方法等並びにこれらについて変更があったときは、「会計上の変更及び誤謬の訂正に関する会計基準」に従った注記事項
　②　子会社の採用する会計処理の原則及び手続で親会社及びその他の子会社との間で特に異なるものがあるときは、その概要
(4)　企業集団の財政状態、経営成績及びキャッシュ・フローの状況を判断するために重要なその他の事項

---

2 持分法

⑴ 持分法に関する会計基準

① 目的

持分法に関する会計処理及び開示を定めることを目的として、「持分法に関する会計基準（企業会計基準第16号）」が定められています。

② 範囲

「持分法に関する会計基準」は、連結財務諸表を作成する場合に適用します。

なお、連結財務諸表を作成していないが、個別財務諸表において持分法を適用して算定された財務情報に係る注記を行う場合には、「持分法に関する会計基準」によります（持分法基準3）。

③ 用語の定義

用語の定義は、次の通りです（持分法基準4、5）。

用　語	定　　義
持分法	投資会社が被投資会社の資本及び損益のうち投資会社に帰属する部分の変動に応じて、その投資の額を連結決算日ごとに修正する方法
企　業	会社及び会社に準ずる事業体 会社、組合その他これらに準ずる事業体（外国におけるこれらに相当するものを含む。）を指す。
関連会社	企業（その企業が子会社を有する場合には、その子会社を含む。）が、出資、人事、資金、技術、取引等の関係を通じて、子会社以外の他の企業の財務及び営業又は事業の方針の決定に対して重要な影響を与えることができる場合におけるその子会社以外の他の企業

　「子会社以外の他の企業の財務及び営業又は事業の方針の決定に対して重要な影響を与えることができる場合」は、次の場合をいいます（持分法基準5－2）。

(1)　子会社以外の他の企業の議決権の20％以上を自己の計算において所有している場合

(2)　子会社以外の他の企業の議決権の15％以上20％未満を自己の計算において所有している場合であって、かつ、次のいずれかの要件に該当する場合

　①　役員若しくは使用人である者、又はこれらであった者で自己がその企業の財務及び営業又は事業の方針の決定に関して影響を与えることができる者が、その企業の代表取締役、取締役又はこれらに準ずる役職に就任していること

　②　その企業に対して重要な融資を行っていること

　③　その企業に対して重要な技術を提供していること

　④　その企業との間に重要な販売、仕入その他の営業上又は事業上の取引があること

　⑤　その他その企業の財務及び営業又は事業の方針の決定に対して重要な影響を与えることができることが推測される事実が存在すること

(3)　自己の計算において所有している議決権と、自己と出資、人事、資金、技術、取引等において緊密な関係があることにより自己の意思と同一の内容の議決権を行使すると認められる者及び自己の意思と同一の内容の議決権を行使することに同意している者が所有している議決権とを合わせて、子会社以外の他の企業の議決権の20％以上を占めているときであって、かつ、上記(2)の①から⑤までのいずれかの要件に該当する場合

　次の場合は、「子会社以外の他の企業の財務及び営業又は事業の方針の決定に対して重要な影響を与えることができる場合」から除きます（持分法基準5－2）。

(1)　財務上又は営業上若しくは事業上の関係からみて子会社以外の他の企業の財務及び営業又は事業の方針の決定に対して重要な影響を与えることができないことが明らかであると認められるとき

(2)　子会社以外の他の企業が更生会社、破産会社その他これらに準ずる企業であって、かつ、その企業の財務及び営業又は事業の方針の決定に対して重要な影響を与えることができないと認められるとき

(2) 会計処理

① 持分法の適用範囲

持分法の適用範囲は、次の通りです（持分法基準6）。

区　分	内　　　　　容
原則（適用する）	非連結子会社及び関連会社に対する投資については、原則として持分法を適用する。
認容（適用しないことができる）	持分法の適用により、連結財務諸表に重要な影響を与えない場合には、持分法の適用会社としないことができる。

② 被投資会社の財務諸表

持分法の適用に際しては、被投資会社の財務諸表の適正な修正や資産及び負債の評価に伴う税効果会計の適用等、原則として、連結子会社の場合と同様の処理を行います（持分法基準8）。

同一環境下で行われた同一の性質の取引等について、投資会社（その子会社を含みます。）及び持分法を適用する被投資会社が採用する会計処理の原則及び手続は、原則として統一します（持分法基準9）。

持分法の適用にあたっては、投資会社は、被投資会社の直近の財務諸表を使用します。投資会社と被投資会社の決算日に差異があり、その差異の期間内に重要な取引又は事象が発生しているときには、必要な修正又は注記を行います（持分法基準10）。

③　会計処理

投資会社の投資日における投資とこれに対応する被投資会社の資本との間に差額がある場合には、その差額はのれん又は負ののれんとし、のれんは投資に含めて処理します（持分法基準11）。

投資会社は、投資の日以降における被投資会社の利益又は損失のうち投資会社の持分又は負担に見合う額を算定して、投資の額を増額又は減額し、その増減額を当期純利益の計算に含めます（持分法基準12）。

会計処理は、次の通りです。

会計処理　**被投資会社の当期純利益の投資額への反映**

（借）関連会社株式　　　　×××＊　　（貸）持分法による投資損益　×××

＊　被投資会社の利益 × 投資会社の持株割合

のれん又は負ののれんの会計処理は、「企業結合に関する会計基準」に準じて行います（持分法基準12）。

会計処理は、次の通りです。

会計処理　**のれんの償却**

（借）持分法による投資損益　××××＊　　（貸）関連会社株式　　　　××××＊

＊　のれんの価額 ÷ 20 年以内の期間

投資の増減額の算定にあたっては、連結会社と持分法の適用会社との間の取引に係る未実現損益を消去するための修正を行います（持分法基準13）。

会計処理は、次の通りです。

会計処理　**未実現利益の消去**

（借）持分法による投資損益　×××　　　（貸）関連会社株式　　　　×××

被投資会社から配当金を受け取った場合には、その配当金に相当する額を投資の額から減額します（持分法基準14）。

会計処理は、次の通りです。

会計処理　**剰余金の配当への反映**

（借）受取配当金　　　　　×××　　　（貸）関連会社株式　　　　×××

---

④　表示

「持分法に関する会計基準」では、次のように規定しています（持分法基準16）。

> 連結財務諸表上、持分法による投資損益は、営業外収益又は営業外費用の区分に一括して表示する。

⑤　注記

連結財務諸表には、次の事項を注記します（持分法基準17）。

(1)　持分法を適用した非連結子会社及び関連会社の範囲に関する事項及びこれらに重要な変更があったときは、その旨及びその理由
(2)　持分法の適用の手続について特に記載する必要があると認められる事項がある場合には、その内容

3　セグメント情報等

(1)　セグメント情報等の開示に関する会計基準

①　目的

　セグメント情報等の開示に関する取扱いを定めることを目的として、「セグメント情報等の開示に関する会計基準（企業会計基準第17号）」が定められています。

　「セグメント情報等」の内容は、次の通りです（セグメント基準1）。

---

(1)　セグメント情報

(2)　セグメント情報の関連情報

(3)　固定資産の減損損失に関する報告セグメント別情報

(4)　のれんに関する報告セグメント別情報

---

②　範囲

　「セグメント情報等の開示に関する会計基準」は、すべての企業の連結財務諸表又は個別財務諸表におけるセグメント情報等の開示に適用します。なお、連結財務諸表でセグメント情報等の開示を行っている場合は、個別財務諸表での開示を要しないこととしています（セグメント基準3）。

③　基本原則

　「セグメント情報等の開示に関する会計基準」では、次のように規定しています（セグメント基準4）。

　セグメント情報等の開示は、財務諸表利用者が、企業の過去の業績を理解し、将来のキャッシュ・フローの予測を適切に評価できるように、企業が行う様々な事業活動の内容及びこれを行う経営環境に関して適切な情報を提供するものでなければならない。

---

(2)　セグメント情報

①　事業セグメントの識別

セグメント情報を開示するための単位として、事業セグメントを識別します。

「事業セグメント」とは、企業の構成単位で、次の要件のすべてに該当するものをいいます（セグメント基準6）。

---

(1)　収益を稼得し、費用が発生する事業活動に関わるもの（同一企業内の他の構成単位との取引に関連する収益及び費用を含む）

(2)　企業の最高経営意思決定機関が、当該構成単位に配分すべき資源に関する意思決定を行い、また、その業績を評価するために、その経営成績を定期的に検討するもの

(3)　分離された財務情報を入手できるもの

ただし、新たな事業を立ち上げたときのように、現時点では収益を稼得していない事業活動を事業セグメントとして識別する場合もあります（セグメント基準6）。

「最高経営意思決定機関」とは、企業の事業セグメントに資源を配分し、その業績を評価する機能を有する主体のことをいいます（セグメント基準8）。

② 報告セグメントの決定

　識別された事業セグメント又は集約基準によって集約された事業セグメントの中から、量的基準に従って、報告すべきセグメント（報告セグメント）を決定します（セグメント基準10）。

a．集約基準

　複数の事業セグメントが次の要件のすべてを満たす場合、企業はその事業セグメントを1つの事業セグメントに集約することができます（セグメント基準11）。

---

(1) その事業セグメントを集約することが、セグメント情報を開示する基本原則と整合していること

(2) その事業セグメントの経済的特徴が概ね類似していること

(3) その事業セグメントの次のすべての要素が概ね類似していること

　① 製品及びサービスの内容

　② 製品の製造方法又は製造過程、サービスの提供方法

　③ 製品及びサービスを販売する市場又は顧客の種類

　④ 製品及びサービスの販売方法

　⑤ 銀行、保険、公益事業等のような業種に特有の規制環境

---

b．量的基準

　次の量的基準のいずれかを満たす事業セグメントを報告セグメントとして開示します（セグメント基準12）。

---

(1) 売上高（事業セグメント間の内部売上高又は振替高を含む）がすべての事業セグメントの売上高の合計額の10％以上であること（売上高には役務収益を含む）

(2) 利益又は損失の絶対値が、①利益の生じているすべての事業セグメントの利益の合計額、又は②損失の生じているすべての事業セグメントの損失の合計額の絶対値のいずれか大きい額の10％以上であること

(3) 資産が、すべての事業セグメントの資産の合計額の10％以上であること

---

③ セグメント情報の開示

セグメント情報として、次の項目を開示します（セグメント基準17〜28）。

---

(1) 報告セグメントの概要

  ① 報告セグメントの決定方法

  ② 各報告セグメントに属する製品及びサービスの種類

(2) 利益（又は損失）、資産、負債等の額

  ① 必ず開示する項目

    a. 利益（又は損失）

    b. 資産

  ② 最高経営意思決定機関に定期的に提供され、使用されている場合に開示する項目

    c. 負債

  ③ 報告セグメントの利益（又は損失）及び資産の額の算定に含まれている場合、あるいは事業セグメント別の情報が別の方法で最高経営意思決定機関に定期的に提供され、使用されている場合に開示が求められる項目

  〔利益（又は損失）に関連する項目〕

    d. 外部顧客への売上高

    e. 事業セグメント間の内部売上高又は振替高

    f. 減価償却費（のれんを除く無形固定資産に係る償却費を含む）

    g. のれんの償却額及び負ののれんの償却額

    h. 受取利息及び支払利息

    i. 持分法投資利益（又は損失）

    j. 特別利益及び特別損失

    k. 税金費用（法人税等及び法人税等調整額）

    l. 上記 d. から k. に含まれていない重要な非資金損益項目

  〔資産に関連する項目〕

    m. 持分法適用会社への投資額（当年度末残高）

    n. 有形固定資産及び無形固定資産の増加額（当年度の投資額）

(3) 測定方法に関する事項

(4) 差異調整に関する事項

(5) 組織変更等によるセグメントの区分方法の変更に関する事項

セグメント情報の開示のイメージを図示すると、次の通りです。

報告セグメントの利益（又は損失）、資産及び負債等に関する情報

	A事業	B事業	C事業	その他	調整額	連結財務諸表計上額
売上高						
外部顧客への売上高	×××	×××	×××	×××	－	×××
セグメント間の内部売上高又は振替高	×××	×××	×××	×××	△×××	－
計	×××	×××	×××	×××	△×××	×××
セグメント利益	×××	×××	×××	×××	△×××	×××
セグメント資産	×××	×××	×××	×××	△×××	×××
セグメント負債	×××	×××	×××	×××	△×××	×××
その他の項目						
減価償却費	×××	×××	×××	×××	△×××	×××
有形固定資産及び無形固定資産の増加額	×××	×××	×××	×××	△×××	×××
……	×××	×××	×××	×××	△×××	×××

(注)　………

(3) 関連情報

　セグメント情報の中で同様の情報が開示されている場合を除き、次の事項をセグメント情報の関連情報として開示します（セグメント基準29〜32）。

---

　(1)　製品及びサービスに関する情報

　　　主要な個々の製品又はサービスあるいはこれらの種類や性質、製造方法、販売市場等の類似性に基づく同種・同系列のグループごとに、外部顧客への売上高を開示する。

　(2)　地域に関する情報

　　①　国内の外部顧客への売上高に分類した額と海外の外部顧客への売上高に分類した額

　　②　国内に所在している有形固定資産の額と海外に所在している有形固定資産の額

　(3)　主要な顧客に関する情報

　　　主要な顧客がある場合には、その旨、その顧客の名称又は氏名、その顧客への売上高及びその顧客との取引に関連する主な報告セグメントの名称を開示する。

　なお、報告すべきセグメントが1つしかなく、セグメント情報を開示しない企業であっても、その関連情報を開示する必要があります（セグメント基準29）。

関連情報の開示のイメージを図示すると、次の通りです。

製品及びサービスに関する情報

	A事業	B事業	C事業	その他	合計
外部顧客への売上高	×××	×××	×××	×××	×××

地域に関する情報

① 売上高

日本	X国	Y国	その他	合計
×××	×××	×××	×××	×××

（注）　………

② 有形固定資産

日本	X国	Y国	その他	合計
×××	×××	×××	×××	×××

主要な顧客に関する情報

相手先	売上高	関連するセグメント名
○○産業㈱	×××	A事業

⑷　固定資産の減損損失に関する報告セグメント別情報

　損益計算書に固定資産の減損損失を計上している場合には、財務諸表を作成するために採用した会計処理に基づく数値によって、その報告セグメント別の内訳を開示します。なお、報告セグメントに配分されていない減損損失がある場合には、その額及びその内容を記載する必要があります。ただし、セグメント情報の中で同様の情報が開示されている場合には、その情報を開示する必要はありません（セグメント基準33）。

⑸　のれんに関する報告セグメント別情報

　損益計算書にのれんの償却額又は負ののれんの償却額を計上している場合には、財務諸表を作成するために採用した会計処理に基づく数値によって、その償却額及び未償却残高に関する報告セグメント別の内訳をそれぞれ開示します。なお、報告セグメントに配分されていないのれん又は負ののれんがある場合には、その償却額及び未償却残高並びにその内容を記載する必要があります。ただし、セグメント情報の中で同様の情報が開示されている場合には、その情報を開示する必要はありません（セグメント基準34）。

　固定資産の減損損失に関する報告セグメント別情報及びのれんに関する報告セグメント別情報の開示のイメージを図示すると、次の通りです。

固定資産の減損損失に関する報告セグメント別情報

	A事業	B事業	C事業	その他	全社・消去	合計
減損損失	×××	×××	×××	×××	△×××	×××

(注)　………

のれんに関する報告セグメント別情報

	A事業	B事業	C事業	その他	全社・消去	合計
当期償却額	×××	×××	×××	×××	△×××	×××
当期末残高	×××	×××	×××	×××	△×××	×××

4　関連当事者の開示

(1)　関連当事者の開示に関する会計基準

①　目的

　財務諸表の注記事項としての関連当事者の開示について、その内容を定めることを目的として、「関連当事者の開示に関する会計基準（企業会計基準第11号）」が定められています。

　会社と関連当事者との取引は、会社と役員等の個人との取引を含め、対等な立場で行われているとは限らず、会社の財政状態や経営成績に影響を及ぼすことがあります。また、直接の取引がない場合においても、関連当事者の存在自体が、会社の財政状態や経営成績に影響を及ぼすことがあります。関連当事者の開示は、会社と関連当事者との取引や関連当事者の存在が財務諸表に与えている影響を財務諸表利用者が把握できるように、適切な情報を提供するものでなければなりません（関連当事者基準2）。

②　範囲

　「関連当事者の開示に関する会計基準」は、すべての会社の連結財務諸表又は個別財務諸表における関連当事者の開示に適用します。なお、連結財務諸表で関連当事者の開示を行っている場合は、個別財務諸表での開示を要しないこととします（関連当事者基準4）。

③ 用語の定義

用語の定義は、次の通りです（関連当事者基準5）。

用　　　語	定　　　　　　　　義
関連当事者 との取引	会社と関連当事者との取引をいい、対価の有無にかかわらず、資源若しくは債務の移転、又は役務の提供をいう。 （関連当事者が第三者のために会社との間で行う取引や、会社と第三者との間の取引で関連当事者がその取引に関して会社に重要な影響を及ぼしているものを含む。）
会　　　社	連結財務諸表上は連結会社（連結財務諸表作成会社及び連結子会社）をいい、個別財務諸表上は財務諸表作成会社をいう。
主要株主	保有態様を勘案した上で、自己又は他人の名義をもって総株主の議決権の10％以上を保有している株主
役　　　員	取締役、会計参与、監査役、執行役又はこれらに準ずる者
近親者	二親等以内の親族、すなわち、配偶者、父母、兄弟、姉妹、祖父母、子、孫及び配偶者の父母、兄弟、姉妹、祖父母並びに兄弟、姉妹、子、孫の配偶者

　「関連当事者」とは、ある当事者が他の当事者を支配しているか、又は、他の当事者の財務上及び業務上の意思決定に対して重要な影響力を有している場合の当事者等をいい、次に掲げる者をいいます（関連当事者基準5）。

---

　(1)　親会社

　(2)　子会社

　(3)　財務諸表作成会社と同一の親会社をもつ会社

　(4)　財務諸表作成会社が他の会社の関連会社である場合における当該他の会社（その他の関係会社）並びに当該その他の関係会社の親会社及び子会社

　(5)　関連会社及びその関連会社の子会社

　(6)　財務諸表作成会社の主要株主及びその近親者

　(7)　財務諸表作成会社の役員及びその近親者

　(8)　親会社の役員及びその近親者

　(9)　重要な子会社の役員及びその近親者

　(10)　上記(6)から(9)に掲げる者が議決権の過半数を自己の計算において所有している会社及びその子会社

　(11)　従業員のための企業年金（企業年金と会社の間で掛金の拠出以外の重要な取引を行う場合に限る）

　　なお、連結財務諸表上は、連結子会社を除く。

　　また、個別財務諸表上は、重要な子会社の役員及びその近親者並びにこれらの者が議決権の過半数を自己の計算において所有している会社及びその子会社を除く。

　上記(1)から(5)及び(10)に掲げる会社には、会社だけでなく、組合その他これらに準ずる事業体が含まれます。その場合、業務執行組合員が組合の財務及び営業又は事業の方針を決定しているときには、(10)の「議決権」は「業務執行を決定する権限」と読み替えます（関連当事者基準5）。

　その他の関係会社には、「共同支配投資企業」（財務諸表作成会社を共同で支配する企業）が含まれます。また、関連会社には、「共同支配企業」（財務諸表作成会社（連結財務諸表上は連結子会社を含みます。）と他の独立した企業により共同で支配されている企業）が含まれます（関連当事者基準5）。

(2)　開　示

①　開示対象となる関連当事者との取引の範囲

　会社と関連当事者との取引のうち、重要な取引を開示対象とします。連結財務諸表においては、連結会社と関連当事者との取引を開示対象とし、連結財務諸表を作成するにあたって相殺消去した取引は開示対象外とします（関連当事者基準6）。

　無償取引や低廉な価格での取引は、独立第三者間取引であったと仮定した場合の金額を見積った上で重要性の判断を行い、開示対象とするかどうかを決定します（関連当事者基準7）。

　形式的・名目的に第三者を経由した取引で、実質上の相手先が関連当事者であることが明確な場合には、開示対象に含めます（関連当事者基準8）。

　関連当事者との取引のうち、以下の取引は開示対象外とします（関連当事者基準9）。

> (1)　一般競争入札による取引並びに預金利息及び配当の受取りその他取引の性質からみて取引条件が一般の取引と同様であることが明白な取引
> (2)　役員に対する報酬、賞与及び退職慰労金の支払い

②　関連当事者との取引に関する開示

　原則として個々の関連当事者ごとに、以下の項目を開示します（関連当事者基準10）。

> (1)　関連当事者の概要
> (2)　会社と関連当事者との関係
> (3)　取引の内容。なお、形式的・名目的には第三者との取引である場合は、形式上の取引先名を記載した上で、実質的には関連当事者との取引である旨を記載する。
> (4)　取引の種類ごとの取引金額
> (5)　取引条件及び取引条件の決定方針
> (6)　取引により発生した債権債務に係る主な科目別の期末残高
> (7)　取引条件の変更があった場合は、その旨、変更内容及び当該変更が財務諸表に与えている影響の内容
> (8)　関連当事者に対する貸倒懸念債権及び破産更生債権等に係る情報（貸倒引当金繰入額、貸倒損失等）。なお、上記(3)に掲げられている関連当事者の種類ごとに合算して記載することができる。

③　関連当事者の存在に関する開示

　親会社又は重要な関連会社が存在する場合には、以下の項目を開示します（関連当事者基準11）。

---

(1)　親会社が存在する場合には、親会社の名称等

(2)　重要な関連会社が存在する場合には、その名称及びその関連会社の要約財務情報（要約財務情報は、合算して記載することができる）

第9章　四半期財務諸表

第1　総　論

1　上場会社等における四半期報告制度

　上場会社等においては四半期報告制度が導入されており、第1四半期、第2四半期及び第3四半期ごとに四半期財務諸表による開示が行われています。

　四半期財務諸表のイメージを図示すると、次の通りです。

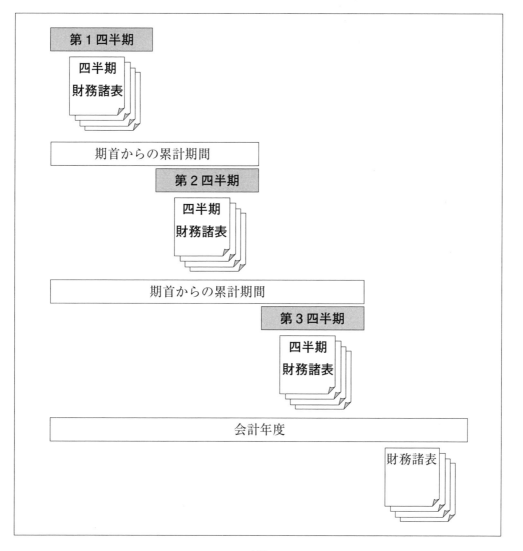

2　実績主義と予測主義

　四半期財務諸表の性格については、「実績主義」と「予測主義」という2つの異なる考え方があります。

考え方	内　　　　　容
実績主義	四半期会計期間を年度と並ぶ一会計期間とみた上で、四半期財務諸表を、原則として年度の財務諸表と同じ会計方針を適用して作成することにより、四半期会計期間に係る企業集団又は企業の財政状態、経営成績及びキャッシュ・フローの状況に関する情報を提供するという考え方
予測主義	四半期会計期間を年度の一構成部分と位置付けて、四半期財務諸表を、年度の財務諸表と部分的に異なる会計方針を適用して作成することにより、当該四半期会計期間を含む年度の業績予測に資する情報を提供するという考え方

　「四半期財務諸表に関する会計基準」では、次のような理由から、「実績主義」を基本としています。

---

* 　将来の業績予測に資する情報を提供することができる。
* 　季節変動性については、十分な定性的情報や前年同期比較を開示することにより、財務諸表利用者を誤った判断に導く可能性を回避できる。
* 　会社の恣意性が入る可能性がない。
* 　実務処理が容易である。

第2 各 論

1 四半期財務諸表

⑴ 四半期財務諸表に関する会計基準

　四半期財務諸表に適用される会計処理及び開示を定めることを目的として、「四半期財務諸表に関する会計基準（企業会計基準第12号）」が定められています。

　「四半期財務諸表に関する会計基準」は、上場会社等が四半期報告制度に基づいて又は同制度に準じて開示する四半期財務諸表に適用されます（四半期基準3）。

⑵ 用語の定義

　用語の定義は、次の通りです（四半期基準4）。

用　　語	定　　　　義
年　　度	1連結会計年度又は1事業年度
四半期会計期間	年度が3か月を超える場合に、当該年度の期間を3か月ごとに区分した期間
期首からの累計期間	年度の期首から四半期会計期間の末日までの期間
四半期財務諸表	四半期連結財務諸表及び四半期個別財務諸表
四半期報告書	四半期財務諸表を含んだ報告書

(3)　範　囲

①　四半期連結財務諸表

範囲は次の通りです（四半期基準5）。

1計算書方式	2計算書方式
四半期連結貸借対照表 四半期連結損益及び包括利益計算書 四半期連結キャッシュ・フロー計算書	四半期連結貸借対照表 四半期連結損益計算書 四半期連結包括利益計算書 四半期連結キャッシュ・フロー計算書

　第1四半期及び第3四半期においては、四半期連結キャッシュ・フロー計算書の開示の省略を行うことができます。この場合には、第1四半期より行います（四半期基準5－2）。

②　四半期個別財務諸表

範囲は次の通りです（四半期基準6）。

1計算書方式
四半期個別貸借対照表 四半期個別損益計算書 四半期個別キャッシュ・フロー計算書

　四半期連結財務諸表を開示する場合には、四半期個別財務諸表の開示は不要です（四半期基準6）。

　第1四半期及び第3四半期においては、四半期個別キャッシュ・フロー計算書の開示の省略を行うことができます。この場合には、第1四半期より行います（四半期基準6－2）。

⑷　**開示対象期間**

　四半期報告書に含まれる財務諸表の開示対象期間は次の通りです（四半期基準７）。

⑴　四半期会計期間の末日の四半期貸借対照表及び前年度の末日の要約貸借対照表

⑵　期首からの累計期間の四半期損益及び包括利益計算書又は四半期損益計算書及び四半期包括利益計算書、並びに前年度における対応する期間の四半期損益及び包括利益計算書又は四半期損益計算書及び四半期包括利益計算書

⑶　期首からの累計期間の四半期キャッシュ・フロー計算書及び前年度における対応する期間の四半期キャッシュ・フロー計算書

　これを図示すると、次の通りです。

四半期貸借対照表及び要約貸借対照表

第χ期 第n四半期	第χ−1期 要約

四半期損益及び包括利益計算書又は四半期損益計算書及び四半期包括利益計算書

第χ期 第1四半期 〜 第n四半期	第χ−1期 第1四半期 〜 第n四半期

四半期キャッシュ・フロー計算書

第χ期 第1四半期 〜 第n四半期	第χ−1期 第1四半期 〜 第n四半期

　なお、四半期損益及び包括利益計算書又は四半期損益計算書及び四半期包括利益計算書の開示対象期間は、期首からの累計期間及び四半期会計期間、並びに前年度におけるそれぞれ対応する期間とすることができます（四半期基準7－2）。

　これを図示すると、次の通りです。

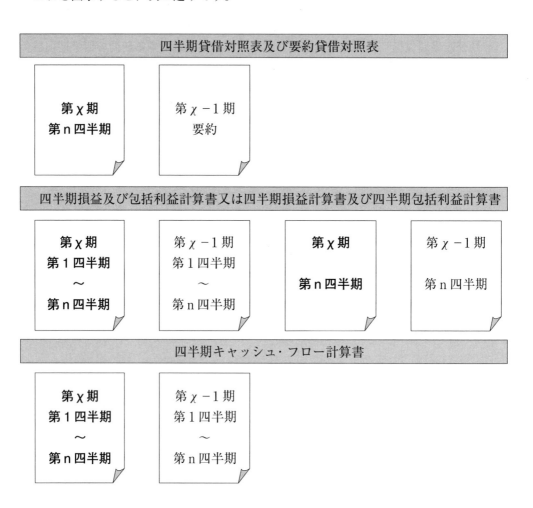

　四半期会計期間に係る四半期損益及び包括利益計算書又は四半期損益計算書及び四半期包括利益計算書の開示を行う場合には、第1四半期より行います（四半期基準7－3）。

　前年度における対応する四半期において開示を行わず、当年度の四半期より開示を行う場合には、前年度における対応する期間に係る開示は要しないこととされています（四半期基準7－4）。

(5)　会計処理

①　会計方針

会計方針は、次の通りです（四半期基準 9、20）。

規定	内　　　　　容
原則	四半期特有の会計処理を除き、年度の財務諸表の会計方針に準拠
認容	財務諸表利用者の判断を誤らせない限り、簡便的な会計処理を採用可能

②　会計方針の継続適用

前年度の財務諸表及び直前の四半期財務諸表を作成するために採用した会計方針は、これを継続して適用し、みだりに変更してはならないこととされています（四半期基準10、21）。

③　会計方針の変更

会計方針の変更を行う場合、過去の期間に新たな会計方針を遡及適用します。ただし、会計基準等の改正に伴う会計方針の変更の場合で、会計基準等に特定の経過的な取扱いが定められているときは、その経過的な取扱いに従います（四半期基準10－2、21－2）。

遡及適用の原則的な取扱いが実務上不可能な場合の取扱いは、次の通りです（四半期基準10－3、21－3）。

遡及適用の原則的な取扱いが実務上不可能な場合の取扱い	
表示期間のいずれかにおいて影響額を算定することが実務上不可能な場合	過去のすべての期間の累積的影響額を算定することが実務上不可能な場合
遡及適用が実行可能な最も古い期間の期首時点で累積的影響額を算定し、当該期首残高から新たな会計方針を適用する。	期首以前の実行可能な最も古い日から将来にわたり新たな会計方針を適用する。

④　企業結合に係る暫定的な会計処理の確定

　企業結合に係る暫定的な会計処理の確定した四半期連結会計期間においては、企業結合日の属する四半期連結会計期間に遡って当該確定が行われたかのように会計処理を行います（四半期基準10－4、21－4）。

⑤　四半期特有の会計処理

　四半期特有の会計処理は、次の通りです（四半期基準12、14、22）。

会計処理	内　　　容
原価差異の繰延処理	標準原価計算等を採用している場合において、原価差異が操業度等の季節的な変動に起因して発生したものであり、かつ、原価計算期間末までにほぼ解消が見込まれるときには、継続適用を条件として、当該原価差異を流動資産又は流動負債として繰り延べることができる。
税金費用の計算	税効果会計適用後の実効税率を合理的に見積り、税引前四半期純利益に見積実効税率を乗じて税金費用を計算することができる。この場合には、四半期貸借対照表計上額は未払法人税等その他適当な科目により、流動負債又は流動資産として表示し、前年度末の繰延税金資産及び繰延税金負債については、回収可能性等を検討した上で、四半期貸借対照表に計上する。

⑥　過去の誤謬の訂正

　過去の財務諸表及び四半期財務諸表における誤謬が発見された場合には、修正再表示を行います（四半期基準16－2、22－2）。

(6) 表 示

① 科目の集約記載

科目の集約記載は、次の通りです（四半期基準17、23）。

規定	内　　　　容
原則	年度の財務諸表に準じる。
認容	財務諸表利用者の判断を誤らせない限り、集約して記載可能。

② 財務諸表の表示科目及び表示区分との整合性

四半期財務諸表における資産、負債、純資産、収益、費用等の各表示科目及び表示区分は、年度の財務諸表における表示との整合性を勘案しなければなりません（四半期基準18、24）。

③ 表示方法の変更

四半期財務諸表の表示方法を変更した場合、財務諸表の組替えを行います。ただし、財務諸表の組替えが実務上不可能な場合には、財務諸表の組替えが実行可能な最も古い期間から新たな表示方法を適用します（四半期基準18－2、24－2）。

⑺　注　記

四半期財務諸表には、次の事項を注記します（四半期基準19、25）。

①　四半期連結財務諸表及び四半期個別財務諸表に共通する注記

⑴　重要な会計方針について変更を行った場合には、変更を行った四半期会計期間以後において、その内容、その理由及び影響額

⑵　遡及適用の原則的な取扱いが実務上不可能な場合には、その理由、会計方針の変更の適用方法及び適用開始時期

⑶　当年度の第2四半期会計期間以降に自発的に重要な会計方針について変更を行った場合には、第2四半期以降に変更した理由

⑷　前年度の第2四半期会計期間以降に自発的に重要な会計方針について変更を行っており、かつ、遡及適用により当年度に比較情報として開示する前年度の四半期連結財務諸表と、前年度に開示した四半期連結財務諸表に適用した会計方針との間に相違がみられる場合には、その旨

⑸　会計上の見積りについて重要な変更を行った場合には、変更を行った四半期会計期間以後において、その内容及び影響額

⑹　会計方針の変更を会計上の見積りの変更と区分することが困難な場合には、変更を行った四半期会計期間以後において、変更の内容、その理由及び影響額

⑺　四半期特有の会計処理を採用している場合には、その旨及びその内容

⑻　セグメント情報等に関する事項

⑼　収益の分解情報に関する事項

⑽　1株当たり四半期純損益、潜在株式調整後1株当たり四半期純利益及び当該金額の算定上の基礎

⑾　配当に関する事項

⑿　株主資本の金額に著しい変動があった場合には、主な変動事由

⒀　四半期会計期間の末日に継続企業の前提に重要な疑義を生じさせるような事象又は状況が存在する場合であって、当該事象又は状況を解消するあるいは改善するための対応をしてもなお継続企業の前提に関する重要な不確実性が認められるときは、その旨及びその内容等。ただし、四半期会計期間の末日後において、当該重要な不確実性が認められなくなった場合は、注記することを要しない。

⑭　事業の性質上営業収益又は営業費用に著しい季節的変動がある場合には、その状況

⑮　重要な保証債務その他の重要な偶発債務

⑯　重要な企業結合に関する事項

⑰　重要な事業分離に関する事項

⑱　四半期財務諸表を作成する日までに発生した重要な後発事象

⑲　四半期キャッシュ・フロー計算書における現金及び現金同等物の四半期末残高と四半期貸借対照表に掲記されている科目の金額との関係（ただし、第1四半期及び第3四半期において四半期連結キャッシュ・フロー計算書の開示の省略を行った場合は注記不要）

⑳　期首からの累計期間に係る有形固定資産及びのれんを除く無形固定資産の減価償却費及びのれんの償却額（負ののれんの償却額を含む）（第1四半期及び第3四半期において四半期連結キャッシュ・フロー計算書の開示の省略を行った場合に注記）

㉑　企業集団の財政状態、経営成績及びキャッシュ・フローの状況を適切に判断するために重要なその他の事項

㉒　過去の誤謬の修正再表示を行った場合には、その内容及び影響額

②　四半期連結財務諸表のみに要する注記

㉓　連結の方針に関する事項について重要な変更を行った場合には、その旨及びその理由

③　四半期個別財務諸表のみに要する注記

㉔　関連会社に持分法を適用した場合の投資の額及び投資損益の額

第10章　外貨建取引

第1　総　論

⑴　外貨換算の必要性

　外貨換算は、国内企業が外貨建取引を行った場合、在外支店及び在外子会社等の外貨表示財務諸表項目がある場合に、本邦通貨による財務諸表等を作成するために必要です。

⑵　外貨建取引等会計処理基準

　外貨建取引等の会計処理を定めることを目的として、「外貨建取引等会計処理基準（平成11年10月22日　企業会計審議会）」が定められています。

⑶　換算方法

　決算時における外貨建資産及び負債等の円貨額への換算方法には、「流動・非流動法」「貨幣・非貨幣法」「テンポラル法」「決算日レート法」があります。

方　　法	内　　　　容
流動・非流動法	流動項目を決算時の為替相場、非流動項目を取得時又は発生時の為替相場により換算する方法
貨幣・非貨幣法	貨幣項目を決算時の為替相場、非貨幣項目を取得時又は発生時の為替相場により換算する方法
テンポラル法	外貨表示財務諸表項目のうち、決算時の外貨で測定されている項目については決算時の為替相場、取得時又は発生時の外貨で測定されている項目については取得時又は発生時の為替相場により換算する方法
決算日レート法	すべての外貨表示財務諸表項目を決算時の為替相場により換算する方法

(4)　処理方法

外貨建取引の処理方法には、「一取引基準」「二取引基準」があります。

方　　法	内　　　　　　　容
一取引基準	外貨建取引とその取引に係る代金決済取引を連続した一つの取引とみなして会計処理を行う基準
二取引基準	外貨建取引とその取引に係る代金決済取引を別個の取引とみなして会計処理を行う基準

「外貨建取引等会計処理基準」は、「二取引基準」の考え方を採用しています。

「一取引基準」と「二取引基準」の例を仕訳で示すと、次の通りです。

(例) 仕入取引、円安局面

```
会計処理    一取引基準
〔取引時〕

 (借) 仕入          ×××      (貸) 買掛金          ×××

 ＊　取引時の為替相場による換算
〔決済時〕

 (借) 買掛金         ×××      (貸) 現金預金         ×××
     仕入          ×××

 ＊　仕入追加計上額＝（決済時の為替相場－取引時の為替相場）×外貨額
```

```
会計処理    二取引基準
〔取引時〕

 (借) 仕入          ×××      (貸) 買掛金          ×××

 ＊　取引時の為替相場による換算
〔決済時〕

 (借) 買掛金         ×××      (貸) 現金預金         ×××
     為替差損益       ×××

 ＊　為替差損益＝（決済時の為替相場－取引時の為替相場）×外貨額
```

第2　各　論

1　外貨建取引

(1)　取引発生時及び決済時の処理

　外貨建取引は、原則として、その取引発生時の為替相場による円換算額をもって記録します。ただし、外貨建取引に係る外貨建金銭債権債務と為替予約等との関係が「金融商品に係る会計基準」における「ヘッジ会計の要件」を充たしている場合には、その外貨建取引についてヘッジ会計を適用することができます（外貨基準一1）。

①　外貨建取引の範囲

　外貨建取引とは、売買価額その他取引価額が外国通貨で表示されている取引をいいます。外貨建取引には、次のような取引が含まれます（外貨基準・注解1）。

　＊　取引価額が外国通貨で表示されている物品の売買又は役務の授受

　＊　決済金額が外国通貨で表示されている資金の借入又は貸付

　＊　券面額が外国通貨で表示されている社債の発行

　＊　外国通貨による前渡金、仮払金の支払又は前受金、仮受金の受入

　＊　決済金額が外国通貨で表示されているデリバティブ取引等

　なお、国内の製造業者等が商社等を通じて輸出入取引を行う場合であっても、その輸出入取引によって商社等に生ずる為替差損益を製造業者等が負担する等のため実質的に取引価額が外国通貨で表示されている取引と同等とみなされるものは、外貨建取引に該当します（外貨基準・注解1）。

② 取引発生時の為替相場

取引発生時の為替相場としては、取引が発生した日における直物為替相場又は合理的な基礎に基づいて算定された平均相場、例えば取引の行われた月又は週の前月又は前週の直物為替相場を平均したもの等、直近の一定期間の直物為替相場に基づいて算出されたものによります。ただし、取引が発生した日の直近の一定の日における直物為替相場、例えば取引の行われた月若しくは週の前月若しくは前週の末日又は当月若しくは当週の初日の直物為替相場によることもできます（外貨基準・注解２）。

取引発生時の為替相場の適用を図示すると、次の通りです。

	為替相場	為替相場の例
原則	取引が発生した日における直物為替相場	
認容	合理的な基礎に基づいて算定された平均相場	取引の行われた月又は週の前月又は前週の直物為替相場を平均したもの
	取引が発生した日の直近の一定の日における直物為替相場	取引の行われた月若しくは週の前月若しくは前週の末日又は当月若しくは当週の初日の直物為替相場

会計処理は、次の通りです。

会計処理　外貨建取引（取引発生時）

〔債権〕

（借）（債権）　　　×××　　（貸）（諸勘定）　　　×××

〔債務〕

（借）（諸勘定）　　×××＊　　（貸）（債務）　　　×××＊

＊　取引時の為替相場による円換算額

③　外国通貨による記録

　外貨建債権債務及び外国通貨の保有状況並びに決済方法等から、外貨建取引についてその取引発生時の外国通貨により記録することが合理的であると認められる場合には、取引発生時の外国通貨の額をもって記録する方法を採用することができます。この場合には、外国通貨の額をもって記録された外貨建取引は、各月末等一定の時点において、その時点の直物為替相場又は合理的な基礎に基づいて算定された一定期間の平均相場による円換算額を付します（外貨基準・注解3）。

④　外貨建金銭債権債務

　外貨建金銭債権債務とは、契約上の債権額又は債務額が外国通貨で表示されている金銭債権債務をいいます（外貨基準・注解4）。

　外貨建金銭債権債務の決済（外国通貨の円転換を含みます。）に伴って生じた損益は、原則として、当期の為替差損益として処理します（外貨基準一3）。

　会計処理は、次の通りです。

会計処理　**外貨建取引（代金決済時）**

〔債権〕

(借) 現金預金	×××＊1	(貸) (債権)	×××＊2
為替差損益	×××＊3		

又は

(借) 現金預金	×××＊1	(貸) (債権)	×××＊2
		為替差損益	×××＊3

〔債務〕

(借) (債務)	×××＊2	(貸) 現金預金	×××＊1
為替差損益	×××＊3		

又は

(借) (債務)	×××＊2	(貸) 現金預金	×××＊1
		為替差損益	×××＊3

＊1　決済時の為替相場による円換算額

＊2　取引時の為替相場による円換算額

＊3　貸借差額

---

(2)　決算時の処理

　外国通貨、外貨建金銭債権債務、外貨建有価証券及び外貨建デリバティブ取引等の金融商品については、決算時において、原則として、次の処理を行います。ただし、外貨建金銭債権債務と為替予約等との関係が金融商品に係る会計基準における「ヘッジ会計の要件」を充たしている場合には、その外貨建金銭債権債務等についてヘッジ会計を適用することができます（外貨基準一2(1)）。

　決算時の直物為替相場としては、決算日の直物為替相場のほか、決算日の前後一定期間の直物為替相場に基づいて算出された平均相場を用いることができます（外貨基準・注解8）。

　決算時の為替相場の適用を図示すると、次の通りです。

為替相場	
原則	決算日の直物為替相場
認容	決算日の前後一定期間の直物為替相場に基づいて算出された平均相場

①　外国通貨

　決算時の為替相場による円換算額を付します（外貨基準一2(1)①）。

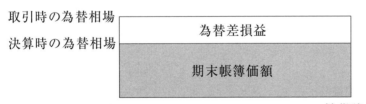

　会計処理は、次の通りです。

会計処理　外国通貨			
（借）為替差損益	×××	（貸）現金	×××
又は			
（借）現金	×××	（貸）為替差損益	×××

② 外貨建金銭債権債務（外貨預金を含む）

決算時の為替相場による円換算額を付します（外貨基準一2(1)②）。

取引時の為替相場
決算時の為替相場

| 為替差損益 |
| 期末帳簿価額 |

外貨建簿価

会計処理は、次の通りです。

会計処理 **外貨建金銭債権債務（外貨預金を含む）**

| （借）為替差損益 | ××× | （貸）（金銭債権債務） | ××× |

又は

| （借）（金銭債権債務） | ××× | （貸）為替差損益 | ××× |

ただし、外貨建自社発行社債のうち転換請求期間満了前の転換社債については、転換請求の可能性がないと認められるものを除き、発行時の為替相場による円換算額を付します（外貨基準一2(1)②）。

取引時の為替相場

| 期末帳簿価額 |

外貨建簿価

外貨建金銭債権債務について償却原価法を適用する場合における償却額は、外国通貨による償却額を期中平均相場により円換算した額によります（外貨基準・注解9）。

会計処理は、次の通りです。

会計処理 **外貨建金銭債権債務（償却原価法）**

| （借）社債利息 | ×××＊ | （貸）社債 | ×××＊ |

＊ 期中平均相場による円換算額

③　外貨建有価証券

〔満期保有目的の外貨建債券〕

決算時の為替相場による円換算額を付します（外貨基準一2(1)③イ）。

```
取引時の為替相場
決算時の為替相場      為替差損益

                     期末帳簿価額

                                    外貨建簿価
```

会計処理は、次の通りです。

会計処理	満期保有目的の外貨建債券（決算時）		
（借）為替差損益	×××	（貸）投資有価証券	×××
又は			
（借）投資有価証券	×××	（貸）為替差損益	×××

　外貨建債券について償却原価法を適用する場合における償却額は、外国通貨による償却額を期中平均相場により円換算した額によります（外貨基準・注解9）。

会計処理は、次の通りです。

会計処理	満期保有目的の外貨建債券（償却原価法）		
（借）投資有価証券	×××＊	（貸）有価証券利息	×××＊
＊　期中平均相場による円換算額			

〔売買目的有価証券〕

　外国通貨による時価を決算時の為替相場により円換算した額を付します（外貨基準一2(1)③ロ）。

　換算差額は、当期の有価証券の評価損益として処理します（外貨基準一2(2)）。

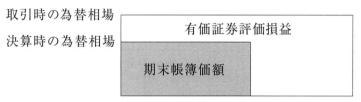

取引時の為替相場

決算時の為替相場

有価証券評価損益

期末帳簿価額

外貨建時価　　　　外貨建簿価

　会計処理は、次の通りです。

会計処理	外貨建売買目的有価証券		
（借）有価証券評価損益	×××	（貸）有価証券	×××
又は			
（借）有価証券	×××	（貸）有価証券評価損益	×××

〔その他有価証券〕

　外国通貨による時価を決算時の為替相場により円換算した額を付します（外貨基準一2(1)③ロ）。

　有価証券の時価の著しい下落又は実質価額の著しい低下により、決算時の為替相場による換算を行ったことによって生じた換算差額は、当期の有価証券の評価損として処理します（外貨基準一2(1)③ニ、(2)）。

　会計処理は、次の通りです。

会計処理　外貨建その他有価証券（評価損）
（借）投資有価証券評価損　　×××　　　（貸）投資有価証券　　　×× ×

　上記以外の場合における評価差額は、原則として、税効果会計を適用した上で、純資産の部に計上します（外貨基準一2(2)）。

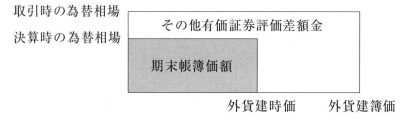

　会計処理は、次の通りです。

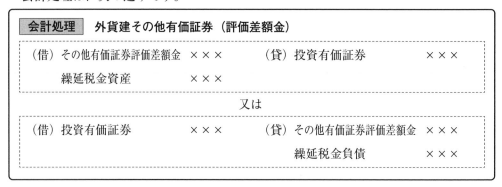

会計処理　外貨建その他有価証券（評価差額金）
（借）その他有価証券評価差額金　×××　　　（貸）投資有価証券　　　×× × 　　　繰延税金資産　　　　　　　×× ×
又は
（借）投資有価証券　　　×××　　　（貸）その他有価証券評価差額金　×× × 　　　　　　　　　　　　　　　　　　　　繰延税金負債　　　　　　　×× ×

　ただし、その他有価証券に属する債券については、外国通貨による時価を決算時の為替相場で換算した金額のうち、外国通貨による時価の変動に係る換算差額を評価差額とし、それ以外の換算差額については為替差損益として処理することができます（外貨基準・注解10）。

取引時の為替相場

決算時の為替相場

	為替差損益	
期末帳簿価額		その他有価証券評価差額金

　　　　　　　　　　　　　外貨建時価　　　外貨建簿価

会計処理は、次の通りです。

会計処理　**外貨建その他有価証券（債券について容認された方法）**

〔評価差額金〕

（借）その他有価証券評価差額金　×××　　（貸）投資有価証券　　　　　×××
　　　繰延税金資産　　　　　　　×××

又は

（借）投資有価証券　　　　×××　　（貸）その他有価証券評価差額金　×××
　　　　　　　　　　　　　　　　　　　　　繰延税金負債　　　　　　　×××

〔為替差損益〕

（借）為替差損益　　　　×××　　（貸）投資有価証券　　　　×××

又は

（借）投資有価証券　　　　×××　　（貸）為替差損益　　　　×××

〔子会社株式及び関連会社株式〕

取得時の為替相場による円換算額を付します（外貨基準一2(1)③ハ）。

取引時の為替相場

| 期末帳簿価額 |

外貨建簿価

有価証券の時価の著しい下落又は実質価額の著しい低下により、決算時の為替相場による換算を行ったことによって生じた換算差額は、当期の関係会社株式の評価損として処理します（外貨基準一2(1)③ニ、(2)）。

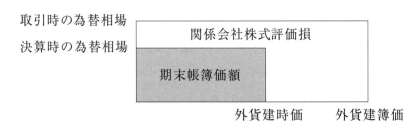

取引時の為替相場

決算時の為替相場

関係会社株式評価損

期末帳簿価額

外貨建時価　　　外貨建簿価

会計処理は、次の通りです。

会計処理　子会社株式及び関連会社株式（評価損）

（借）関係会社株式評価損　　×××　　　　（貸）関係会社株式　　　　×××

〔デリバティブ取引等〕

　デリバティブ取引等の外貨建金融商品の時価評価においては、外国通貨による時価を決算時の為替相場により円換算します（外貨基準一2(1)④）。

取引時の為替相場
決算時の為替相場

デリバティブ評価損益

期末帳簿価額

外貨建時価　　　外貨建簿価

　会計処理は、次の通りです。

会計処理　外貨建金融商品
（借）デリバティブ評価損益　×××　　　（貸）（金融商品）　　　×××
又は
（借）（金融商品）　　　×××　　　（貸）デリバティブ評価損益　×××

(3)　為替予約等の処理方法

為替予約等には、通貨先物、通貨スワップ及び通貨オプションが含まれます（外貨基準・注解5）。為替予約等の処理方法には、「独立処理」「振当処理」があります。

方　　法	内　　　　容
独立処理	為替予約等を外貨建取引と独立した取引とみなして会計処理を行う方法
振当処理	為替予約等により確定する決済時における円貨額により外貨建取引を換算し、直物為替相場との差額を期間按分する方法

〔ヘッジ会計の方法〕

ヘッジ会計を適用する場合には、「金融商品に係る会計基準」における「ヘッジ会計の方法」（独立処理）によるほか、当分の間、為替予約等により確定する決済時における円貨額により外貨建取引及び金銭債権債務等を換算し直物為替相場との差額を期間配分する方法（振当処理）によることができます（外貨基準・注解6）。

〔為替予約等の振当処理について〕

外貨建金銭債権債務等に係る為替予約等の振当処理（その為替予約等が物品の売買又は役務の授受に係る外貨建金銭債権債務に対して、取引発生時以前に締結されたものである場合を除きます。）においては、その金銭債権債務等の取得時又は発生時の為替相場（決算時の為替相場を付した場合にはその決算時の為替相場）による円換算額と為替予約等による円貨額との差額のうち、予約等の締結時までに生じている為替相場の変動による額は、予約日の属する期の損益として処理し、残額は予約日の属する期から決済日の属する期までの期間にわたって合理的な方法により配分し、各期の損益として処理します。ただし、その残額について重要性が乏しい場合には、当該残額を予約日の属する期の損益として処理することができます（外貨基準・注解7）。

取得時又は発生時の為替相場による円換算額と為替予約等による円貨額との差額のうち次期以降に配分される額は、貸借対照表上、資産の部又は負債の部に記載します（外貨基準・注解7）。

「独立処理」と「振当処理」の例を仕訳で示すと、次の通りです。

（例）仕入取引、円安局面

① 独立処理

a．外貨建金銭債権に為替予約を行った場合

　会計処理　独立処理（外貨建金銭債権に為替予約を行った場合）

(1)　取引日

　① 外貨建取引（ヘッジ対象）

(借)（債権）	×××	(貸)（諸勘定）	×××

　② 為替予約取引（ヘッジ手段）

仕訳なし

(2)　予約日

　① 外貨建取引（ヘッジ対象）

仕訳なし

　② 為替予約取引（ヘッジ手段）

仕訳なし

(3)　決算日

　① 外貨建取引（ヘッジ対象）

(借)（債権）	×××	(貸) 為替差損益	×××

又は

(借) 為替差損益	×××	(貸)（債権）	×××

　② 為替予約取引（ヘッジ手段）

(借) 為替差損益	×××＊1	(貸) 為替予約	×××＊1

又は

(借) 為替予約	×××＊1	(貸) 為替差損益	×××＊1

(4)　決済日

　① 外貨建取引（ヘッジ対象）

(借) 現金預金	×××	(貸)（債権）	×××
為替差損益	×××		

　② 為替予約取引（ヘッジ手段）

(借) 現金預金	×××	(貸) 為替予約	×××
		為替差損益	×××＊2

　＊1　予約金額×（予約日先物為替相場－決算日先物為替相場）

　＊2　予約金額×（予約日先物為替相場－決済日直物為替相場）

---

b．外貨建金銭債務に為替予約を行った場合

会計処理　独立処理（外貨建金銭債務に為替予約を行った場合）

(1) 取引日

　① 外貨建取引（ヘッジ対象）

(借)（諸勘定）	×××	(貸)（債務）	×××

　② 為替予約取引（ヘッジ手段）

仕訳なし

(2) 予約日

　① 外貨建取引（ヘッジ対象）

仕訳なし

　② 為替予約取引（ヘッジ手段）

仕訳なし

(3) 決算日

　① 外貨建取引（ヘッジ対象）

(借) 為替差損益	×××	(貸)（債務）	×××

又は

(借)（債務）	×××	(貸) 為替差損益	×××

　② 為替予約取引（ヘッジ手段）

(借) 為替予約	×××＊1	(貸) 為替差損益	×××＊1

又は

(借) 為替差損益	×××＊1	(貸) 為替予約	×××＊1

(4) 決済日

　① 外貨建取引（ヘッジ対象）

(借)（債務）	×××	(貸) 現金預金	×××
為替差損益	×××		

　② 為替予約取引（ヘッジ手段）

(借) 現金預金	×××	(貸) 為替予約	×××
		為替差損益	×××＊2

　＊1　予約金額×（予約日先物為替相場－決算日先物為替相場）

　＊2　予約金額×（予約日先物為替相場－決済日直物為替相場）

② 振当処理

a．外貨建金銭債権に為替予約を行った場合

〔取引と同時に為替予約を行った場合〕

| 会計処理 | 振当処理（外貨建金銭債権に為替予約を行った場合）① |

(1)　取引日＝予約日

| （借）（債権） | ×××　　 | （貸）（諸勘定） | ××× |
| 　　前払費用 | ××× | | |

又は

| （借）（債権） | ×××　　 | （貸）（諸勘定） | ××× |
| | | 　　前受収益 | ××× |

(2)　決算日

| （借）為替差損益（注） | ×××　　 | （貸）前払費用 | ××× |

又は

| （借）前受収益 | ×××　　 | （貸）為替差損益（注） | ××× |

(3)　決済日

| （借）現金預金 | ×××　　 | （貸）（債権） | ××× |
| 　　為替差損益（注） | ××× | 　　前払費用 | ××× |

又は

| （借）現金預金 | ×××　　 | （貸）（債権） | ××× |
| 　　前受収益 | ××× | 　　為替差損益（注） | ××× |

（注）　外貨建貸付金について、利息の調整項目として「受取利息」勘定で処理することも認められる。

〔取引後に為替予約を行った場合〕

会計処理　振当処理（外貨建金銭債権に為替予約を行った場合）②

(1)　取引日

（借）（債権）	×××	（貸）（諸勘定）	×××

(2)　予約日

①　直直差額

（借）（債権）	×××＊1	（貸）為替差損益	×××＊1

又は

（借）為替差損益	×××＊1	（貸）（債権）	×××＊1

②　直先差額

（借）前払費用	×××＊2	（貸）（債権）	×××＊2

又は

（借）（債権）	×××＊2	（貸）前受収益	×××＊2

(3)　決算日

（借）為替差損益（注）	×××	（貸）前払費用	×××

又は

（借）前受収益	×××	（貸）為替差損益（注）	×××

(4)　決済日

（借）現金預金	×××	（貸）（債権）	×××
為替差損益（注）	×××	前払費用	×××

又は

（借）現金預金	×××	（貸）（債権）	×××
前受収益	×××	為替差損益（注）	×××

＊1　予約金額×（取引日直物為替相場－予約日直物為替相場）

＊2　予約金額×（予約日直物為替相場－予約日先物為替相場）

(注)　外貨建貸付金について、利息の調整項目として「受取利息」勘定で処理することも認められる。

b. 外貨建金銭債務に為替予約を行った場合

〔**取引と同時に為替予約を行った場合**〕

会計処理 振当処理（外貨建金銭債務に為替予約を行った場合）①

(1) 取引日＝予約日

(借)（諸勘定）	×××	(貸)（債務）	×××
前払費用	×××		

又は

(借)（諸勘定）	×××	(貸)（債務）	×××
		前受収益	×××

(2) 決算日

(借) 為替差損益（注）	×××	(貸) 前払費用	×××

又は

(借) 前受収益	×××	(貸) 為替差損益（注）	×××

(3) 決済日

(借)（債務）	×××	(貸) 現金預金	×××
為替差損益（注）	×××	前払費用	×××

又は

(借)（債務）	×××	(貸) 現金預金	×××
前受収益	×××	為替差損益（注）	×××

（注） 外貨建借入金について、利息の調整項目として「支払利息」勘定で処理することも認められる。

〔取引後に為替予約を行った場合〕

| 会計処理 | 振当処理（外貨建金銭債務に為替予約を行った場合）② |

(1)　取引日

| （借）（諸勘定） | ×××　　 | （貸）（債務） | ××× |

(2)　予約日

①　直直差額

| （借）為替差損益 | ×××＊1　 | （貸）（債務） | ×××＊1 |

又は

| （借）（債務） | ×××＊1　 | （貸）為替差損益 | ×××＊1 |

②　直先差額

| （借）前払費用 | ×××＊2　 | （貸）（債務） | ×××＊2 |

又は

| （借）（債務） | ×××＊2　 | （貸）前受収益 | ×××＊2 |

(3)　決算日

| （借）為替差損益（注） | ×××　　 | （貸）前払費用 | ××× |

又は

| （借）前受収益 | ×××　　 | （貸）為替差損益（注） | ××× |

(4)　決済日

| （借）（債務） | ×××　　 | （貸）現金預金 | ××× |
| 　　　為替差損益（注） | ×××　　 | 　　　前払費用 | ××× |

又は

| （借）（債務） | ×××　　 | （貸）現金預金 | ××× |
| 　　　前受収益 | ×××　　 | 　　　為替差損益（注） | ××× |

＊1　予約金額×（取引日直物為替相場−予約日直物為替相場）

＊2　予約金額×（予約日直物為替相場−予約日先物為替相場）

（注）　外貨建借入金について、利息の調整項目として「支払利息」勘定で処理することも認められる。

2　在外支店の財務諸表項目の換算

⑴　原則処理

　在外支店における外貨建取引については、原則として、本店と同様に処理します（外貨基準二）。

⑵　特例処理

　外国通貨で表示されている在外支店の財務諸表に基づき本支店合併財務諸表を作成する場合には、在外支店の財務諸表について次の方法によることができます（外貨基準二）。

　なお、在外支店において外国通貨で表示されているたな卸資産について低価基準を適用する場合又は時価の著しい下落により評価額の引下げが求められる場合には、外国通貨による時価又は実質価額を決算時の為替相場により円換算した額によります（外貨基準・注解11）。

①　収益及び費用の換算の特例

　収益及び費用（収益性負債の収益化額及び費用性資産の費用化額を除きます。）の換算については、期中平均相場によることができます（外貨基準二１）。

　収益及び費用の換算に用いる期中平均相場には、その収益及び費用が帰属する月又は半期等を算定期間とする平均相場を用いることができます（外貨基準・注解12）。

②　外貨表示財務諸表項目の換算の特例

　在外支店の外国通貨で表示された財務諸表項目の換算にあたり、非貨幣性項目の額に重要性がない場合には、すべての貸借対照表項目（支店における本店勘定等を除きます。）について決算時の為替相場による円換算額を付する方法を適用することができます。この場合において、損益項目についても決算時の為替相場によることができます（外貨基準二２）。

③　換算差額の処理

　本店と異なる方法により換算することによって生じた換算差額は、当期の為替差損益として処理します（外貨基準二３）。

　在外支店の財務諸表項目の換算に係る特例処理を図表で示すと、次の通りです。

項　　目			特例１	特例２	特例３
資産・負債	本店勘定		発生時の為替相場	発生時の為替相場	発生時の為替相場
	上記以外	貨幣項目	決算時の為替相場	決算時の為替相場	決算時の為替相場
		非貨幣項目	取得・発生時の為替相場		
収益・費用	費用性資産の費用化額収益性負債の収益化額		取得・発生時の為替相場	取得・発生時の為替相場	
	上記以外		期中平均相場	期中平均相場	
換算差額			為替差損益	為替差損益	為替差損益

3　在外子会社等の財務諸表項目の換算

　連結財務諸表の作成又は持分法の適用にあたり、外国にある子会社又は関連会社の外国通貨で表示されている財務諸表項目の換算は、次の方法によります（外貨基準三）。

①　資産及び負債

　資産及び負債については、決算時の為替相場による円換算額を付します（外貨基準三1）。

②　資本

　親会社による株式の取得時における資本に属する項目については、株式取得時の為替相場による円換算額を付します（外貨基準三2）。

　親会社による株式の取得後に生じた資本に属する項目については、その項目の発生時の為替相場による円換算額を付します（外貨基準三2）。

③　収益及び費用

　収益及び費用については、原則として期中平均相場による円換算額を付します。ただし、決算時の為替相場による円換算額を付することもできます。なお、親会社との取引による収益及び費用の換算については、親会社が換算に用いる為替相場によります。この場合に生じる差額は当期の為替差損益として処理します（外貨基準三3）。

　収益及び費用の換算に用いる期中平均相場には、その収益及び費用が帰属する月又は半期等を算定期間とする平均相場を用いることができます（外貨基準・注解12）。

④　換算差額の処理

　換算によって生じた換算差額については、為替換算調整勘定として貸借対照表の純資産の部に記載します（外貨基準三4）。

　子会社に対する持分への投資をヘッジ対象としたヘッジ手段から生じた為替換算差額については、為替換算調整勘定に含めて処理する方法を採用することができます（外貨基準・注解13）。

在外子会社等の財務諸表項目の換算を図表で示すと、次の通りです。

項　　目		換　　算
資産・負債		決算時の為替相場
資　本	親会社による株式の取得時における資本に属する項目	株式取得時の為替相場
	親会社による株式の取得後に生じた資本に属する項目	その項目の発生時の為替相場
収益・費用	親会社との取引による収益及び費用	親会社が換算に用いる為替相場 （生じた差額は為替差損益）
	上記以外	原則：期中平均相場
		認容：決算時の為替相場
換算差額		為替換算調整勘定 （貸借対照表の純資産の部）

〔索　　引〕

━━━━━━━━━━━━━━━━━━

■著者略歴

━━━━━━━━━━━━━━━━━━

横 山 良 和 （よこやま　よしかず）

〔略　　歴〕
1964年東京都台東区生まれ。1989年3月早稲田大学社会科学部卒業。公認会計士・税理士。やまなみ監査法人代表社員。

━━━━━━━━━━━━━━━━━━

門 田 隆 太 郎 （もんでん　りゅうたろう）

〔略　歴〕
1969年兵庫県神戸市生まれ。1997年3月中央大学大学院　商学研究科　商学専攻　博士前期課程　修了。公認会計士・税理士。やまなみ監査法人社員。

━━━━━━━━━━━━━━━━━━

藤 村 幸 司 （ふじむら　こうじ）

〔略　歴〕
1977年神奈川県横浜市生まれ。2000年3月東京理科大学経営学部卒業。公認会計士・税理士。やまなみ監査法人社員。

━━━━━━━━━━━━━━━━━━

竹 村 純 也 （たけむら　じゅんや）

〔略　歴〕
1971年石川県金沢市生まれ。1994年3月日本大学商学部商業学科卒業。公認会計士。やまなみ監査法人社員。

令和5年版

図 解 会 計 基 準

令和5年8月24日　初版印刷
令和5年9月1日　初版発行

不 許
複 製

編著者　横　山　良　和

（一財）大蔵財務協会 理事長
発行者　木　村　幸　俊

発行所　一般財団法人　大 蔵 財 務 協 会

〔郵便番号　130-8585〕
東 京 都 墨 田 区 東 駒 形 1 丁 目 14 番 1 号
（販　売　部）TEL03（3829）4141・FAX03（3829）4001
（出版編集部）TEL03（3829）4142・FAX03（3829）4005
http://www.zaikyo.or.jp

乱丁、落丁の場合は、お取替えいたします。　　　　印刷・恵友社
ISBN978-4-7547-3136-6